北京文化书系
京味文化丛书

绘画中的北京

中共北京市委宣传部
北京市社会科学界联合会　组织编写

王艳云　著

北京出版集团
北京出版社

图书在版编目（CIP）数据

绘画中的北京 / 中共北京市委宣传部，北京市社会科学界联合会组织编写；王艳云著. —北京：北京出版社，2024.4（2024.12重印）
（北京文化书系. 京味文化丛书）
ISBN 978-7-200-18159-3

Ⅰ.①绘… Ⅱ.①中… ②北… ③王… Ⅲ.①文化史—北京 Ⅳ.①K291

中国国家版本馆CIP数据核字（2023）第150804号

北京文化书系　京味文化丛书
绘画中的北京
HUIHUA ZHONG DE BEIJING
中共北京市委宣传部
北京市社会科学界联合会　组织编写
王艳云　著

*

北　京　出　版　集　团
北　京　出　版　社　出版

（北京北三环中路6号）
邮政编码：100120

网　　址：www.bph.com.cn
北京出版集团总发行
新　华　书　店　经　销
北京建宏印刷有限公司印刷

*

787毫米×1092毫米　16开本　28.25印张　390千字
2024年4月第1版　2024年12月第2次印刷
ISBN 978-7-200-18159-3
定价：99.00元
如有印装质量问题，由本社负责调换
质量监督电话：010-58572393；发行部电话：010-58572371

"北京文化书系"编委会

主　　　任　莫高义　杜飞进

副 主 任　赵卫东

顾　　　问（按姓氏笔画排序）
　　　　　于　丹　刘铁梁　李忠杰　张妙弟　张颐武
　　　　　陈平原　陈先达　赵　书　宫辉力　阎崇年
　　　　　熊澄宇

委　　　员（按姓氏笔画排序）
　　　　　王杰群　王学勤　许　强　李　良　李春良
　　　　　杨　烁　余俊生　宋　宇　张　际　张　维
　　　　　张　淼　张劲林　张爱军　陈　冬　陈　宁
　　　　　陈名杰　赵靖云　钟百利　唐立军　康　伟
　　　　　韩　昱　程　勇　舒小峰　谢　辉　翟立新
　　　　　翟德罡　穆　鹏

"京味文化丛书"编委会

主　　　编　刘铁梁

副 主 编　刘　勇　万建中　张　淼

执 行 主 编　李翠玲

执行副主编　陈　玲　刘亦文

编　　　委　王一川　萧　放　谭烈飞　李建平　马建农
　　　　　　张宝秀　石振怀

统　　　筹　王　玮　孔　莉　李海荣　李晓华

"北京文化书系"
序言

文化是一个国家、一个民族的灵魂。中华民族生生不息绵延发展、饱受挫折又不断浴火重生，都离不开中华文化的有力支撑。北京有着三千多年建城史、八百多年建都史，历史悠久、底蕴深厚，是中华文明源远流长的伟大见证。数千年风雨的洗礼，北京城市依旧辉煌；数千年历史的沉淀，北京文化历久弥新。研究北京文化、挖掘北京文化、传承北京文化、弘扬北京文化，让全市人民对博大精深的中华文化有高度的文化自信，从中华文化宝库中萃取精华、汲取能量，保持对文化理想、文化价值的高度信心，保持对文化生命力、创造力的高度信心，是历史交给我们的光荣职责，是新时代赋予我们的崇高使命。

党的十八大以来，以习近平同志为核心的党中央十分关心北京文化建设。习近平总书记作出重要指示，明确把全国文化中心建设作为首都城市战略定位之一，强调要抓实抓好文化中心建设，精心保护好历史文化金名片，提升文化软实力和国际影响力，凸显北京历史文化的整体价值，强化"首都风范、古都风韵、时代风貌"的城市特色。习近平总书记的重要论述和重要指示精神，深刻阐明了文化在首都的重要地位和作用，为建设全国文化中心、弘扬中华文化指明了方向。

2017年9月，党中央、国务院正式批复了《北京城市总体规划（2016年—2035年）》。新版北京城市总体规划明确了全国文化中心建设的时间表、路线图。这就是：到2035年成为彰显文化自信与多元包容魅力的世界文化名城；到2050年成为弘扬中华文明和引领时代潮流的世界文脉标志。这既需要修缮保护好故宫、长城、颐和园等享誉中外的名胜古迹，也需要传承利用好四合院、胡同、京腔京韵等具有老北京地域特色的文化遗产，还需要深入挖掘文物、遗迹、设施、景点、语言等背后蕴含的文化价值。

组织编撰"北京文化书系"，是贯彻落实中央关于全国文化中心建设决策部署的重要体现，是对北京文化进行深层次整理和内涵式挖掘的必然要求，恰逢其时、意义重大。在形式上，"北京文化书系"表现为"一个书系、四套丛书"，分别从古都、红色、京味和创新四个不同的角度全方位诠释北京文化这个内核。丛书共计47部。其中，"古都文化丛书"由20部书组成，着重系统梳理北京悠久灿烂的古都文脉，阐释古都文化的深刻内涵，整理皇城坛庙、历史街区等众多物质文化遗产，传承丰富的非物质文化遗产，彰显北京历史文化名城的独特韵味。"红色文化丛书"由12部书组成，主要以标志性的地理、人物、建筑、事件等为载体，提炼红色文化内涵，梳理北京波澜壮阔的革命历史，讲述京华大地的革命故事，阐释本地红色文化的历史内涵和政治意义，发扬无产阶级革命精神。"京味文化丛书"由10部书组成，内容涉及语言、戏剧、礼俗、工艺、节庆、服饰、饮食等百姓生活各个方面，以百姓生活为载体，从百姓日常生活习俗和衣食住行中提炼老北京文化的独特内涵，整理老北京文化的历史记忆，着重系统梳理具有地域特色的风土习俗文化。"创新文化丛书"由5部书组成，内容涉及科技、文化、教育、城市规划建设等领域，着重记述新中国成立以来特别是改革开放以来北京日新月异的社会变化，描写北京新时期科技创新和文化创新成就，展现北京人民勇于创新、开拓进取的时代风貌。

为加强对"北京文化书系"编撰工作的统筹协调，成立了以"北京文化书系"编委会为领导、四个子丛书编委会具体负责的运行架构。"北京文化书系"编委会由中共北京市委常委、宣传部部长莫高义同志和市人大常委会党组副书记、副主任杜飞进同志担任主任，市委宣传部分管日常工作的副部长赵卫东同志担任副主任，由相关文化领域权威专家担任顾问，相关单位主要领导担任编委会委员。原中共中央党史研究室副主任李忠杰、北京市社会科学院研究员阎崇年、北京师范大学教授刘铁梁、北京市社会科学院原副院长赵弘分别担任"红色文化""古都文化""京味文化""创新文化"丛书编委会主编。

在组织编撰出版过程中，我们始终坚持最高要求、最严标准，突出精品意识，把"非精品不出版"的理念贯穿在作者邀请、书稿创作、编辑出版各个方面各个环节，确保编撰成涵盖全面、内容权威的书系，体现首善标准、首都水准和首都贡献。

我们希望，"北京文化书系"能够为读者展示北京文化的根和魂，温润读者心灵，展现城市魅力，也希望能吸引更多北京文化的研究者、参与者、支持者，为共同推动全国文化中心建设贡献力量。

"北京文化书系"编委会

2021年12月

"京味文化丛书"
序言

京味文化，一般是指与北京城市的地域和历史相联系，由世世代代的北京居民大众所创造、传承，具有独特风范、韵味的生活文化传统。京味文化表现于北京人日常的生活环境中与行为的各个方面，比如街巷格局、民居建筑、衣食住行、劳作交易、礼仪交往、语言谈吐、娱乐情趣等，能够显露出北京人的集体性格，折射出北京这座城市的历史进程和发展轨迹。

京味文化的整体风貌受到北京的地理位置、自然环境和历史地位等条件的制约和影响。北京地处华北平原北端和燕山南麓，西东两侧有永定河和潮白河等，是农耕与游牧两种生产生活方式交会的地带，这里的风光、气候、资源、物产等都形成了京味文化地域性的底色和基调。

北京曾是古代中国最后几个朝代的国都，是当代中国的伟大首都，是中国最著名的教育与文化中心城市。因此，从古代的宫廷势力、贵族阶层、士人阶层到现代和当代的文化精英群体，都较多地介入了京城生活文化的建构，而且影响了一般市民的日常交往、休闲娱乐等行为模式。

北京居民大众在历史上与来自全国各地、各民族的人员有频密的交流，接受了各地区、各民族的一些生活习惯和文化形式，使得京味文化具有了比较明显的包容性特征。尤其是在北京的一些文化人、艺术家将各地区的文化、艺术精华加以荟萃，取得了一些具有文化中心城市地标式的创作成就——例如京戏这样的巅峰艺术。

近代以来，北京得风气之先，在与外来思想、文化的碰撞与交流中，现代的交通、邮政、教育、体育、医疗、卫生、报业、娱乐等领域的公共制度、市政设施和文化产业等相继进入北京市民的日常生活，京味文化中加入了许多工业文明的元素。与此同时，乡村的一些文艺表演、手工制作等也大量出现在北京城里，充实了京味文化中的乡土传统成分。

当今时代，北京成为凝聚国人和吸引全世界目光的现代化大都市，人们的生产生活方式发生了彻底性变革，京味文化传统由此而进入一个重新建构的过程。其中，城市建设中对老城风貌的保护、老北京人在各种媒体上讲述过往生活的故事等，都成为北京人自觉的文化行动，使得京味文化绵延不绝，历久弥新。

对于每一个北京人，包括在北京居住过一段岁月的人来说，京味文化都是伴随着生命历程，融入了身体记忆，具有强烈家乡感的文化。生活变化越快，人们越愿意交流和共享自己的北京故事，这是京味文化传统得以传承的根本动力。一些作家、艺术家所创作的京味文学和京味艺术，深刻影响了北京乃至全国人民对京味文化的关注与体悟，成为京味文化传统中不可缺少的组成部分。

我们相信，京味文化在向前发展的路上将保持其大众生活实践的本性，在北京全面发展的进程中发挥出加强城市记忆、凝聚城市精神和展现城市形象的重要而独特的功能。全面深入地整理、研究和弘扬京味文化，是摆在我们面前的一项迫切任务。"京味文化丛书"现在共有10部得以出版，分别是《文人笔下的北京》《绘画中的北京》《京味文学揽胜》《北京方言中的历史文化》《北京戏曲文化》《北京传统工艺》《北京礼俗文化》《北京节日文化》《北京服饰文化》《北京人的饮食生活》。这10部书，虽然还不能涵盖京味文化的所有内容，但是以一种整体书写的形式推出，对于京味文化的整理、记述和研究来说，应该具有一定工程性建设的意义。

"京味文化丛书"是在中共北京市委宣传部和北京市社会科学界联合会的有力领导和精心主持下完成的。有关负责同志在组织丛书编委会和作者队伍、召开会议、开展内部讨论、落实项目进行计划等方面都付出巨大心力。北京出版集团对本丛书的顺利编写提出了很多建议，许多专家学者都为本丛书的编写提供了宝贵的意见，特别是对书稿的修改和完善做出了无私奉献。我们希望"京味文化丛书"的出版能够在加强京味文化研究、促进城市文化建设上发挥出积极的作用，并由衷地期待能够得到专家和广大读者的批评、帮助。

刘铁梁

2021年9月

目 录

绪 论   1

第一篇 绘画中的北京山川关塞   1
    一、燕山蓟水   3
    二、关隘堡台   34

第二篇 绘画中的北京园林村落   45
    一、园林胜境   48
    二、崖居村落   98

第三篇 绘画中的北京楼阙坛庙   105
    一、都城楼宇   107
    二、坛庙寺观   138

第四篇 绘画中的北京街巷民居   163
    一、街巷胡同   165
    二、府第民居   195

第五篇 绘画中的北京市井人物   209
    一、百业市景   211

二、人物春秋　　　　　　　　　　　　　238

第六篇　绘画中的北京市集节庆　　　　261
　　一、庙市杂艺　　　　　　　　　　　　263
　　二、习俗节令　　　　　　　　　　　　292

第七篇　绘画中的北京史事纪实　　　　333
　　一、战争与抗争　　　　　　　　　　　336
　　二、建国与强国　　　　　　　　　　　347

第八篇　绘画中的北京艺术市场　　　　377
　　一、文博藏展　　　　　　　　　　　　380
　　二、艺术市场　　　　　　　　　　　　399

主要参考资料　　　　　　　　　　　　415

后　记　　　　　　　　　　　　　　　428

绪　论

一

作为"京味文化丛书"中的一本,《绘画中的北京》在定名前的备选名称先后有"北京绘画史话"、"北京绘画"、"绘画与北京"、"北京与绘画"和"丹青油彩下的北京"等,在与北京市社会科学界联合会、负责京味文化丛书领导工作的刘亦文主任,经过反复沟通、比对与筛选,最后才将书名定为"绘画中的北京",目的是希望通过绘画这个窗口,来形象直观地呈现北京文化自古至今的历史变迁,及京味文化的形成发展等。

为了多方位、多角度、较全面地展现绘画中的北京,突出丛书主旨"京味文化"的特色,本书中的"绘画",囊括一切涵载北京地域内容的宫廷与民间、画家与画工、专业与业余的创作,其形式不拘一格,有国画、油画、水粉画、水彩画、版画、漫画、钢笔画、铅笔画等,其风格特点等也随时代发展跨度大,有古代与现代,有写实与抽象,有壁画与纸帛绘画,有手绘与版刻印刷等;其图像性质及来源也复杂多样,除了传统意义上的绘画作品外,还有历史读物、文学作品、专业著作中的配图插画、宣传画、标志、吉祥物、建筑绘图和地理图版等。因此,《绘画中的北京》的"绘画",不仅为广义上的绘画,甚至在广义之上还有些许超越和延伸,既包括艺术性的创作、纪实性的描绘,也有根据记忆或资料等进行的场景与人物再现,以及历史发展中的规划图景等。

根据"京味文化丛书"的主旨及绘画艺术的自身特点,定名之后《绘画中的北京》写作大纲、目录框架等也几经修改后,逐步形成了"北京绘画溯源"、"绘画中的北京风光"、"绘画中的北京民俗"、"绘画中的北京故事"与"北京的美术展馆与艺术市场"的写作大纲。此后在大纲的引领下,全书的写作框架和目录很快建构起来,最终确立为"绘画中的北京山川关塞"、"绘画中的北京园林村落"、"绘画中的北京楼阙坛庙"、"绘画中的街巷民居"、"绘画中的北京市井人物"、"绘画中的北京市集节庆"、"绘画中的北京史事纪实"和"绘画中的北京艺术市场"八个部分。希望将这八个部分连缀起来,能够成就一部绘画中的北京历史风俗变迁史,京味文化的绘画发展史。

二

回溯历史,辽金前的北京作为中原政权的北方藩屏重镇,战乱动荡频仍,有关北京的文字记载时断时续、绘画时隐时现。目前发现的史籍中,著录的仅有几幅绘画作品,描绘的多是北方边地山川树木、牛羊帐幕等自然景象。唐以后的辽金至元明清,随着北京建都史的开启,为统治者服务的历代宫廷画院,在用画卷为帝王歌功颂德、粉饰太平中,不仅将帝王的殿宇坛庙、行宫苑囿展现出来,还将宫内的节日娱乐、京城的街巷风貌及郊外山水自然风光等纳入其中,客观地再现了当时北京的社会风貌。如《宫城图》、《燕京八景图》、《明宣宗行乐图》、《康熙大寿图》和《圆明园二十四景图》等,这些作品都成为"绘画中的北京"皇家城阙建筑、园林山水的历史图像。宋元以后,特别是明清随着市民阶层的兴起,满足市民需求的民间画工大量涌现,北京的自然人文景观越来越多地出现在文人画家或民间画家的作品中,如《妙峰山庙会》、《厂甸新正庙会》、《北京风俗画图》和《北京民间风俗百图》等。鸦片战争后,在西风东渐的影响下,西方绘画输入、新兴画种开始发展,特别是抗日战争时期,新兴的版画与漫画,成为当时爱国救国宣传的有力武器,发挥了特殊的效力,为北京特殊的历史阶段留下了珍贵的影像篇章。

新中国成立后，服务社会大众的指导思想，使得绘画艺术越来越关注现实中的生产生活，一批反映新中国成立初期社会建设与改造运动的作品脱颖而出，如《走合作化道路》《人民公社》《除四害全国卫生大运动》《西山大跃进》《办食堂去》《考考妈妈》和《北京之春》等纷至沓来。这些画面将当时北京响应中央各项生产生活运动，及热火朝天的时代精神风貌都形象地记录了下来。改革开放后，在新北京、新奥运及北京建设现代化国际大都市的目标引领下，北京的文化事业繁荣发展，一批反映北京旧日风俗和今日景象的画作如雨后春笋般涌现出来，如《燕京旧事新编》《老北京风俗画》《旧日重现——水彩画下的老北京》《古都遗韵》《画说老北京》《老北京人物》《京城老行当》等，除此之外还有堪比宋代张择端《清明上河图》的长篇巨制《天衢丹阙》《旧京回顾图面貌》等，这些画作为本书的北京街巷胡同、民居宅院、市井人物、节令风俗、百行百业等，提供了丰富形象又生动的图像资源。

新时期北京绘画的创作与发展，是与各历史阶段国家及北京市等相关部门的重视密不可分的。早在新中国成立初中国美协和北京画院等就发起过新国画运动，曾组织创作了大量反映北京乃至全国山水的新画作。当历史迈入21世纪后，为适应新时代的大发展，结合北京创办2008绿色奥运、人文奥运，建设国际性文化大都市等的发展需求，北京画院又适时策划举办了北京专题美术创作与展览，组织了院内外、京内外画家，以各自不同的艺术形式和风格进行了空前大规模的创作，题材范围从传统的山岳形胜、飞瀑溪流，扩展至园林村落、关塞隘口等，展现了新时期画家对北京风貌关注视点的深化与广泛化，从而也创作了一大批反映新时代新北京的绘画篇章，这无疑是画家们对新时代新北京的深刻理解和精湛表现。北京画院不仅在京举行了盛大的绘画展览，且参展作品还被收在《山水情韵》《城池漫游》《名胜巡礼》《古都新貌》《园林胜境》和《故城寻梦》系列画册并出版。除此之外，北京美术家协会也组织了"北京意象"系列创作，不仅邀请在京的优秀画家共同创作歌咏首都北京的佳作，还与北京市大兴区文学艺术界联合会，联合出版了作品集《北京意象　创意大兴》等。与此同时，中国美协也通过"人文北京、写意昌平"的活动，组织画家描绘新北京新山水等。所有这些创展活动和绘画作品为本书现代部分的"园林村落"、"山川关塞"以及"楼阙坛庙"等，提供了大量穿越古今、展现自然与人文的重要绘画图像。也正因其被使用的数量多、涉及的范围广，因而该类作品在书中作为插图频繁出现的时候，图名中不再重复标出作品的出处。

历史不能忘记，在中国社会的重大历史转折时期及新世纪北京大发展时期，还有一大批著名的新老画家，如古一舟、惠孝同、胡佩衡、周元亮、陶一清，以及蒋兆和、周令钊、叶浅予、卫天霖、董希文、何孔德、彭彬、陈玉先、高岗、杜健、沈尧伊等，创作了众多反映北京重大史事如五四运动、抗日战争、解放战争、新中国成立、新北京建设、改革开放等的纪实画，如《五四运动》《步调一致才能得胜利》《北平解放》《开国大典》《首都之春》《天安门前》《血与心》和《疾风》等。他们是历史的记录者，也是历史的创造者。还需补充的是，北京历史上就是艺术品收藏、展览、赏鉴和交易的中心，随着国家文化建设的发展与艺术市场的搞活与开放，各种文博展馆、艺术画廊、拍卖机构等纷至沓来，在提升北京国际大都市的文化形象同时，普通市民群体也正参与到艺术与市场、文化与消费的淘沙与洗涤中。

三

为了将历史变迁中的北京形象生动、翔实准确地呈现出来，《绘画中的北京》运用了图史结合、图史并行的方式。在具体的撰述中以图叙事、以史证图，力争通过"园林村落""山川关塞""楼阙坛庙""街巷民居""市井人物""市集节庆""史事纪实""艺术市场"八个视角，将古今北京的自然风光、人文建筑、市井风俗和艺术生活等有机地贯穿其中。与此同时，为突出北京地域文化中的"京味"特色，绘画作品的选择，也尽可能地将专业性与业余性、艺术性与通俗性、文人画与民间画等有代表性的作品纳入其中,从而全方位地展现"京味"文化的多元性、广泛性和大众性。此外,由于北京政治历史地位的独特,《绘画中的北京》将京味文化中的皇家气象与民间风尚并重,历史图像与近现代创作并举,以体现京味文化古今传承、多元杂糅、雅俗共赏等特质。

也正是由于以上特点,《绘画中的北京》在具体的写作中,对绘画作品的搜集、分析与作品内容背景的阐述中,其比例大小、详略程度甚至作品赏鉴的有无等,难以做到上下一致、前后均衡,部分文字图像的阐释存在衔接少、联系弱,作品时代与画种等跳跃性大等问题。此外,还需特别指出的是,由于首次尝试从绘画的角度,展现北京历史文化变迁及民俗风情的形成发展,其中选用的图像除了来自各出版社出版的绘画著作和专业图册外,还有一些为北京历史文化研究著作,以及为数不少的大众通俗读物等,特别是从后者中选用的一些图片,有的因原著中未标明其作者信息等,因而本书尽可能在图标或参考文献中,注出该图片刊载的著作名称。另外,从古至今知名画家往往生平资料丰富翔实,不同的艺术辞典和传记中均有介绍。但一般画家、业余画家,特别是当代涌现出的诸多年轻画家,一些书刊画册中虽然著录其作品,有的却无具体的生平情况介绍,为此本书不得不借助网络资源搜寻,难免错讹其中。诸如此类均为缺憾,尽在不言中。

第一篇

绘画中的北京山川关塞

北京位于华北平原北部，处太行山、燕山与华北大平原的交会地带，西、北、东北三面皆为群山环绕。其西部山地统称为西山，属太行山脉的东北支脉。北部山地统称军都山，属燕山山脉。西部太行山山脉与北部燕山山脉交会形成的小平原，即"北京湾"。北京湾东南面是开阔的平原，连通华北大平原。正如古人所言，北京"左环沧海，右拥太行，北枕居庸"。北京的气候为典型的北温带半湿润大陆性季风气候，夏季高温多雨，冬季寒冷干燥，春秋短促，植被类型为暖温带落叶阔叶林，并间有温带针叶林的分布。北京河道多由西北部山地发源，向东南形成五大水系：拒马河水系、永定河水系、北运河水系、潮白河水系和蓟运河水系，流经平原地区后汇入渤海。北京特殊的地理位置、地形气候，造就了燕山蓟水景象万千，关口边塞险峻挺拔，园林风光秀丽多姿和村落崖居各具特色。

目前表现北京地区山川风貌的绘画作品，最早见于文字记载的是北周时期的壁画创作，最早有绘画作品遗存的是元代佚名画家的《卢沟运筏图》。此后明代有王绂的《北京八景图》、明代佚名画家的《明宣宗射猎图》、商喜的《明宣宗行乐图》，以及董其昌的《燕吴八景图》之中的《西山暮霭》《西山秋色》《西山雪霁》。清末民初有溥儒的《马鞍积雪图》，民国王悦之的《香山》、卫天霖的《西山》等。新中国成立至今，描绘北京山川风貌、关塞堡寨的作品纷至沓来。有单独展现一山一川气势磅礴的，如西山系及其诸山如马鞍山、妙峰山、玉泉山、香山，燕山系及其诸山如军都山、云蒙山、灵山等。也有表现其四时不同景观的，如春花烂漫、烟雨迷蒙；或冬雪皑皑、原驰蜡象；或秋林萧萧、红叶尽染；或晓月当空、大地如银；或小桥流水、夕阳西下等。总之，在历代画家的笔下，北京的山川关塞气势磅礴、云蒸霞蔚、景象万千。

一、燕山蓟水

因历史的原因，古代北京地区经济文化发展时断时续、时隐时现，但从遗留的文献或画作中可以看到，北京从商周建城到辽金元明清建都，其城外的郊野风光，既有宛然塞北边地的草原风光，也有秀似江南的山林美景。由此可见，古代北京地区自然风貌具有多样性与差异性，及其并生并存等特点。也正是在此基础上，辽金北京建都后，在帝王避暑巡游狩猎等需求的带动下，北京地区出现了众多地域性、专题性的山水画卷创作，如塞北风光及燕京八景等专题画系列。

唐朝张彦远的《历代名画记》载"冯提伽，北平人也，官至散骑常侍兼礼部侍郎。志尚清远，后避周末之乱，佣画于并、汾之间。窦蒙云：'寺壁皆有合作，风格精密，动若神契'。彦远按：'提伽之迹，未甚精密，山川草树，宛然塞北。车马为得意，人物非所长'"[1]。战国时燕国在北京地区置右北平郡，西晋时右北平郡改称北平郡。由此可知，《历代名画记》中的冯提伽是西晋时北京地区的一位画家。避乱之前，身为北周散骑常侍兼礼部侍郎的冯提伽，战乱中流落到山西并州与汾州一带，受人雇用以卖画谋生。冯提伽为寺院绘制的壁画，从唐代书法家窦蒙对其的评价"风格精密，动若神契"来看，其画技应该十分高超，艺术表现力也相当生动、传神。但与窦蒙同时代的张彦远看法却与之相反，认为冯提伽的绘画不够精密，人物画也不太擅长，只是"山川草树，宛然塞北""车马为得意"，但不管如何至少冯提伽壁画中的风景和车马创作水平，是得到认可的。此外，《历代名画记》还记载了冯提伽绘制的另一寺庙壁画中，"大云寺东，浮图北有塔，俗呼为七宝塔，隋文帝造。冯提伽画瘦马并帐幕人物，已剥落"[2]。南北朝时期北京地区多胡汉杂居，生活中少数民族

---

[1] [唐]张彦远撰：《历代名画记》，北京：京华出版社，2000年，第37页。
[2] [唐]张彦远撰：《历代名画记》，北京：京华出版社，2000年，第65页。

的车马、帐幕随处可见。由此推知,画家冯提伽的壁画中,所展现的北方山川草木、车马帐幕之精密和传神,也应是其生活的北京地区日常风貌真实写照。

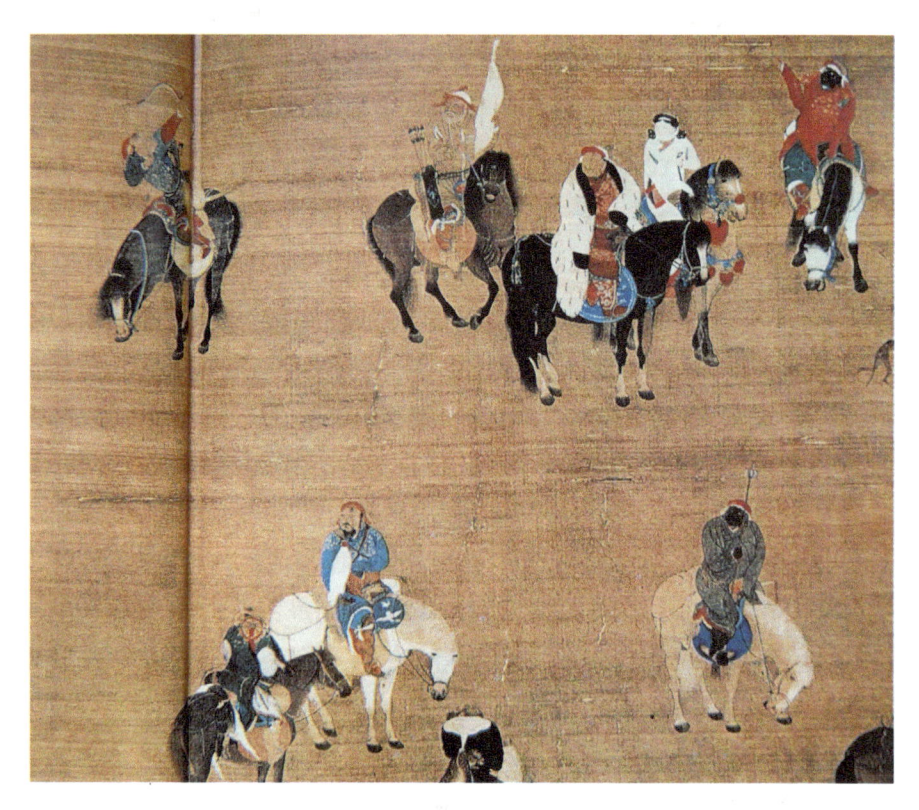

图1-1 元 刘贯道 绢本设色《元世祖出猎图》

晋唐后,在北京建都的既有辽、金、元、清民族政权,又有以汉民族为主、以农耕文化为特征的明政权。因不同时代的帝王生活方式不同,使得记录并展示其日常活动的画作中,出现了两种北京地区截然不同的自然山川风貌。第一种为表现北京地区荒寒萧瑟的塞外风貌作品,如元朝画家刘贯道的《元世祖出猎图》(图1-1)。刘贯道字仲贤,中山(今河北定州)人,是早期服务于元大都即今北京的宫廷绘画高手。他擅长人物、山水和花鸟,《图绘宝鉴》评其"工画道释人物,鸟兽花竹,一一师古,集诸家之长,尤高出时辈。亦善山水,学郭熙,佳处逼真"①。刘贯道代表作《元世祖出猎图》为其任御衣局职所画,仿南宋院体,画面上半部为苍茫荒寒的出猎背景,与下半部分众多的人物形成上多下少、上紧下松的鲜明对比。同样反映塞北风貌的还有故宫博物院收藏的《明宣宗射猎图》与《明宣宗行乐图》等。其中《明宣宗射猎图》(图1-2)无作者款识,幅上右侧贴有明人书淡黄签"明宣德御容行乐"。画面表现了明宣宗在郊外获鹿时的情景,宣宗捕获了一只中矢之鹿,正目视另一只受惊奔逃的小鹿。整个画面背景为北方草原丘陵的地貌特征,苍茫中远处山峦低矮,近处秋草劲风,虽寥寥数笔,北地风光跃然纸上。

图1-2 明 佚名 绢本设色《明宣宗射猎图》

第二种为京郊山水苑囿风光。与辽、金、元、清民族政权的帝王四季捺钵远足不同,明代诸帝游猎活动多限于北京城郊的皇家苑囿。

---

① [元]夏文彦:《图绘宝鉴》,北京:中国书店,1983年,第80页。

题签记为明代宫廷画家商喜所作《明宣宗行乐图》（图1-3）中，描绘的是宣宗率领众文臣和宦官，在近郊狩猎的场景。画面中古柏苍松、山花坡石、栏桥亭台等景象开阔，不似人工园林景物，结合其当时的宫廷苑囿建设情况，穆益勤先生考证，图中应为北京郊外的景色，且最有可能是北京皇城南郊的南海子一带，也就是今天的南苑。[①]明代刘侗《帝京景物略》中记载的当时南苑，"城南二十里，有囿，曰南海子。方一百六十里。海中殿，瓦为之。曰幄殿者，猎而幄焉尔，不可以数至而宿处也。殿旁晾鹰台，鹰扑逐以汗，而劳之，犯霜雨以濡，而煦之也。台临三海子，水泱泱，雨而潦，则旁四溢，筑七十二桥以渡，元旧也。我朝垣焉。四达为门，庶类蕃殖，鹿、麞、雉、兔，禁民无取，设海户千人守视。永乐中，岁猎以时，讲武也"[②]。由此推知《明宣宗行乐图》画面背景展现的无疑是明代北京苑囿的自然风光。

图1-3 明 商喜 绢本设色《明宣宗行乐图》

① 穆益勤：《明代宫廷绘画——〈宣宗行乐图〉》，载故宫博物院院刊，1983年第2期。
② [明]刘侗、于奕正：《帝京景物略》，北京：北京古籍出版社，1982年，第134页。

（一）风景荟萃的燕京八景

与辽相比，金统治者对中原文化的学习更为深入，除了在北京西北部风景绝佳的群山中建寺观庙宇、行宫别院外，还在都城及近郊叠山造湖、筑殿起楼，且金皇室贵族及官僚文人常通过山水诗画等雅集歌咏、赋诗酬唱。在这种背景下，金中都及附近的自然风光、山川风物及历史遗迹，逐渐被文人发展归纳为"燕京八景"。金《明昌遗事》始列燕京八景为：太液秋风、琼岛春阴、道陵夕照、蓟门飞雨、西山积雪、玉泉垂虹、卢沟晓月、居庸叠翠。发展至元代，《元一统志》载八景为：太液秋波、琼岛春阴、居庸叠翠、玉泉垂虹、金台夕照、卢沟晓月、西山霁雪、蓟门飞雨。明洪武时期的《北平图经》又融合了金《明昌遗事》及《元一统志》所列中的八景。不仅如此，明清画家还相继以燕京八景创作了诸多绘画长卷，自此开启的燕京八景艺术创作的专题，如明代王绂《北京八景图》等，此后类似的专题性创作还一直传承到现当代，历史长达近千年。

明初著名画家王绂，在永乐十二年（1414）绘制了一幅纸本《北京八景图》。王绂（1362—1416），字孟端，号友石生，又号九龙山人，无锡人。明洪武初，擢为中书舍人。其《北京八景图》（纵42.1厘米，横2006.5厘米，纸本，现藏于中国国家博物馆）中，八景皆各自独立为单幅，通过其上的篆书标题，八景顺序依次为"金台夕照"、"太液晴波"、"琼岛春云"、"玉泉垂虹"、"居庸叠翠"、"蓟门烟树"、"卢沟晓月"和"西山霁雪"。

金台夕照

金台夕照中的金台即黄金台，传为战国燕昭王所筑"招贤纳士"之处。战国时燕都蓟，在今北京广安门外一带，黄金台具体位置已不可考。王绂此图，绘山水平台在夕照中，并不是建筑遗址形状，可知金元人所传的金台，全是后人所附会。[1]（图1-4）

---

[1] 王振林编著：《黄金台》，保定：河北大学出版社，2014年，第120页。

图1-4 明 王绂 纸本墨笔《北京八景图》之一《金台夕照》

太液晴波

太液池之名源于汉长安之太液池，汉武帝在太液池起三山，以象蓬莱、瀛洲、方丈。北京太液池即今中南海及北海，明清统名西苑，为玉泉之水汇集而成，俗称西海子。池上跨石桥，桥南为中海，桥北为北海，为清乾隆十一年（1746）改建。石桥两端旧有牌坊，东曰玉蝀，西曰金鳌，故桥名金鳌玉蝀桥。（图1-5）

图1-5 明 王绂 纸本墨笔《北京八景图》之一《太液晴波》

琼岛春云

琼华岛位于金中都城东北郊的离宫大宁宫，即今北海白塔所在的位置。金灭北宋后，将汴京艮岳中的太湖石运至中都大宁宫堆叠成山，山顶上建广寒殿。1271年元在北京建都，改名大都，大都城就是以琼华岛及其周围的湖泊作为规划的中心建立起来的。明清两代的北京城，基本沿元大都之旧制，把西苑列为禁苑，清顺治八年（1651）在琼华岛山顶仿照阜成门内元代妙应寺白塔，建造了白塔，乾隆时又进行了大规模的修建，乾隆书"琼岛春阴"碑在琼岛东侧。以琼华岛为中心的北海公园，自金大定十九年（1179）在岛上建立离宫，至今已经828年。[①]（图1-6）

图1-6 明 王绂 纸本墨笔《北京八景图》之一《琼岛春云》

玉泉垂虹

玉泉山静明园在万寿山北青龙桥西，金章宗时曾于山麓建泉水院行宫，元世祖时建昭化寺，明英宗时建上、下华严寺。清康熙十九年（1680），改建澄心园，三十一年（1692）改名静明园。乾隆时又增建馆阁多处，五十七年（1792）重加修葺，玉泉趵突为园内十六景之一。咸丰十年（1860）英法联军入侵，毁于火。光绪年间略加修葺，庚子年（1900）八国联军入侵复毁。因该景中两山间有山泉一道，似垂虹，又似流虹，故有此名。（图1-7）

[①] 史树青：《书画鉴真》，北京：北京燕山出版社，1996年，第261页。

图1-7 明 王绂 纸本墨笔《北京八景图》之一《玉泉垂虹》

居庸叠翠

居庸关在北京西北50公里处，两旁高山层叠，翠嶂如屏，中间是一条长约20公里的山间溪谷，俗称关沟，居庸关城就设在关沟中部，历代都是重要的关口。居庸关至八达岭的长城，山峰起伏，草木葱翠，故该景有居庸叠翠之名。但王绂作此图时，附近长城尚未建筑，所以只绘制了居庸关门。大量的笔墨用在山石树木的刻画上，从中可以看出王绂对传统技法的多方继承，该画风格接近王蒙和盛懋，中锋用笔的皴法、刚硬的山石轮廓，近处李郭派的大树，均显示出北方山水的特色。浓密的点苔和远处氤氲雾气，展示了居庸关树木葱茏的特点。[①]（图1-8）

图1-8 明 王绂 纸本墨笔《北京八景图》之一《居庸叠翠》

---

① 史树青：《书画鉴真》，北京：北京燕山出版社，1996年，第261页。

蓟门烟树

西周时北京房山琉璃河一带为燕侯的都城。春秋战国时期的燕国,以蓟城为国都,即在今北京广安门附近。但自元明以来,都误以今德胜门外元建德门为蓟门旧址。王绂在图中所绘蓟门为大都城肃清门附近景物之状。清乾隆间,立"蓟门烟树"碑于大都西门肃清门遗址稍北土城上,今此碑犹屹立无恙。[①]（图1-9）

图1-9 明 王绂 纸本墨笔《北京八景图》之一《蓟门烟树》

卢沟晓月

源于山西的桑干河,向东流经北京,其波涛汹涌,浑浊无际,颇似黄天荡,故取名卢沟。宋宣和年间,"过卢沟河,水极湍急,燕人每候水浅深,置小桥以渡,岁以为常"。金灭北宋后,将北京设为中都,作为当时进出北

图1-10 元 佚名 绢本设色《卢沟运筏图》

京的重要通道卢沟河,金章宗时"以涉者病河流湍急,诏命造舟,

[①] 史树青:《书画鉴真》,北京:北京燕山出版社,1996年,第261页。

11

既而命建石桥"①，即今卢沟桥。元佚名画家的《卢沟运筏图》（图1-10），再现了当时卢沟桥一带的自然风光，及南北各地商旅往来的繁忙景象。

除了《卢沟运筏图》外，卢沟河及卢沟桥还出现在后世文人诗书画作中，如故宫博物院收藏的旧题宋人《雪山行旅图》、金官僚文人画家杨邦基的《卢沟雨别图》、元宫廷画家商琦的《卢沟雨别图》、元画坛盟主赵孟頫的《吴真人卢沟雨别图》及明人《皇都积胜图》等。②元明时曾对卢沟桥略加修葺，清康熙三十七年（1698）再修，改卢沟为永定河。当投宿桥畔的出京客人，为赶路需鸡鸣洗漱登程，时值晓月当空，大地似银，因而有"卢沟晓月"之意境，如明代王绂的《北京八景图》之一《卢沟晓月》（图1-11）。

图1-11 明 王绂 纸本墨笔《北京八景图》之一《卢沟晓月》

画面中卢沟桥及桥上行人，皆笼罩在一片晓雾与月色中，远处浓郁的树木和近处稀疏的行旅把景色的层次衬托得非常丰富，王绂的画从意境出发，水墨淋漓，寥寥笔墨点明画面的主题。③

---

① 《金史》卷二十七《志》第八《河渠》，北京：中华书局，1976年，第687页。
② 任道斌校点：《赵孟頫集》，杭州：杭州古籍出版社，1986年，第25页。
③ 赵兴华编著：《北京园林史话》，北京：中国林业出版社，2000年，第183页。

西山霁雪

北京西北郊的西山是绵延一百余公里的太行山支脉。早在隋唐时期西山就建有寺院，至金代又建有"西山八院"及香山寺等，从此西山因历史风景名胜而闻名。元明时期的西山霁雪皆泛指西山雪景而言，并无确切地点。清乾隆时立"西山晴雪"碑于香山山腰，每当冬雪初霁，自山下仰望群山，或自山上俯视平原，皆琼树瑶峰，空阔无际，胸怀顿为开朗。[①]（图1-12）

图1-12　明　王绂　纸本墨笔《北京八景图》之一《西山霁雪》

画家王绂曾北游名山大川，明永乐初年两次扈从朱棣到北京，他能将游览山水所得通过写意的方式形之图卷，《北京八景图》或许只是其中之一。图卷突出主题，在写意抒情的同时，也注重实景的描绘和记载，不但具有书画审美的功能，对明清北京地理历史的考古也有很大价值。遗憾的是，由于时代的变迁，王绂《北京八景图》中的"金台夕照"与"蓟门烟树"等今已不可考。

清乾隆十六年（1751），乾隆曾御制《燕山八景诗》，将八景定名为"琼岛春荫""太液秋风""玉泉趵突""西山晴雪""蓟门烟树""卢沟晓月""金台夕照""居庸叠翠"。宫廷画家张若澄也以"燕京八景"创作了绢本设色画《燕山八景图》，其对幅均有乾隆帝

[①] 史树青：《书画鉴真》，北京：北京燕山出版社，2009年，第267页。

题诗。张若澄,生卒年不详,自号龙眠山樵、花庐主人,安徽桐城人。乾隆十年(1745)进士,官至宫廷内阁侍读学士,工山水,花卉、翎毛皆善。其作品多存于宫廷,民间少有流传。张若澄画风严实,笔墨秀劲,阴阳向背,过接映带皆跌宕欹侧,舒卷自如。且笔墨之浓淡枯湿,浅深疏密,皆流畅而有生气。《燕山八景图》中建筑的刻画不用界尺,但是对建筑的特征却描绘得生动准确,表现手法活泼而不失稳重,是画家对景写实的佳作。[①]如八景图之一的《琼岛春荫》(图1-13),描绘了北海琼华岛的春景,绿树环白塔,碧波绕琼岛,画面布局与自然景观一致。画法上采用中西结合方式,偏重写实,画面立体感增强,与明王绂的《燕京八景图》追求的笔墨韵味和意境的画风大相径庭。类似的如其他七景《太液秋风》(图1-14)、《玉泉趵突》(图1-15)、《西山晴雪》(图1-16)、《蓟门烟树》(图1-17)、《卢沟晓月》(图1-18)、《金台夕照》(图1-19)、《居庸叠翠》(图1-20)。构图端正平稳,画风细致,笔墨丰润,设色富丽,具有清宫廷画的鲜明特点。

图1-13 清 张若澄 绢本设色《燕山八景图》之一《琼岛春荫》

图1-14 清 张若澄 绢本设色《燕山八景图》之一《太液秋风》

---

① 江小角、吴晓芬编著:《桐城明清名宦》,合肥:安徽美术出版社,2011年,第79页。

图1-15 清　张若澄　绢本设色《燕山八景图》之一《玉泉趵突》

图1-16 清　张若澄　绢本设色《燕山八景图》之一《西山晴雪》

需要说明的是，对实景山水的热度、兴趣以及范围的开拓，是明代绘画的一个新面貌，在清代依然被延续。明代产生了多样的实景山水，如在保留以前的胜景图的基础上出现的大量纪游图。纪游图多在传统的名胜图中添加了画家及游者的视角自觉性，将主体的目光和感受细致入微地载入画中。① 发展至清初，画坛上都呈现着浓厚的遗民之风，其实景图依然承接明代余绪，这在《燕山八景图》的构图及表现中尤为突出，以观者即皇家的视角及喜好，展现燕山八景壮观、宏大、高远、雄伟、开阔、深远的气象。

图1-17 清　张若澄　绢本设色《燕山八景图》之一《蓟门烟树》

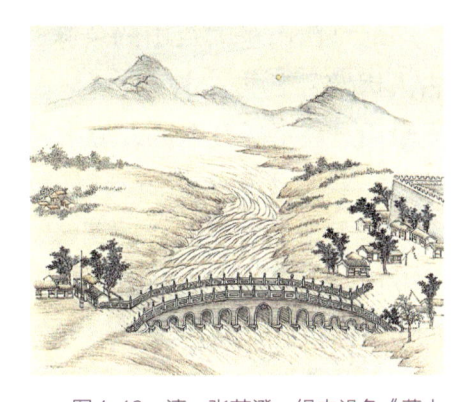

图1-18 清　张若澄　绢本设色《燕山八景图》之一《卢沟晓月》

---

① 付阳华：《明遗民的实景山水——〈涧上草堂图〉》，《中国书画》，2015年第6期。

图1-19 清 张若澄 绢本设色《燕山八景图》之一《金台夕照》

图1-20 清 张若澄 绢本设色《燕山八景图》之一《居庸叠翠》

"燕京八景"历金、元、明、清四代，又有"燕台八景""燕山八景""京师八景""京畿八景"等称谓，虽景点相同，八景的名称在不同时期则有所变化。"燕京八景"的出现，不仅催生了历代描绘歌咏它的诗词曲赋和绘画作品的出现，同时也对后世园林风景的建设产生了巨大影响。从此之后，北京无论"十室之邑，三里之城，五亩之园，以及琳宫梵宇，靡不有八景诗矣"[1]。

（二）山川秀美的西山燕山

北京西山是太行山的余脉，宛如腾蛟起蟒在西部拱卫着北京城，古人因此称之为"神京右臂"。西山峰岭连绵，历经房山、门头沟、石景山、昌平等几个区，境内云海松涛、古刹隐现，林泉幽壑、飞瀑湍急，有"十里青山行画里，双飞百鸟似江南"之誉。如房山的十渡、上方山、石花洞、莲花峰，门头沟的潭柘寺、戒台寺、东灵山、百花山，石景山的天台山、翠微山、平坡山和香山等，这些名山大川四时风景俱胜，从古至今一直是画家反复表现的主题。

目前遗存的以西山为题材进行创作的，早期既有代表性的有明代大画家董其昌的《燕吴八景图》，民国时期画家如溥心畬的《马鞍积雪

---

[1] 赵涛编：《蓟门上下千年》，北京：中国青年出版社，2014年，第35页。

图》、胡佩衡的《香山红叶》与《西山壮丽》、王悦之的《香山》、卫天霖的《西山》等，当代以西山为题材的如崔晓东《香山十月》、毛以钢的《十渡秋韵》、徐光聚的《百花山》和李秀实的《妙峰山夕照》等。

1. 西山景致

董其昌（1555—1636），字思白，号香光，华亭（今上海市松江）人，万历进士，官至南京礼部尚书兼翰林院学士掌詹事府。董其昌善书画，为晚明大家。他的山水画以书法入画，重文人笔墨，进一步提纯了山水画的绘画语言，使笔墨表现和组合成为独立的审美对象，建立起具有抽象形式美感的山水画面结构。[①]为纯化文人画，董其昌曾提出"南北宗论"，对明清画坛影响深远。明时董其昌多次在北京居官，其传世作品《燕吴八景图》册（绢本设色261cm×248cm上海博物馆藏）是董其昌登进士第后，出任皇长子讲官期间的万历丙申（1596）夏四月在京而作。《燕吴八景图》册写燕、吴两地八景，是董其昌送给即将归乡的好友杨彦履的画作。八景中的《西山暮霭》、《西山秋色》、《西山雪霁》和《西湖莲社》，描绘了北京郊外西山不同季节的景致。

图1-21 明 董其昌 绢本设色《燕吴八景图》之一《西山秋色》

图1-22 明 董其昌 绢本设色《燕吴八景图》之一《西山暮霭》

① 孙欣湘编：《中国美术史》，福建：福建美术出版社，2006年，第111页。

西山秋色与暮霭

八景中的《西山秋色》(图1-21)在笔法上有仿元王蒙的痕迹,尤其是山石的皴擦处理,但构图上改变了王蒙密不透风的全景式做法,画面左上大片的留白,与右下溪流河瀑的顺势潺潺左下,充满了虚实、动静对比之美。《西山暮霭》(图1-22),俨然五代董源、宋人米芾山水之发展,但画面前端的坡石岸树,又有自身的风格,将西山云雾弥漫的景象传达了出来。《西山雪霁》(图1-23)画面自题"西山雪霁仿张僧繇",红树绿石,古意盎然。《西湖莲社》(图1-24)中,"西湖在西山道中,绝类武林苏公堤故名",画中表现了画家临景对景的真情实感,画中的山水树石,秀逸清丽,非仅仅追求笔墨之作。如其《燕吴八景图》上的自题"岁月不居,已有故园之盟,颇钟翰艺之趣,将饱参名岳,偃思家山,时命奚奴以一瓢酒,数支笔相从,万历二十四年丙申于朝岚夕霭,晴峰阴壑之变,有会心处,一一描写,但以意取,不问真似,如此久之,可以驱役万象,熔冶六法矣……"

图1-23 明 董其昌 绢本设色《燕吴八景图》之一《西山雪霁》

图1-24 明 董其昌 绢本设色《燕吴八景图》之一《西湖莲社》

此外,八景中的《舫斋候月图》(图1-25)所绘为董其昌在京城西郊的居所,画风拙稚秀润,主要用花青、赭石渲染,用色清淡典稚。八景中的另外三幅《赤壁云帆》、《城南旧社》和《九峰招隐》描绘的则是上海松江的景物。《燕吴八景图》画风集董源、巨然和米氏父子于一体，宗法于黄公望、倪瓒，兼收并蓄、融会贯通，以讲究笔致墨韵传达了清朗秀润的画风。

近现代描绘北京西山景象的有中国油画奠基人之一卫天霖。卫天霖（1898—1977），字雨三，

图1-25 明 董其昌 绢本设色《燕吴八景图》之一《舫斋候月图》

山西汾阳人。1920年赴日本，先后在东京川端绘画学校、东京美术学校攻油画，曾任东京美术学校绘画系研究员。1928年回国，先后任中法大学孔德学院艺术部主任、北平大学西画系主任等。解放战争时期，卫天霖投奔解放区，为华北大学文艺学院教授。新中国成立后，历任北京师范大学美工系主任、北京艺术师范学院副院长、北京艺术学院副院长、中央工艺美术学院教授等。[①]1958年，卫天霖带领北京艺术师范学院美术系的学生去西山写生实习，创作了风景画《西山》（图1-26）。该作品为画家艺术成熟期的代表作，此时卫氏对印象派和后期印象派的研究不仅深入，且糅进中国画的笔墨技巧。对此，姚今迈曾评价道："卫天霖艺术成熟期的风景画，非常接近毕沙罗晚年某些杰作的表现特色。斑杂的色点、反光和笔触总是能够构成一种严格而真实的空间结构关系。所不同的是《西山》一画又多了一

[①] 夏征农、陈至立主编，大辞海编辑委员会编纂：《大辞海 美术卷》，上海：上海辞书出版社，2012年，第89页。

种民族情调的诗情画意。画面上起主导作用的类似中国大青绿山水的色调及其与明丽的月季和美人蕉的色点对比所造成的生动的装饰性，使普通的北方山村景色焕发出诱人的光彩。"[1]

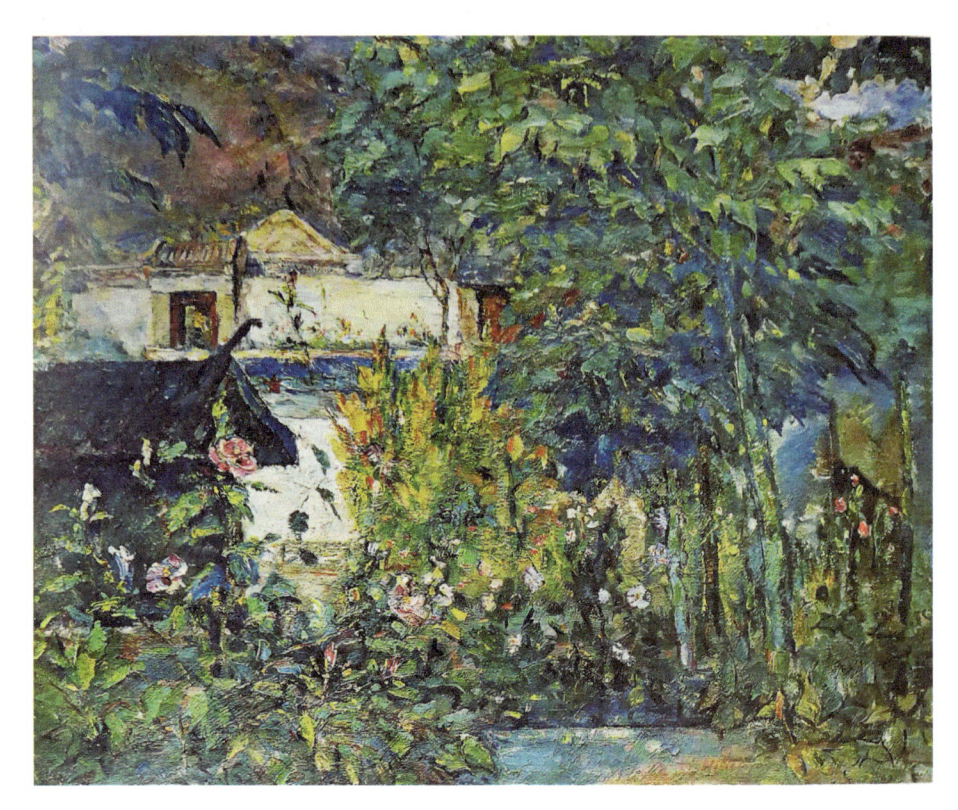

图1-26 卫天霖 油画《西山》

西山丽景

　　画作中表现西山景象的还有历清末民初至当代的著名国画家胡佩衡。胡佩衡（1892—1962），号冷庵，蒙古族，原籍河北省涿县（今涿州），因祖辈做粮商，迁居北京。1918年应蔡元培之聘任北京大学画法研究会山水画导师，并主编《绘学杂志》。先后在北平师范、私立华北大学、北平师范大学、北平艺专任教职，主办过"中国山水

---

[1] 冯旭：《斑斓朴厚　卫天霖研究》，郑州：河南美术出版社，2012年，第55页。

画函授学社",在北京琉璃厂创办豹文斋书画店,历任中国画学研究会和湖社画会评议等。①新中国成立后,胡佩衡先后任北京中国画研究会常务理事、北京画院画师兼院务委员等。在从事国画创作和教学的同时,研习油画、水彩画,致力于创新。其山水画,笔酣墨饱,雍容大雅,不激不厉,气韵灵动。其五六十年代创作的山水画多描写北京郊区的山水景物,内容新颖,笔墨娴熟,富有时代感。如1952年的《西山丽景》(图1-27)厚重画面中,用大青绿等对比鲜明的色彩,将西山的季节变换,细致入微地表达了出来。

图1-27 胡佩衡 国画《西山丽景》

香山与玉泉山

香山为西山山岭之一,最高峰海拔575米。香山峰峦叠嶂、清泉翠柏、景色清幽,四时景色不同。其历史文化景观居多,是清代著名的"三山五园"之一,香山有静宜园,乾隆皇帝亲题为二十八景之一。

民国时期留日归国的台籍画家王悦之,曾创作了一幅融中西画法

---

① 金通达主编:《中国当代国画家辞典》,杭州:浙江人民出版社,1990年,第75页。

于一体的名作《香山》（图1-28）。王悦之原名刘锦堂，出生于台湾的台中，是中国台湾最先到日本学美术的画家，民国初年入东京美术学校西洋画科，毕业后回国，先后任国立北京美术学校、京华美术专科学校、北平美术学院等教授、校长等职。[1]1932年秋天在香山写生时，王悦之把绢钉在木板上，先薄涂一层调色油，然后用小画笔和中国毛笔蘸稀释的油彩作画，创作了风景画《香山》。画面中吸收了中国山水画的透视方法，以大观小，在长条幅的画面上用高低表示远近。景物的大与小、明与暗、清晰与模糊，都和远近成比例，不失西画的布局和透视原理。这幅作品采用中国山水画形式而保留西画技法，是西画民族化的又一大胆探索。继《香山》之后，王悦之又创作了绢本油画立轴《玉泉山》（图1-29）等。[2]

图1-28　王悦之　油画《香山》

图1-29　王悦之　油画《玉泉山》

图1-30　胡佩衡　国画《香山红叶》

---

[1] 周川主编：《中国近现代高等教育人物辞典》，福州：福建教育出版社，2012年，第51页。

[2] 范迪安主编：《脉脉之思　王悦之艺术研究》，合肥：安徽美术出版社，2014年，第90页。

香山红叶

同样以香山为题材，胡佩衡在新中国成立后的新国画运动中，于1961年还创作了具有新时代气息的画作《香山红叶》（图1-30）。该画一反传统山水画所追求的淡泊与隐逸风格，将新的国画艺术创作与时代审美需求紧密相连，在传统的水墨山水中，大面积地运用红色点染，凸显满山红叶的壮观景象，时代风貌浓郁而强烈。

除此之外，因香山的壮丽与红叶的热烈，当代以香山红叶为题材的绘画创作纷至沓来。如当代画家崔晓东[1]创作的国画《香山十月》（图1-31），画面继承了中国正统的山水画传统，画风纯正典雅，自然深厚，展现了香山红叶漫山遍野壮丽景色，画家将传统笔墨与现代审美意识相结合，在继承传统的基础上创造了一种凝重浑厚、自然清新又有新意的画风。[2]

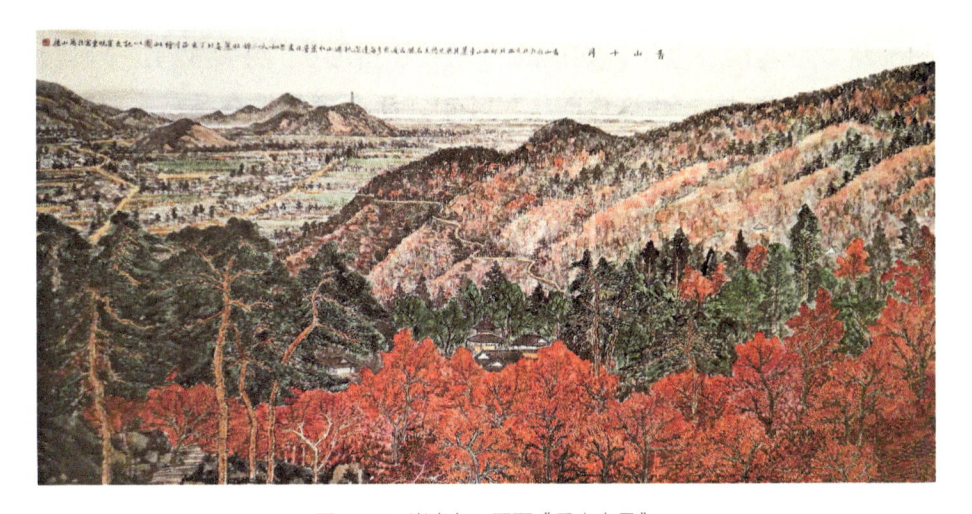

图1-31　崔晓东　国画《香山十月》

---

[1]　崔晓东，1953年出生于黑龙江省齐齐哈尔市，1977年本科毕业于中央美术学院，曾任北京煤炭管理干部学院讲师，1988年研究生毕业于中央美术学院国画系，目前为中央美术学院教授。

[2]　中国美术学院中国画系编：《师心独造》，杭州：中国美术学院出版社，2014年，第110页。

马鞍山属于北京市西郊门头沟区，其半山腰建有著名的戒台寺，民国初年清皇室后人、旧王孙溥心畬随母曾居住于此。其间以马鞍山为景，创作了著名的《马鞍积雪图》。溥心畬（1896—1963），名儒，字心畬，号西山逸士。其原姓为爱新觉罗氏，曾祖父是清宣宗道光皇帝，末代皇帝溥仪是他的从弟。[①]宣统二年（1910）溥心畬入贵胄陆军学堂学习。清帝逊位，学校先后并入清河大学、法政大学，18岁时毕业。因生母住马鞍山戒台寺，溥心畬曾依生母戒台寺读书。……其学问之醇、艺事之卓，实来自前后闭户山居的时间，专心一志，心无杂念，所得所积之厚。[②]

马鞍积雪

　　民国初年，一般传统画家还是以摹古综合为宗，而溥心畬却能别树一帜，因用笔顿挫有韵味，形成个人的面貌。此外溥心畬与人不同的是常作小幅山水，有时一张小卷仅三寸高，而长可至一丈上下，这种小画多是其精心之作，如他的《马鞍积雪图》（图1-32），全画尺寸为7cm×195cm，在这样的小尺寸中，溥心畬将他在马鞍山戒台寺居所附近的冬天雪景生动地展现了出来。雪峰千丈，棱角锐利，似冰澌斧削，景象雄奇，在构图及笔意上均有北宋李成、许道宁奇伟山水的遗风。溥心畬还曾题诗两首，其中一首"向夕劝初霁，邂逅山中客。稷雨变蒙密，寒风日萧瑟。片水带孤青，微云生远白。榭叶有清音，繁枝暗无色。积雪满空山，何处表安宅。"诗画相得益彰，表达出画家对雪景的真切感受。[③]

[①] 陈传席：《画坛点将录　评现代名家与大家》，北京：中国青年出版社，2015年，第329页。

[②] 徐复观：《论艺术》，北京：九州出版社，2014年，第203页。

[③] 李铸晋、万青力：《中国现代绘画史·民国之部》，上海：文汇出版社，2003年，第87页。

图1-32 溥心畲 国画《马鞍积雪图》

法城口狗牙山

狗牙山位于门头沟斋堂镇桑峪村北山，该地处清水河下游与永定河珍珠湖之间，西起楼岭，东至青白口西面的塔岭。其中桑峪村北一段的狗牙山，从清水河畔或南大岭观之，纵如窗帘褶皱，尖顶成列，形如旌旗或狗牙。20世纪80年代著名画家吴冠中[①]在北京远郊写生时，曾绘制了一幅钢笔风景画《京郊法城口》（图1-33）。

画家在自选集中介绍这幅画时说，这里"高山低山，前山后山，都是石头山，全是石纹，一条细线通天地，刻万山。主要依靠横直、曲折与疏密，对照峭立之形体，从这个构成里蕴藉、生发出各种皴法来，不同的皴法表现山的各种质感、性格。这个法城口硬碰硬，怒向刀刃显坚贞"。[②]

图1-33 吴冠中 钢笔画《京郊法城口》

---

① 吴冠中（1919—2010），江苏宜兴人。擅长油画、水墨画。1942年毕业于重庆国立艺术专科学校，留校任教。1947年留学法国，在巴黎国立高级美术学校苏弗尔皮教授工作室进修油画，后在鲁佛尔学校学习美术史。1950年回国历任中央美术学院讲师，清华大学、北京艺术学院副教授，中央工艺美术学院教授，学术委员会副主任，中国美术家协会书记处书记、常务理事等。

② 吴冠中：《吴冠中自选速写集》，沈阳：东北出版社，2010年，第94页。

百花山

百花山在门头沟区清水镇境内，其主峰险峻奇伟、云海升腾，山间古树参天、白莽长啸，山下草甸花开、晚霞映翠，景象万千，妙不胜收。当代画家徐光聚[①]以百花山为题，创作了《百花山》（图1-34）（240厘米×139厘米　中国画）。画家擅长学习和借鉴古法，在画面中营造疏朗空灵、清逸简约的气氛，同时笔法又不失苍润，全画有着悠然恬淡的诗意美。[②]

妙峰夕照

门头沟境内的妙峰山，海拔1291米，山势峭拔，有日出、晚霞、雾凇等奇异景观，此外还以"古刹""奇松""怪石""异卉"而闻名。李秀实[③]创作的油画《妙峰山夕照》（图1-35），大胆将"墨骨油画"[④]的艺术语言进行了灵活运用

图1-34　徐光聚　国画《百花山》

[①] 徐光聚，1974年生于河南南阳，自幼随舅父习画，1997年结业于中央美术学院国画系，现为中国新水墨书画研究会副会长，炎黄艺术中心展览部负责人等。

[②] 林海钟等绘：《品墨　中国当代山水画名家作品集》，郑州：河南美术出版社，2011年，第133页。

[③] 李秀实，笔名秀石、秀时。1933年生于辽宁锦州，是著名的风景油画家。历任中华美术研究院副院长、中国美术家协会理事、中国油画学会理事。

[④] 《油画家　中青年篇》，天津：天津人民美术出版社，1982年，第1页。

和表现，笔触恣意，气韵流动，色彩对比强烈，画中潜滋暗长着旺盛的生命力。

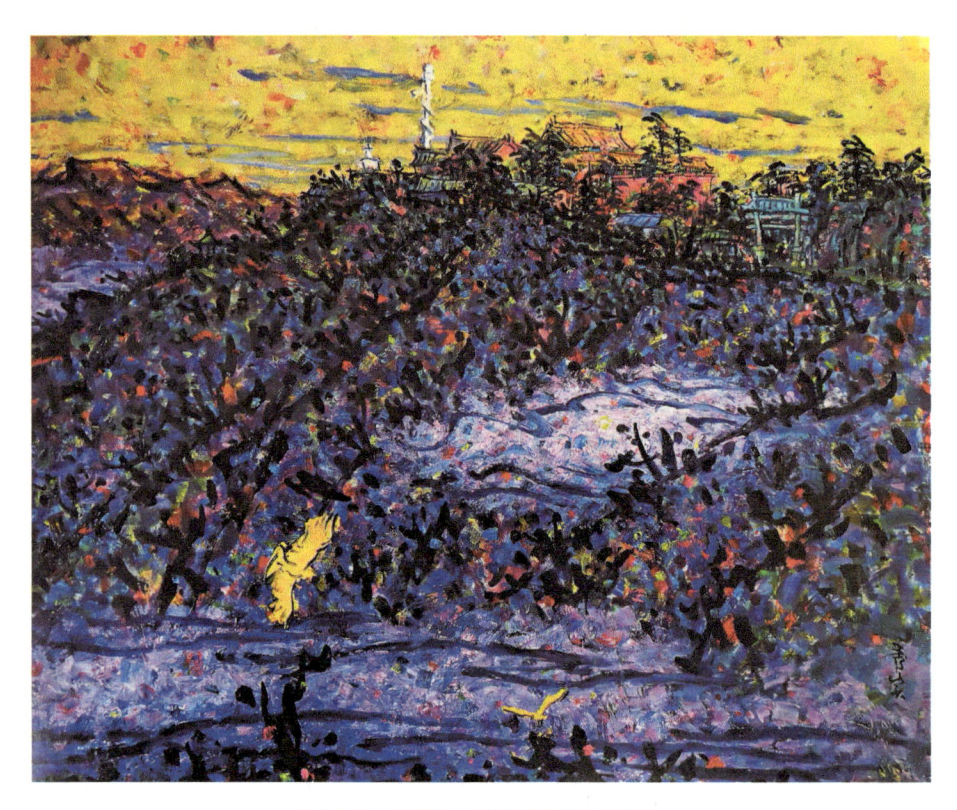

图1-35　李秀实　油画《妙峰山夕照》

十渡秋韵

十渡位于房山区西南，是大清河支流拒马河切割太行山脉北端而形成的一条河谷，全程约20公里。因历史上这条河谷中共有十个渡口，故而得名"十渡"。十渡是华北地区最大的岩溶峰林大峡谷，山水奇秀、林泉叠翠，拒马河迂回蜿蜒，宛若玉带穿山而过。毛以钢[①]以此创作了油画《十渡秋韵》（图1-36）。画家在四季变换、朝暮万千的景象中，抓住了最心仪的光线和角度，用明亮温暖的色调将十

---

① 毛以钢，1958年生于北京，结业于中央美术学院油画系，现为中国美术家协会会员，国家二级美术师。

渡山峦草树一一展现出来，浑厚凝重中又静谧安详，与水的清澈流动形成了鲜明对比。毛以钢曾创作过桂林山水和老北京系列油画作品，《十渡秋韵》是其系列油画作品中的力作。[①]

图1-36　毛以钢　油画《十渡秋韵》

2．风光旖旎的燕山山脉

北京北部为燕山山脉，层峦叠嶂，自西向东直抵渤海之滨的山海关。古人形容燕山"如长蛇，首衔西山麓，尾挂东海岸"。燕山在北京境内有军都山、八达岭、凤驼梁、雾灵山、云蒙山、盘山等诸山峰，海拔均千米以上。古往今来，表现燕山及其诸山峰壮丽风景的画作主要有明代画家文征明的《燕山春色图》，当代画家段铁的《军都山高图》、庄小雷的《晴光翠暖云蒙山》、陈克永的《京东大峡谷》、张文新的《温榆河的秋天》和谭涤夫的《通惠河之夏》等。

燕山春色

明朝时出生于苏州的江南吴门画派的领袖人物文征明，曾官至翰

[①] 苗凤池主编：《中国油画市场》第1辑，北京：北京工艺美术出版社，2009年，第222页。

林待诏，其诗、文、书、画无一不精，在画史上与沈周、唐伯虎、仇英合称"明四家""吴门四家"。在诗文上，与祝允明、唐寅、徐祯卿并称"吴中四才子"。文征明在54—57岁曾被荐入京，任翰林院待诏，居京三载有余，其间他创作了与北京相关的《燕山春色图》（图1-37），画面空间深远，山石规整中有棱角，笔迹细密，精熟中有稚拙。设色浅绛，明净清雅，为细笔山水风范，属于"吴派"基本特

图1-37 明 文征明 纸本设色《燕山春色图》

图1-38 段铁 国画《军都山高图》

色。此外，画家在题诗中歌颂了燕山风物如江南一样美丽。①除了文征明的燕山春景外，当代画家还就燕山山脉中的军都山、云蒙山进行了创作。

军都山高

军都山位于市区以北的昌平、延庆、怀柔区境内，处太行山与燕山交接处，为西南—东北走向。温榆河发源其阳，白河横穿其阴。居庸关位其西翼，古北口控其东陲，军事和交通地位十分重要，历来为兵家必争之地。为此，当代画家段铁②创作有《军都山高图》（图1-38）（247厘米×124厘米　中国画）、《燕山隐居图》等燕山系列山水作品。

段铁山水画能在"真境"与"神境"之间，在"写境"与"造境"之间，营造出一种真实而又虚灵的"造化"之境。③《军都山高图》中，画家为展现燕山朴拙、雄健、粗放、简旷的特征，运用传统的点、线、墨、色等，着意对山川、树石、屋舍、溪流等进行勾勒和点染。其中蕴含着画家对自然、对古意、对精神的感悟、审美和体验。在回归传统中不乏清新隽永，在雄厚苍润中兼具松动空灵，形成了独具特色的风格面貌。这种特点同样还表现在他的燕山系列的作品中，如《燕山隐居图》等作品中。

云蒙晴翠

云蒙山古称"云梦山"，位于密云与怀柔区交界处，山势耸拔，沟谷幽深，内有异石奇峰、飞瀑流泉，其云雾变幻莫测，林木花草馥

---

① 北京画院编：《20世纪北京绘画史》，北京：人民美术出版社，2007年，第29页。

② 段铁，1960年生于北京，毕业于北京矿业学院美术系。自幼从父学习绘画基础，后拜北京画院著名画家张仁芝为师专攻山水画。中国美术家协会会员、中国山水画研究院副院长。

③ 贾德江主编：《21世纪有影响力画家个案研究》第五辑，北京：北京工艺美术出版社，2007年，第2页。

郁，自然风景十分优美，有"小黄山"之誉。当代画家庄小雷①创作有《晴光翠暖云蒙山》(图1-39)。

庄小雷认为"风景是通过每人的观察并感知于心灵的东西。在描绘客观对象时，略加夸张变形，事物的个性特征就更突出，每一条线都着力于刻画景物的性格和为神态服务"②。正因为如此，庄小雷在山水写生过程中，养成在速写中结合创作构思的习惯。《晴光翠暖云蒙山》在展现云蒙山气势巍峨中，着重立意、构图和造型等方面的努力。

温榆秋景

温榆河位于通州区西北部，为通州区与朝阳区的界河。上游沙河和蔺沟等支流，源出军都山，在昌平县汇合后称温榆河，东南流入北运河。上游山地陡峻，中、下游

图1-39 庄小雷 国画《晴光翠暖云蒙山》

---

① 庄小雷，生于北京，从小随父庄言学习绘画。长大后历任部队美术创作员、解放军艺术学院教员，国家一级美术师，北京画院创作室主任，中国美术家协会会员，北京美术家协会理事等。

② 龙瑞、舒建新主编：《2005中国画研究院年度提名展作品集 山水卷》，石家庄：河北教育出版社，2005年，第115页。

地势低平，解放前常泛滥成灾。解放后，在上游东沙河上建十三陵水库以减轻水患，现水库已成为十三陵风景旅游区的一部分。

图1-40　张文新　油画《温榆河的秋天》

画家张文新[①]的《温榆河的秋天》（图1-40），倾注了他对家乡风光深沉的生活体验和温情回忆。"我曾经在美国生活了13年，但我很少画美国题材，因为没有情感的依据。我觉得只有自己熟悉的题材，才能画得深入。"张文新曾生活在温榆河边，经常到河边散步，温榆河的四季变化走在他的眼里和心里，这种乡土情节为他创作《温榆河的秋天》带来了激情和灵感。[②]

---

① 张文新，1928年出生于天津市。1949年毕业于华北大学美术科。1949—1951年在北京大学物理系学习。1951年任北京市美术工作室创作干部。1956年为中国美术家协会会员。1964年为北京院画家，后定居海外。
② 《京郊山水情韵——名家绘画十渡写生》，十渡旅游网，2008年2月28日。

二、关隘堡台

历史上的北京内跨中原,外控朔漠,且"右拥太行,左注沧海,枕居庸,奠朔漠"。由北京向西南越太行山与黄土高原相接,向北越燕山直达内蒙古高原,向南则是平坦辽阔的华北大平原,可直抵中原各地,是北方诸民族南下中原的必经之道。因此古代的北京是连接华北、东北和西北的关键交通枢纽。也因为如此,北京自商周起就一直是历代中原政权与北方游牧民族争夺的边境重镇。为了限制和抵挡北方游牧民族的南下侵扰,从周代开始,中原政权便在包括北京在内的广大北方、东北及西北边界地带,修筑了大量的长城关隘和堡寨碉台等。

长城是中国古代军事防御的重要工程之一,是以大而坚固且连绵不断的城墙为主体,结合大量的城、障、亭、标相配合,来用以限制北方游牧民族南下侵扰。长城的修筑历史可上溯至西周,战国时期诸侯争霸,互相攻守,长城修筑进入第一个高潮。秦灭六国统一天下后,连接并修缮了各国的长城,因而有万里长城之称。明朝是最后一个大修长城的朝代,当前遗存的长城多是明时修筑,主要分布在河北、北京、天津、山西、陕西、甘肃、内蒙古、黑龙江、吉林、辽宁、山东、宁夏、青海、新疆等15个省区市。长城是中华民族坚强不屈的脊梁,它凝聚着数千年的历史,因而一直是历代艺术家反复歌咏表现的重大题材。

(一)宏伟险峻的长城关隘

北京的古长城主要位于北部燕山系的军都山岭中,长城西起关沟,东到昌平、延庆、怀柔、密云等区内,北接冀北中部山地,南临北京小平原,呈东西向延伸,长达100多公里。著名的景点有慕田峪长城、司马台长城、八达岭长城等,重要关隘有古北口和居庸关等,这些都是当代画家关注的焦点,如沈尧伊的《原驰蜡象》、吴茜的《慕田峪长城》、司子杰的《司马台长城三月》和白羽平的《八达岭》等作品。

1. 长城古今

雪后的长城

沈尧伊[①]的油画《原驰蜡象》（图1-41）（135厘米×155厘米）将毛泽东的词《沁园春·雪》中"北国风光，千里冰封，万里雪飘。望长城内外，惟余莽莽。大河上下，顿失滔滔。山舞银蛇，原驰蜡象，欲与天公试比高"的意境，与白雪皑皑中起伏蜿蜒、纵横跌宕的长城联系在一起。画面宏伟壮阔，笔触奔放有力，气势豪迈激荡，从

图1-41　沈尧伊　油画《原驰蜡象》

[①] 沈尧伊，1943年出生于上海，1966年毕业于中央美术学院，中国人民大学艺术学院教授，博士生导师，中国美术家协会理事、北京美术家协会副主席等。兼擅油画、版画、连环画以及插图等。代表作品有版画《跟随毛主席在大风大浪中前进》、油画《而今迈步从头越》、连环画《地球的红飘带》等。

中也能深深地感受到画家在创作该幅作品时的理想与激情。正如画家自己所说，绘画的"技术性很重要，但绘画不纯是技术性劳动，它实质是一种感性表达。创作以眼观察、以情入境、以心体悟、以手入画，并最终达到身心协调统一"[1]。

金色八达岭

白羽平[2]是当代风景画中比较有代表性的画家之一。他的作品无论简洁、富有诗意还是恢宏壮丽，无论是金色旋律还是白色格调，都非常注重情感的投射和表达。在油画《八达岭》（图1-42）中，画家舍弃了烦琐的构图，在简洁中通过对比达到视觉的丰富性和多样性。如近景山脉的起伏交错与远处的地平线及辽阔的天空形成对比，黑褐色浓重的投影，与明亮的金色山峦、灰蓝色的天空形成强烈的对比等。

图1-42　白羽平　油画《八达岭》

司马台长城的三月

类似的长城题材作品，还有画家司子杰的《司马台长城三月》和

---

[1] 王晶编著：《当代中国美术纪事研究书系　高峰访谈》，第二辑《辛卯纪事》，北京：中国国际美术出版社，2013年，第26页。

[2] 白羽平，1960年生于山西，满族。曾毕业于中央民族大学美术系，结业于中央美术学院首届油画高级研修班，现任北京画院油画创作室主任，国家一级美术师。

吴茜的《慕田峪长城》等。司马台长城位于北京市密云区古北口镇，建于1368年，城墙全长约19公里，是我国唯一一段保留明长城原貌的古长城。长城沿着刀削斧劈似的山脊修建，险峻无比，也造就了这段长城城墙形式的多样性。司马台长城东起望京楼，西至后川口，依险峻山势而筑，以司马台水库为界分为东西两段，集万里长城的所有特点于一身，并以其独具"险、密、奇、巧、全"五大特点著称于世，被称为万里长城中"最奇妙的一段长城"。司子杰[1]的《司马台长城三月》（图1-43），没有描绘司马台的险峻、巍峨，而是三月春寒料峭的司马台自然风光，虽然碧空如湖水般清澈，冬树尚未苏醒，但和谐、明媚、宁静的景象，更加反衬出历史动荡中司马台长城的硝烟与战火。

图1-43 司子杰 油画《司马台长城三月》

---

[1] 司子杰，1956年出生于山东济南，1982年毕业于中央戏剧学院舞台美术设计专业，后任总政歌剧团美术设计。1988年后为职业画家。

慕田峪长城

慕田峪长城位于北京市怀柔区境内，西接居庸关长城，东连古北口，自古以来就是守卫北京的军事要冲，被称为"危岭雄关"。慕田峪长城建筑构造风格独特，敌楼密集，尤其是三座敌楼并矗一台的正关台，更是万里长城中罕见。此外，慕田峪长城群山环抱，风景秀丽。春季群芳争妍，山花烂漫；夏季满山青翠，流水潺潺；秋季红叶漫山，果实累累；冬季白雪皑皑，银装素裹，一派北国风光，享有"万里长城慕田峪独秀"的美誉。吴茜[①]的国画《慕田峪长城》（图1-44）善于将书法融于绘画，用精练的线条，简约的构图和细腻的笔法表现大自然，其作品中传统题材创作常富于现代美感。《慕田峪长城》是用超写实的手法，将秋天"雄关漫道真如铁"的慕田峪长城清晰地展现了出来。画面寂静，历史有声。

图1-44 吴茜 国画《慕田峪长城》

[①] 吴茜，1943年生于苏州，1958年考入北京工艺美术学校学习，后调入北京画院成为专业画家。

2．关隘遗迹

北京内跨中原，外控朔漠的重要地理位置，自夏商周起北京就一直是历代中原政权沟通联络北方民族的边境重镇，同时也是历史上中原华夏政权与北方游牧民族必争之地。为了防御北方民族南下侵扰，历代中原政权先后在北京地区建造了诸多关口墩防等。其中遗存下来的主要有古北口、居庸关和沿河城等。

密云区古北口镇东南的长城是史上最完整的长城体系，由北齐长城和明长城共同组成，包括卧虎岭、蟠龙山、金山岭和司马台四个城段。从西周开始，延至春秋战国便在古北口筑墩设防，汉武帝刘彻为防北部匈奴入侵扰边，命守军在古北口筑城布兵，使古北口成了汉与匈奴屡次交战的必争之地。数不清的战争都以攻占古北口为第一步，使它成了夺取中原的桥头堡，因而有"地扼襟喉趋朔漠，天留锁钥枕雄关"之誉。[1]

古北口秋色

军旅出身的画家谭涤夫[2]曾创作了长城系列的组画《紫塞凝晖》《古道沧桑》《荒草斜阳》《古堡晨曦》《古北口秋色》《屹立千秋》《魂依千山》《雄关万里》《亘古的回忆》等，其中《古北口秋色》（图1-45）展现了密云古北口险要的地势，画面整体关系和谐，运用笔触塑造形体和表现质感。在细节刻画上严谨、细腻，关注暗部的色彩变化，在透明中求丰富。他以精致细腻的笔触刻画古老的城堡，把岁月沧桑、雨剥风蚀留下的痕迹表现得淋漓尽致，扣人心弦，让人禁不住想抚摸一下画面上长城的一砖一石。画面上开阔的天空和伸向远方的长城，极富有纵深感，给人一种朴实、庄重和稳定的美感。动与静、形与色达到了高度的协调。[3]画家对古北口历史

---

[1] 李楠编著：《远去的背影 文化的神韵 中国古代关隘》，北京：中国商业出版社，2015年，第51页。

[2] 谭涤夫，1961年入伍，1973年进全军美术创作训练班油画班学习，中国美术家协会会员和知名油画家。

[3] 陈亚军：《只为那个诺言》，北京：作家出版社，2000年，第159页。

面貌的展现，对艺术审美感受的再创造，体现了画家一丝不苟力求艺术完美的精神，诉诸在画面上，使他的作品具有了震撼人心的艺术魅力。①

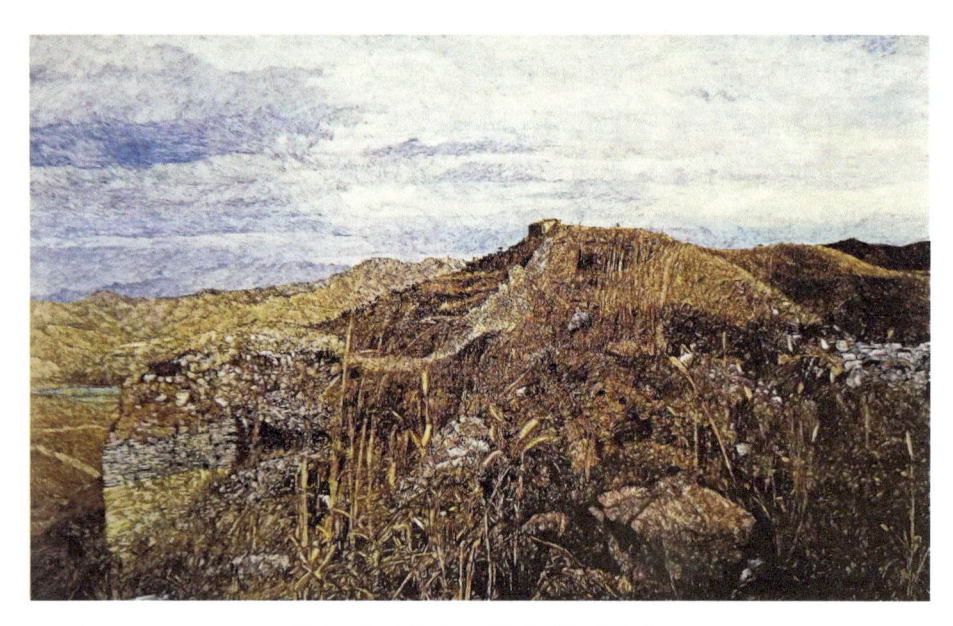

图1-45　谭涤夫　油画《古北口秋色》

居庸翠影

昌平区境内的居庸关得名始自秦代，相传秦始皇修筑长城时，将囚犯、士卒和强征来的民夫徙居于此，取"徙居庸徙"之意，汉代沿称居庸关，三国时期名西关，北齐时改纳款关，唐代有居庸关、蓟门关、军都关等名称。居庸关形势险要，东连卢龙、碣石，西属太行山、常山，实天下之险，自古为兵家必争之地。它有南北两个关口，南名"南口"，北称"居庸关"。现存的关城是明太祖朱元璋派遣大将军徐达督建的，为北京西北的门户。画家李新风②创作有中国画

---

①　蔡国胜主编：《中国油画家》第2辑，武汉：湖北美术出版社，2010年，第53页。
②　李新风，1956年生，1987年毕业于中国画研究院山水画研修班。北京美术家协会会员，中国艺术研究院教授。

《关沟翠影——居庸关》（图1-46）（124厘米×126厘米 中国画），整个画面构图极具特色，几乎全被横斜披拂松枝所掩没，只有在空隙中可窥见被掩映的红色墙垣与城关，画面中极目远眺，在后方纵深处还有长城起伏于山岭云海之中。除了构图及远景、中景的掌控外，画家还不惜用繁复的干笔湿墨勾勒点染皴擦，将近处湍急涧水的流动，与旁边墙垣垛口的厚重凝固，进行了渲染和对比。历史不再，物是人非，画面传达的是此时无声胜有声的意境。

图1-46 李新风 国画《关沟翠影——居庸关》

（二）岁月沧桑的堡碉敌台

沿河城位于门头沟区西北部，为明代边塞城堡和屯兵要塞，因靠近永定河而建，因而称为沿河城。沿河城因扼守几道山口水口，古称"三岔村""沿河口"等，乃京师咽喉之地，是塞外通往北京的要冲之一。明万历六年（1578）建城后，始称"沿河城"。沿河城城北临永定河，城墙以条石和巨型鹅卵石砌筑。东西两侧墙上各辟有砖石砌筑的城门，名万安门和永胜门。南北两侧城墙上辟有券形水门。北城墙两端筑有角台，上建马王庙、真武庙、火神庙等。[1]

沿河城秋色

郭宝君[2]创作的国画《吟秋——沿河城》（图1-47）描绘了秋色中"以山为城，以河为池"的沿河城。其画作有画家自己的独立精神和见解，作品中传递出一种不急不躁、不温不火的淡定和超然，笔下的山水洗净铅华，已然与现实中的景物拉开了很大的距离，有一种明显

图1-47 郭宝君 国画《吟秋——沿河城》

---

[1] 北京文物百科全书编辑部编著：《北京文物百科全书》，北京：京华出版社，2007年，第511页。

[2] 郭宝君，1965年生于河北邯郸，1986年毕业于河北师范大学美术系。师从李明久、刘进安、唐勇力等，1988年进修于中央美术学院国画系。现任北京画院专业画家。

的精神指向。[1]

  此外，门头沟西北区现今还遗有内边长城敌台，敌台分布于沿河口、龙门口、黄草梁、洪水口一线长达40公里的山巅或险隘处。这些敌台多筑于明万历元年（1573）左右，隶属当时的真保镇紫荆关所辖。文献载原有敌台15座，每座敌台分上下两层，高约15米，宽10米以上。敌台底层用石条铺砌，墙身砌砖；上层周围有垛口，上下层之间有梯相通，且敌台上都刻有编号。虽然敌台之间有的无城墙连接，但能凭地形据险，彼此呼应，形成了一道连续性的防线。[2]由此可知，众多的长城关隘、古堡碉台，其险要的位置、牢固的建造、巧妙的设计，为历史上的北京在社会动荡与战争防御中，发挥了积极的重要作用。

---

  ① 《山水画的三种"状态"——郭宝君、买鸿钧、刘旭作品赏析》2016年7月24日至29日北戴河艺术馆郭宝君、买鸿钧、刘旭作品展，在线展览https：//exhibit.artron.net/exhibition-45793.html。
  ② 文化部文物局主编：《中国名胜词典》第二版，上海：上海辞书出版社，1984年，第50页。

第二篇

绘画中的北京园林村落

辽金之前作为北方藩屏重镇的北京，还未发现相关园林建设的记载。发展至辽金时期，民族政权先后在北京建都，开北京园林建造的先河。文献载仅金海陵王到金世宗在位期间，金中都城内外就兴建了东苑、西苑、南苑和北苑四座园林，且还出现了"燕京八景"系列自然与人文景观，为以后北京的园林建设及园林绘画奠定了基础。

北京园林建造在元、明、清三代达到了鼎盛阶段，但由于历史的缘故，元明时期皇家园林多已不存，而清园林因距当代时间相对较近，遗存较多。特别是清帝王对园林的喜好与重视，使得清代皇家园林规模浩大、面积辽阔、气势恢宏，建筑风格也多姿多彩。此外，为了树立和宣传帝王文治武功的清明政治形象，清帝王多雅好诗书画，园林建筑上常赐名、题额或赋诗。官僚文人纷纷附庸效仿，通过诗画来颂扬帝王气魄、园林壮丽。为此清廷在康熙、乾隆年间，罗致一些专业文人画家供奉内廷为其服务，宫内除了设立如意馆等机构以安置御用画家外，还用入值"南书房"的形式，以延纳学士、朝官身份的画家。这些官僚文人画家经常画些奉旨或进献之作，往往画风精细、场面宏大，内容除了记录当时重大历史事件外，更多的就是供装饰、观赏用的山水、花鸟和园林画等，被统称为宫廷绘画。在艺术风格方面，其表现山水园林建筑的多属"四王"派系，如徐扬、张宗苍等。此外，还有一批供奉内廷的外国画家，如郎世宁、王致诚、艾启蒙等，他们带来的西洋明暗、透视画法，创造了中西合璧的新画风，还培养了不少弟子，深受皇帝器重，如冷枚、张若澄、沈源、唐岱等，因而为后世留下了大量鸿篇巨制的帝王园林山水画卷。[1]

相对皇家园林，在北京也出现了一些品位高雅的王府花园及士大夫私家园林，但二者无论在遗存数量、建造水平及规模上，都无法与皇家园林及江南私家园林相提并论。[2]特别是鸦片战争以后，随着国力日渐式微，北京昔日的皇家园林文化也随之衰落，表现其风貌的画作也逐渐减少。

新中国成立后，北京遗存的皇家园林、王府花园和私家园林，成为社会大众的公共文化设施，如颐和园、北海公园、香山公园等，国家及北京市政府还出资修复开放了圆明园、恭王府花园等。与此同时，为了满足人民群众日益增长的健身休闲需要，改善城市环境、建设宜居家园，北京市又兴建了众多的市、郊公园等。[3]所有这些，为当代北京园林绘画的创作提供了条件。回溯历史，历代画家笔下留下的北京园林绘画作品，连缀起来就是一部直观形象的北京园林绘画史。

---

[1] 清代宫史研究会编：《清代宫史探析》下，北京：紫禁城出版社，2007年，第577页。
[2] 王其钧主编：《中国园林图解词典》，北京：机械工业出版社，2007年，第62页。
[3] 王岗：《古都北京》，杭州：杭州出版社，2011年，第221页。

一、园林胜境

目前遗存的辽金元时期绘画中，未见到对北京园林的描绘。发展至明清，北京的园林建造达到了顶峰，上至封建帝王，中至贵族宗王，下至文人士大夫，掀起了一股又一股建造园林的狂潮。其中，尤以清代的建造活动最为鼎盛，达到了中国历史上的顶点。清朝统治者在北京城内外不仅营建了众多的皇家园林，形成了以紫禁城为中心的内城宫苑和西郊的"三山五园"等。以此为题材的绘画创作也纷至沓来，如《圆明园四十景图》《御制圆明园图咏》和《圆明园西洋楼铜版画图册》等诗画作品，此外还有《都畿水利图》中的长河及"三山五园"等。这些画作的表现形式丰富多样，既有木刻版画、铜版画，又有彩色绢本、彩绘纸本等。

（一）皇家园林与王府花园

明清时期，由于帝王对书画及园林建设的重视，特别是出于政治与文化的宣传需要，出现了许多应和的御制诗图咏，与之相对应的是众多描绘皇家园林的作品。其中尤以清代描绘圆明园的居多，其他的如颐和园、御花园以及王府花园等，多以近现代及当代绘画作品为主。

1. 皇家园林

清代皇家园林除了西郊的"三山五园"，即包括万寿山、香山、玉泉山与畅春园、圆明园、清漪园、静明园、静宜园，还有东郊、南郊行猎的苑囿，以及都城内的西苑、皇宫内的御花园等。其中尤以圆明园与清漪园（颐和园）最具代表性，绘画创作中展现其古今历史风貌的作品也最多。

（1）三山五园

圆明园

始建于康熙四十八年（1709）的圆明园，初为清皇四子胤禛的赐园，与颐和园毗邻，由圆明园、长春园和绮春园组成，整个园林面积达350多公顷。园内湖、池、山、石、树木、亭、台、楼、阁组成150多个风景点，其组群规模大小、式样变化各不相同，有些建筑群吸取西洋建筑形式，因此有"万园之园"之称。[1]清雍正及后诸帝，多夏季在此"避喧听政"。乾隆执政时期附庸风雅，在宫廷内外掀起用诗画表现圆明园的热潮，先后以绘画、木刻形式出现的《圆明园四十景图》有四种版本之多[2]，如彩色绢画《圆明园四十景图》、木刻版画《御制圆明园图咏》和铜版画《圆明园西洋楼铜版画图册》等。其中的画家除了中国画家外，还有服务于清廷的意大利画家郎世宁等。[3]

清乾隆时期圆明园格局基本成型，乾隆早期对园中33处旧景重新用四字形式命名，如牡丹台改为"镂月开云"，莲花馆改为"长春仙馆"，菜圃改为"杏花春馆"，金鱼池改为"坦坦荡荡"等。宫廷画师唐岱、沈源曾以此绘制"三十三景图"。后圆明园又陆续增入"方壶胜境"、"蓬岛瑶台"、"慈云普护"、"鸿慈永祜"、"汇芳书院"、"洞天深处"和"月地云居"等景点，连同之前绘制的三十三景，共计四十景，即《圆明园四十景图》。其中包括"正大光明、勤政亲贤、九州清晏、镂月开云、天然图画、碧桐书院、慈云普护、上下天光、杏花春馆、坦坦荡荡、茹古涵今、长春仙馆、万方安和、武陵春色、山高水长、月地云居、鸿慈永祜、汇芳书院、日天琳宇、澹泊宁静、映水兰香、水木明瑟、濂溪乐处、多稼如云、鱼跃鸢飞、北远山村、西峰秀色、四宜书屋、方壶胜境、澡身浴德、平湖秋月、蓬岛瑶台、接秀山房、别有洞天、夹镜鸣琴、涵虚朗鉴、廓然大公、坐石临流、曲院风荷、洞天深处"[4]。乾隆九年（1744）唐岱与沈源绘制

---

[1] 中国圆明园学会筹备委员会编：《圆明园》第一辑，北京：中国建筑工业出版社，1981年，第93页。

[2] 郭黛姮等主编：《圆明园研究》，上海：上海远东出版社，2015年，第4页。

[3] 宋原放、赵家璧主编：《出版史料》1992年第一期，上海：上海书店出版社，1992年，第107页。

[4] 黄俊峰撰文：《圆明园五十问》，上海：上海远东出版社，2016年，第21页。

完成四十景,由工部尚书汪由敦手书乾隆皇帝四十景题诗,左诗右图配对装裱,分上下两册装楠木函匣名为《圆明园四十景图》,《圆明园四十景图》现藏于巴黎法国国家图书馆。参与绘制的两位宫廷画家,所擅长的绘画题材各不相同,其中沈源画房舍,唐岱画土山、树石等。画面工笔设色清丽,建筑界画规矩细致。作品不求奇丽,以真切记录为要义,因而与众不同,展读时,如见天然。①

圆明园四十景之首为"正大光明"(图2-1),为举行朝仪的朝寝

图2-1 《圆明园四十景图》之正大光明

① 淡欣:《枫丹白露宫的中国皇家博物馆》,《中国市场》,2013年,第100页。

建筑。正大光明殿，位于圆明园南向正宫门——大宫门之内，建成于雍正三年（1725），面阔七间，进深三间，建于高高的基座之上，殿前有东西配殿各五间，是举行朝会与重大庆典之所，其功能类似大内太和殿、保和殿等。[①]与"正大光明"同样重要的还有"勤政亲贤"，为皇帝处理日常政务的场所。"勤政亲贤"在正大光明殿以东，也是圆明园四十景之一，有正殿五间。乾隆时在此批览奏章，召见群臣，类似故宫养心殿。"勤政亲贤"周围建有几处殿堂亭轩。东面一轩翠竹环绕，称"芳碧丛深"……每至盛夏，乾隆皇帝移此办事和传膳，咸丰十年（1860）被英法联军焚毁。

"九州清晏"（图2-2）在圆明园中轴线上，前湖以北，为园中内廷区，四十景之一，清雍正年建。殿宇三重，皆南向。前为圆明园殿，五间。中为奉三无私殿，七间。最后为九州清晏殿，七间。东面有帝后妃嫔住所，最著名的是"天地一家春"，道光皇帝出生于此。西面的乐安和是乾隆皇帝的寝宫，再西有清晖阁。[②]

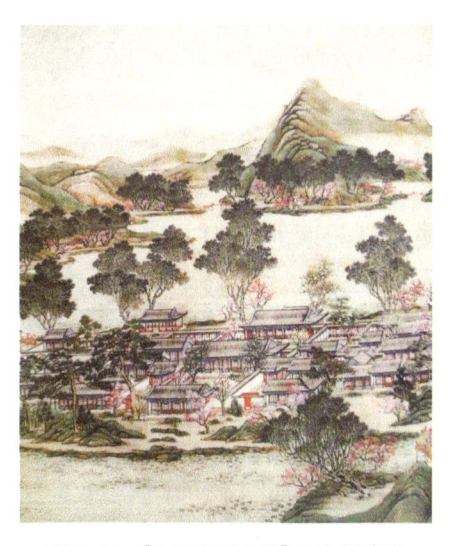

图2-2 《圆明园四十景》之九州清晏　　　　图2-3 《圆明园四十景》之镂月开云

---

① 《北京文物建筑大系》编委会编：《园林》，北京：北京美术摄影出版社，2011年，第180页。

② 曹子西主编：《北京史志文化备要》，北京：中国文史出版社，2008年，第442页。

51

"镂月开云"（图2-3）处于后湖东南一隅，与九州清晏和天然图画为邻，雍正时称牡丹台。上面遍布奇石，遍植牡丹，牡丹台是万花丛中高起的一个平台，是当时皇帝观赏牡丹的地方。清康熙、雍正及乾隆祖孙三代帝王曾一同在此赏花。三个天子的这种聚会，被认为是太平盛世的象征。乾隆对此念念不忘，后把牡丹台改名为镂月开云。

图2-4 《圆明园四十景》之天然图画

图2-5 《圆明园四十景》之碧桐书院

"天然图画"（图2-4）在圆明园镂月开云西北，为方楼，其北有朗吟阁、竹楼。其东有五福堂。堂后有"竹深荷净"殿宇五间。其东南有"静知春事佳"。再东隔水为仿杭州西湖景的"苏堤春晓"。登楼四望，处处风景如画。

"碧桐书院"（图2-5）在圆明园天然图画五福堂以北，清雍正年建。峰峦起伏环抱，前宇三间，正殿和后殿各五间。其西岩石上有"云岑亭"，乾隆题句有："如置身清凉国土""尤足动我诗情"。[1]

---

[1] 北京市社会科学院编：《今日北京·历史·名胜卷》（下卷），北京：北京燕山出版社，1991年，第309页。

图2-6 《圆明园四十景》之慈云普护　　图2-7 《圆明园四十景》之上下天光

"慈云普护"（图2-6）在圆明园中路，碧桐书院以西。清康熙年始建，雍正年增修。前殿三楹，面临后湖，为欢喜佛场。其北楼宇三层，上供观音大士，下祀关圣帝君，东有龙王殿，祀圆明园昭福龙王。

"上下天光"（图2-7）在圆明园后湖北岸，临湖楼宇上下各三间，左右分列六方亭，后有平安院。湖面清澈如镜与天色相映，乾隆赞为"上下天水一色，水天上下相连"[①]。

"杏花春馆"（图2-8）在圆明园上下天光西南，南临后湖。馆西北有春雨轩，轩西为杏花村，村南为"鉴余清"。春雨轩后，东为镜水斋，西北室为抑斋，为翠微堂。环植文杏，春深花发，斓然如霞。馆前小圃，杂莳蔬瓜，有如"花光传艺苑，月令验农经"的胜景。[②]

"坦坦荡荡"（图2-9）在圆明园后湖西岸，杏花春馆之西，为园中四十景之一。清雍正年建。有专供帝王赏鱼的鱼塘，俗称金鱼池。正宇三间，前宇为素心堂，后宇为光风霁月。堂东北建知鱼亭，又东

---

① 曹子西主编：《北京史志文化备要》，北京：中国文史出版社，2008年，第443页。
② 陈从周主编：《中国园林鉴赏辞典》，上海：华东师范大学出版社，2001年，第250页。

北建萃景斋，西北建双佳斋。咸丰十年（1860）被英法联军焚毁。今仅存遗址。

图 2-8 《圆明园四十景》之杏花春馆

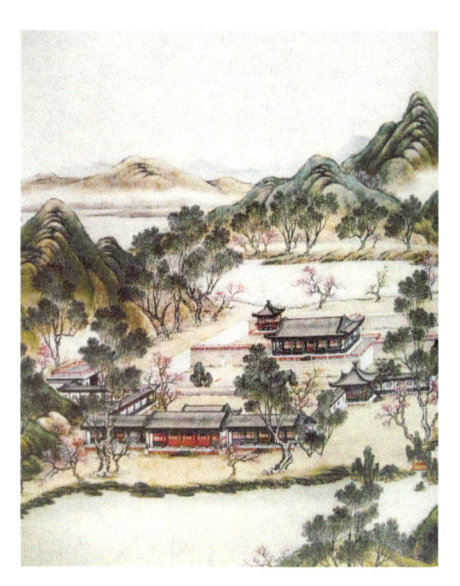

图 2-9 《圆明园四十景》之坦坦荡荡

图 2-10 《圆明园四十景》之长春仙馆

图 2-11 《圆明园四十景》之万方安和

"长春仙馆"（图2-10）在圆明园前湖以西，正殿五间，还有"绿荫轩""丽景轩"等建筑。乾隆即位前曾被赐居于此，后值佳辰令节，乾隆皇帝奉送孝圣皇太后于此传膳、就寝。乾隆还写诗祝皇太后："欢心依日永，乐志愿春长。阶下松龄祝，千秋奉寿康。"乾隆四十二年（1777）正月十五日，孝圣皇太后赴园观赏烟火，中途病发，逝于此。[①]

"万方安和"（图2-11）在圆明园杏花春馆西北，在碧波如镜的水池中架起三十三间呈"卐"字形的殿堂楼宇，具有南方园林"户外室"的特点，冬暖夏凉。

图2-12 《圆明园四十景》之武陵春色　　图2-13 《圆明园四十景》之山高水长

"武陵春色"（图2-12）原名桃花坞，在圆明园万方安和东北，清雍正年仿"桃花源"建，初名桃花坞，后更今名。雍正四年（1726）弘历（即乾隆）曾读书于此，额为"乐善堂"。此处有壶中日月长、洞天深处多佳景、桃花坞、桃源深处等景点。复谷环抱，山桃

[①] 于涌：《移天缩地到君怀　圆明园文化透视》，深圳：海天出版社，2012年，第70页。

万株，参错林麓间。乾隆题赞有"春深片片贴波红""只在轻烟淡霭中"等句。①

"山高水长"（图2-13）楼在圆明园西南隅，在万方安和西南，为园中四十景之一。清乾隆年建，楼宇两层，西向。前临流水，后拥连岗。中间平畴数顷，是皇帝检阅侍卫比武射箭、赐宴外藩、观赏烟火的地方。咸丰十年（1860）被英法联军焚毁。

图2-14　《圆明园四十景》之月地云居　　图2-15　《圆明园四十景》之鸿慈永祜

"月地云居"（图2-14）在圆明园山高水长楼以北，正殿方形，四面各五间，后楼两层，上下各七间。还有法源楼、静室等建筑。是一组寺庙式的建筑群，清静幽雅。

"鸿慈永祜"（图2-15）在圆明园西北隅，月地云居之后，清乾隆七年（1742）始建，专供奉康熙、雍正、乾隆影像之用。前有琉璃坊座，左右各列一华表。南面及东西又环列三座牌坊。宫门五间，前架三座汉白玉石桥，左右井亭各一座，朝房各五间。门内重檐正殿九

① 曹子西主编：《北京史志文化备要》，北京：中国文史出版社，2008年，第444页。

间，左右配殿各五间，碑亭各一座，燎亭各一座。[①]

图2-16 《圆明园四十景》之水木明瑟　　图2-17 《圆明园四十景》之廓然大公

"水木明瑟"（图2-16）在圆明园后湖景区，主要殿宇临水。用泰西水法引水入室以转风扇，皇帝在此避暑纳凉。

"廓然大公"（图2-17）又名双鹤斋，在圆明园舍卫城东北，福海西北隅，是园中最大的一组建筑。正殿七间，还有双鹤斋、规月桥、绮吟堂、采芝径、峭蒨居、天真可佳、披云径、启秀亭、韵石淙、芰荷深处、影山楼、环秀山房、临河楼等景点。

"西峰秀色"在圆明园舍卫城东北，仿杭州西湖"西峰秀色"之制。正殿15间，还有小匡庐、含韵斋、一堂和气、自得轩、岚镜舫、花港观鱼等景点。"安澜园"在圆明园西峰秀色东北，清雍正年始建，初名四宜书屋。乾隆二十九年（1764）改建，仿浙江海宁县陈氏隅园之制，更今名，正宇五间。此外还有蓬岛瑶台（图2-18）、别有洞天

[①] 《北京文物建筑大系》编委会编：《园林》，北京：北京美术摄影出版社，2011年，第185页。

（图2-19）和鱼跃鸢飞等众多景点。①

图2-18 《圆明园四十景》之蓬岛瑶台　　图2-19 《圆明园四十景》之别有洞天

目前遗存与《圆明园四十景图》有关的白描绘画中，还有乾隆朝整理刊刻的《御制圆明园图咏》，其中配图四十景，由孙祜、沈源合绘，为乾隆十年（1745）内府刻本存世；以及张若霭绘制的《圆明园四十景图咏》册页，现藏北京故宫博物院。此外，还有意大利传教士郎世宁绘制、清内府造办处铜版刊刻的《圆明园西洋楼铜版画图册》等。

《御制圆明园图咏》 沈源、孙祜奉敕绘制的乾隆十年（1745）武英殿刊本《圆明园图咏》，全名为《御制圆明园四十景诗》。此本绘刻的图景自"正大光明"至"洞天深处"计四十幅，每一景一幅画，一首诗，诗后有注释。每幅图只在右上角画面外沿用小字楷体写着景名，如"正大光明"、"九州清晏"、"曲院风荷"（图2-20）、"多稼如云"等。画面都是正方形册页形式，长宽各240毫米。画并非界画式，也

---

① 曹子西主编：《北京史志文化备要》，北京：中国文史出版社，2008年，第444页。

不是有人物的山水行乐图，而是一半山水，所有房舍，均似界画，如实画出，远近位置均依实际景致画出，图后有乾隆的诗，诗后有注，如濂溪乐处（图2-21）等图景。画中建筑的取景、构图基本与彩色绢本相同，但若干细部有所不同，山水等衬景与彩色绢本也有一些差异，为仿热河承德山庄行宫而作。沈源、孙祜为乾隆时内廷画家，学西洋透视画法，凡建筑诸景皆合远近法，有法度。绘刻工致不苟，然板滞软弱为殿本之通弊。①

图2-20　《圆明园图咏》之曲院风荷

---

① 邵洛羊主编：《中国美术大辞典》，上海：上海辞书出版社，2002年，第270页。

图 2-21 《圆明园图咏》之濂溪乐处

《圆明园四十景图咏》 张若霭绘制的《圆明园四十景图咏》册页其内容与孙祜、沈源所绘《御制圆明园图咏》基本相同，但建筑和树木的绘画技法比木刻本要差，应为"刻本底本之摹本"[1]。另故宫博物院还藏有佚名作者的一彩色绢本《蓬湖春咏》，其中绘有圆明园二十景图，与四十景中的二十景重合，惜迄今尚未查见其余二十景图。另《蓬湖春咏》年代稍晚，大约与木刻版时间相近，总体布局、设色与绢本相近，细部有几处与木刻版相同，建筑造型不如沈源所绘版本准确，植物形态较为单薄、纤细。[2]

---

[1] 郭黛姮主编：《远逝的辉煌：圆明园建筑园林研究与保护》，上海：上海科学技术出版社，2009年，第279页。

[2] 郭黛姮主编：《远逝的辉煌：圆明园建筑园林研究与保护》，上海：上海科学技术出版社，2009年，第279页。

图 2-22 《圆明园西洋楼铜版画图册》之谐奇趣北面

图 2-23 《圆明园西洋楼铜版画图册》之万花阵花园

《圆明园西洋楼铜版画图册》 乾隆五十一年（1786）由意大利传教士郎世宁绘制，清内府造办处铜版刊刻的《圆明园西洋楼铜版画图册》，共有20幅，每块铜版用红铜26公斤。原画面宽86.7厘米，

61

高49.4厘米，记录了长春园西洋楼十景原貌。其所描绘的十景分别为：谐奇趣的南面、北面（图2-22）；蓄水楼东面；花园门北面（图2-23）；养雀笼的西面、东面；方外观正面；海晏堂的东面、南面、西面（图2-24）和北面；远瀛观正面；观水法正面（图2-25）；大水

图2-24　《圆明园西洋楼铜版画图册》之海晏堂西面

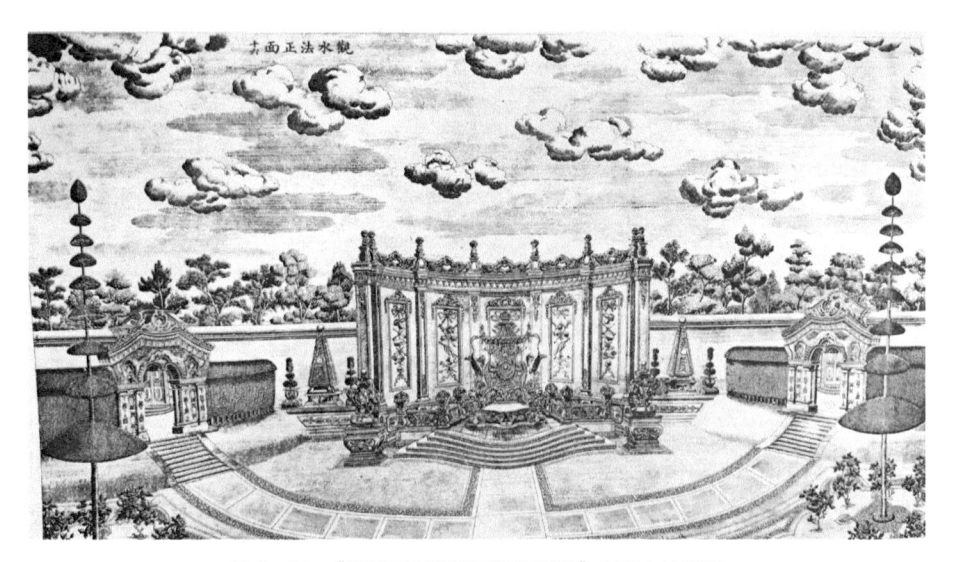

图2-25　《圆明园西洋楼铜版画图册》之观水法正面

法正面等。这组铜版画画面采用了全景式构图，画面利用了西洋的焦点透视画法和中国传统画法，不拘于时空限制，因此场面壮阔，构图复杂，景物的描写细致入微，富丽豪华，西洋楼的宏伟奢华跃然纸上。

圆明园遗迹　咸丰十年（1860）圆明园被英法联军焚毁，四十景多已成废墟。抚今追昔，圆明园已成为国人记忆中最深的痛，历史的影响也在当代绘画作品中无声地展现。如胡永凯[①]的国画《无语立斜阳》（图2-26）、白羽平的油画《圆明园的记忆》（图2-27），以及谭涤夫的油画《西洋楼海晏堂遗址》（图2-28）等。其中《无语立斜阳》运用传统的中国笔墨，将历史苍白的碎片与现实钢铁般的尊严，通过今昔、远近对比的构图方式，展现在画面中。《圆明园的记忆》中落日下的残垣断壁、衰草荒树，被镀上了一层金色的余晖，画面以一种炫目华丽的美，反衬历史的苍凉与悲壮。

图2-26　胡永凯　国画《无语立斜阳》

[①] 胡永凯，1945年生于北京，后移居香港。曾于上海大学美术学院及香港中文大学任教。中国美术家协会会员、香港亚洲艺术家协会常务理事、香港新美术学会创始会长、北京海华归画院副院长、北京名人书画院荣誉院长。

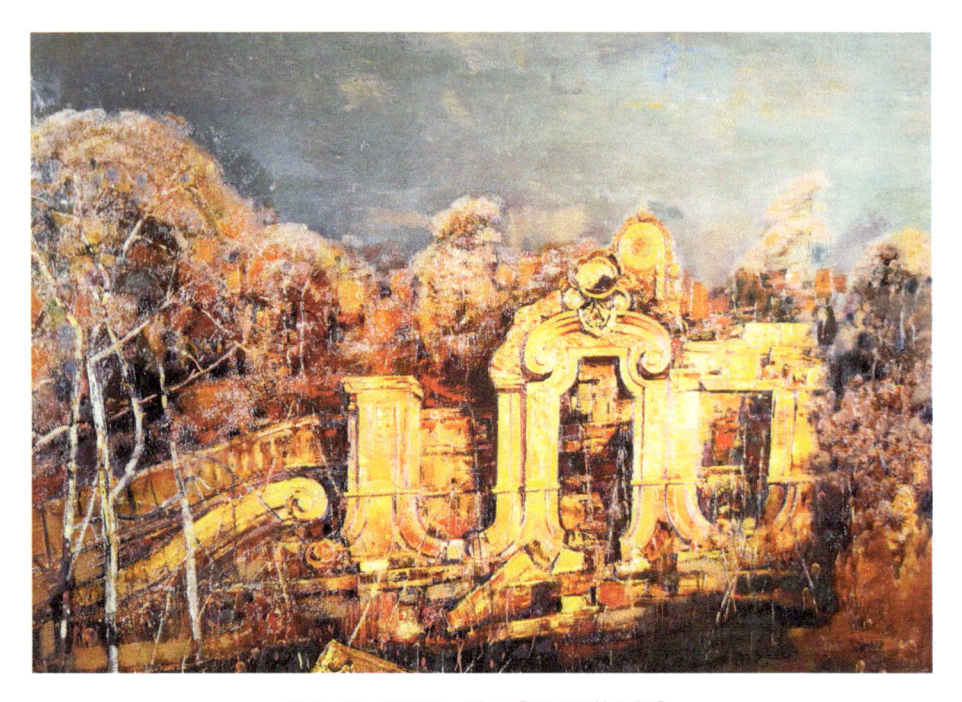

图 2-27　白羽平　油画《圆明园的记忆》

图 2-28　谭涤夫　油画《西洋楼海晏堂遗址》

颐和园

前身为清漪园，坐落在北京西郊，占地约290公顷，与圆明园毗邻。它是以昆明湖、万寿山为基址，以杭州西湖为蓝本，汲取江南园林的设计手法而建成的一座大型山水园林，也是现存最完整的一座皇家行宫御苑，被誉为"皇家园林博物馆"。咸丰十年（1860），清漪园与圆明园同被英法联军焚毁。光绪十四年（1888）重建，改称颐和园。光绪二十六年（1900），颐和园又遭"八国联军"破坏，珍宝被劫掠一空。清朝灭亡后，颐和园又在军阀混战时期损坏严重，有些地方破败不堪。新中国成立后，对颐和园多次进行了重建和修缮后，向社会大众陆续开放，昔日的皇家园林成为新社会普通百姓休闲游赏的公园，现当代以颐和园为主题的绘画创作也纷至沓来。如1934年留日归国的油画家卫天霖的《颐和园佛香阁》《颐和园大戏台》，1962年版画家古元创作的套色版画《玉带桥》、闻立鹏的《南湖岛积翠》以及画家华宜玉、李小可、张小勇、王绍明等的水彩画、油画、国画等作品。

佛香阁与大戏台 佛香阁是颐和园的主体建筑，为全颐和园建筑布局的中心，位于万寿山前山高21米的方形台基上。佛香阁高40米，八面三层四重檐，阁内有八根巨大铁梨木擎天柱，是一座十分宏伟的塔式宗教建筑。颐和园的大戏台坐落于德和园中，曾经是慈禧太后看戏的地方。当年与故宫的畅音阁，承德避暑山庄的清音阁，合称三大戏台，而德和园的大戏台是其中最大的一座。卫天霖的油画《颐和园佛香阁》（图2-29）和《颐和园大戏台》（图2-30）为其早期的创作，画面色彩丰富绚烂、笔触灵动，展示了特定时间中，建筑树木、山石地面与水天等的色、光与影的交织与变幻。

长廊往事 在颐和园万寿山南坡与昆明湖之间的狭长地带，有一条全长728米，共273间的游廊。长廊廊间的每根枋梁上都绘有彩画，题材广泛，山林、花鸟、景物、人物等均有入画，共14000余幅，色彩鲜明，富丽堂皇。1860年，颐和园长廊曾经被英法联军焚毁，后来，慈禧太后动用海军军费加以修缮，一直保留至今，这是中国古典

图 2-29　卫天霖　油画《颐和园佛香阁》 　　　　图 2-30　卫天霖　油画《颐和园大戏台》

园林中最长的画廊。画家石齐[①]笔下的国画《沉重的往事——颐和园长廊》(图 2-31),通过传统的笔墨和设色,将历史人物与长廊建筑组合在一起,让观者有一种穿越时空、恍若昨日的感觉。

图 2-31　石齐　国画《沉重的往事——颐和园长廊》

转轮藏　颐和园万寿山上的转轮藏是一组由佛教法器演化而来的

[①] 石齐,1940年2月2日生于福建福清,1963年毕业于福建工艺美院,1976年进北京画院为专业画家。原北京画院艺委会副主任、人物画创作室主任、北京市高级职称(美术)评委、中国石齐艺术研究会会长。

建筑。正殿与东西两配亭之间所立的是一块刻有乾隆御笔的石碑，正面写着"万寿山昆明湖"，背面刻着"万寿山昆明湖记"。转轮藏东边之亭藏有经书的转轮藏之轮的正中是一根巨大的转轴。转轴和书匣用机关相连，只要推动转轴上的把手，整个转轮藏就会转动起来，而且每转一圈都象征着把其中的经文全部诵读了一次。每当帝后来到此处拜佛时，都要轻轻地转动木塔，以示自己已认真诵读了塔中的经文。[1]赵卫[2]的国画《转轮藏》（图2-32）在笔墨皴擦与点染中，将万寿山上的转轮藏建筑凸显了出来，白色的碑亭高高地矗立在红墙之中，展示了皇家建筑的气魄。

图2-32 赵卫 国画《转轮藏》

南湖积翠 中国古典园林有"一池三山"的传统手法，即指水中设岛，岛既划分了水面空间，又增加了风景层次。颐和园南湖岛位于昆明湖最大的东水域中心，与万寿山隔湖遥遥相对。岛上建有龙

---

[1] 郭豫斌编著：《皇家气派》，北京：华夏出版社，2008年，第182页。
[2] 赵卫，1957年生于北京。现为中国国家画院副院长，中国国家画院国画院常务副院长，中国美术家协会理事，国家一级美术师。

王庙、鉴远堂、月波楼等建筑，岛的北、西、南三面都有很好的观景条件，从涵虚堂往北、往西眺望，近处的万寿山、西堤，远处的玉泉山、西山和烟波浩渺的湖面可统统纳入观者的眼帘，构成一幅将近2000米长的风景画面。①当代著名画家闻立鹏②的油画《南湖岛积翠》（图2-33），将南湖岛上苍翠欲滴的松林和岛外水天一色的景象，通过厚重的绿蓝色调，在恣意率性的笔触下营造出湖上仙山琼岛的景象。

图2-33　闻立鹏　油画《南湖岛积翠》

① 吕明伟编著：《园林》，合肥：黄山书社，2016年，第90页。
② 闻立鹏，1931年生于湖北浠水，1947年在晋冀鲁豫解放区北方大学文艺学院美术系学习，1963年毕业于中央美术学院油画研究班。现为中央美术学院教授，中国国家画院油画院顾问、研究员，中国油画学会艺术委员会副主任。

十七孔桥　南湖岛与东岸之间，以造型优美的十七孔长桥相连接。十七孔桥为汉白玉石大桥，整体桥长150余米，桥面宽达8米，由17个券洞组成，是我国现存最长的一座古代园林桥。十七孔桥建于清乾隆年间，桥南端横联上有乾隆皇帝撰写的"修蝀凌波"四字，形容这十七孔桥如同一道彩虹，飞架于昆明湖碧波之上。桥北端横联有"灵鼍偃月"四字，是把十七孔桥比喻成水中神兽，横卧湖面如半月状。桥北端的另一副对联："虹卧石梁岸引长风吹不断；波回兰浆影翻明月照还望"，描写在优雅宁静之夜，游赏此处风景更是宜人。[1]画家陈文骥[2]的油画《处在黄昏片刻之中的十七孔桥》（图2-34），用单纯的色调、大面积留白的构图，将日落时分浩渺烟波上的十七孔桥，在霞光映照下瞬息万变的景象，捕捉定位在画面中，传达出空阔、寂静又壮观的自然与人工合体之美。

图2-34　陈文骥　油画《处在黄昏片刻之中的十七孔桥》

玉带桥　贯穿昆明湖西北部长达2.5公里的颐和园西堤上，有玉带、界湖、豳风、镜、练、柳等六座桥，据说西堤是乾隆帝下江南，游览杭州西湖后，按西湖苏堤上"六桥烟柳"所仿建的。堤上遍植垂

---

[1] 王俊编著：《远去的背影　文化的神韵　中国古代桥梁》，北京：中国商业出版社，2015年，第122页。

[2] 陈文骥，1954年生于上海，1978年毕业于中央美术学院版画系，并留校任教。现为中央美术学院壁画系副教授、中国油画学会理事。

柳花木，四季风光各不相同。西堤上的六桥以玉带桥最有名，玉带桥又名穹桥，全桥用汉白玉石筑成，桥身宛如玉带，桥主拱券采用蛋形尖拱，配上双向反弯曲线的桥面，如驼峰突起高耸，俗称驼背桥。1962年著名版画家古元[①]创作的套色版画《玉带桥》（图2-35），展现了盛夏的颐和园中，荷叶田田铺满了湖面，粉色、白色的荷花点缀其中的美景。坐落在绿树丛中的玉带桥横跨两岸，桥拱倒影成圆形，水波涟漪，变幻多姿。银色的玉带桥上一位打着红伞的姑娘，正拾级而上，画面色彩对比鲜明，充满了和谐、恬静和诗意之美。

图2-35　古元　套色版画《玉带桥》

清晏舫　清晏舫位于颐和园昆明湖西北岸的长廊西端，是颐和园中唯一一座西洋建筑风格的景观，其前身是明代圆静寺的放生台。清乾隆朝修建清漪园时，将放生台拼砌改建成大理石质的船形建筑，上建木质阁楼，似船泊湖畔，故名石舫。乾隆皇帝曾陪其母孝圣皇太后于此放生鱼虾以修福德，并在《石舫记》中借"水能载舟，亦能覆舟"的说法，进一步阐释治国之道。清咸丰十年（1860）石舫为英法联军所损毁，光绪十九年（1893）再次重建石舫，在船台上建起西

[①]　古元（1919—1996），原名帝源，广东香山（今中山）人。1938年赴延安，在陕北公学、鲁迅艺术学院学习。长期深入农村，并担任农村基层工作，创作了一大批反映陕北人民新面貌的版画作品，是延安木刻最具代表性的画家之一。新中国成立后，任中国美术家协会副主席，中国版画家协会副主席、名誉主席，中央美术学院教授、副院长、院长。

洋舱楼,并在船体两侧增设机轮等。当代画家张小勇[①]的油画《清晏舫》(图2-36)中,石舫似停在严冬结冰的湖上,冰面升腾的寒气与灰色深邃的天空连为一体,寂无声息。

图2-36 张小勇 油画《清晏舫》

谐趣园 谐趣园是颐和园中的名园,是仿江南名园无锡惠山的寄畅园而建,1860年被英法联军烧毁,光绪十八年(1892)重建。谐趣园方塘数亩,沿池建有楼、亭、堂、斋、桥、榭等,并由三步一回、五步一折的百间游廊相连接。错落相间,步步有景,是中国最负盛名的"园中之园"。1964年,著名国画家李可染[②]创作的国画《谐趣园饮绿榭》(图2-37)描绘的是谐趣园中组合水榭之一饮绿榭。水榭建筑一般为方形或长方形平面,谐趣园水榭为组合形,其中的"洗秋"榭为方形,而"饮绿"榭为长方形。画家用不同的笔法,勾勒出红

[①] 张小勇(1958—),北京人。1982年毕业于中央工艺美术学院(清华大学美术学院)。同年进入北京画院壁画工作室任专职画家,从事建筑壁画设计创作。后从事油画创作。现为北京画院第四创作室画家。

[②] 李可染(1907—1989),江苏徐州人。中国现代山水大家,曾任中央美术学院教授、中国美术协会副主席、中国画研究院院长。代表作品有中国画《层林尽染》《漓江》等。

图 2-37　李可染　国画《谐趣园饮绿榭》

图 3-38　朱乃正　油画《谐趣园春汛》

墙翠轩、亭榭游廊等，在烟柳拂堤的春天，池水中衰败的冬荷虽在，但亭树染绿、春意荡漾。同类题材的创作还有朱乃正[①]的油画《谐趣园春汛》(图2-38)等。

后山雪景　人们常常把油画比作音响丰富的交响乐，而把水彩画比作轻松愉悦的轻音乐。与其他画家的油画、国画、版画

---

① 朱乃正，1935年生于浙江省海盐县，1953年考入中央美术学院，1959年被分配至青海省文联工作。1960年水粉作品《河湟洗衣》首次参加全国美展，被中国美术馆收藏。

不同，华宜玉[①]创作的水彩画《颐和园后山山路雪景》（图2-39），通过水彩特有的明快、简练的色调和笔触，将雪后颐和园后山的山路雪景展现出来，画面给人以活泼和轻快的感觉。

图2-39 华宜玉 水彩画《颐和园后山山路雪景》

后溪买卖街 颐和园还有一条仿苏州临河街道而建的买卖街即苏州街，位于万寿山后的颐和园后溪河（后湖）中段的南北两岸，长约270米，河岸曲折有致，一派江南水乡景象。沿岸有各色店铺数十处，但全部商铺的门脸均为清代北京的流行式样，是南北风格的结合。清代每逢帝后游园，由太监装扮商人作市肆交易取乐。此街现

---

① 华宜玉，1922年生于北京，1941年毕业于北平国立艺专油画系，后任教于河北滦县简易师范、滦县中学、北京艺文中学、北京市女一中、北京大学建筑系，1952年调清华大学建筑系任教至今。擅长建筑美术教学及水彩画、国画创作。

存的鸣佩斋、吐云号、步云斋等数家铺号为近年复建而成。①当代画家庄小雷的油画《春怀后溪河》（图2-40），在中西艺术的交会中，将历史的场景用现代艺术视角展现出来。

图2-40　庄小雷　油画《春怀后溪河》

颐和园的黄昏　自乾隆十五年（1750）始建，经十余年才建成一座大型人工自然山水园林清漪园，咸丰十年（1860）被英法侵略军几乎全部焚毁。光绪十年（1884），慈禧太后挪用海军军费3600多万两白银重建，供其"颐养太和"，改名"颐和园"。光绪二十六年（1900），在义和团反帝斗争中，颐和园遭英美日法等八国联军的掠夺和破坏，颐和园由盛年转向垂暮的黄昏。光绪二十九年（1903），慈禧太后又下令复修，但后山一直未能恢复。②白羽平的油画《颐和园的黄昏》（图

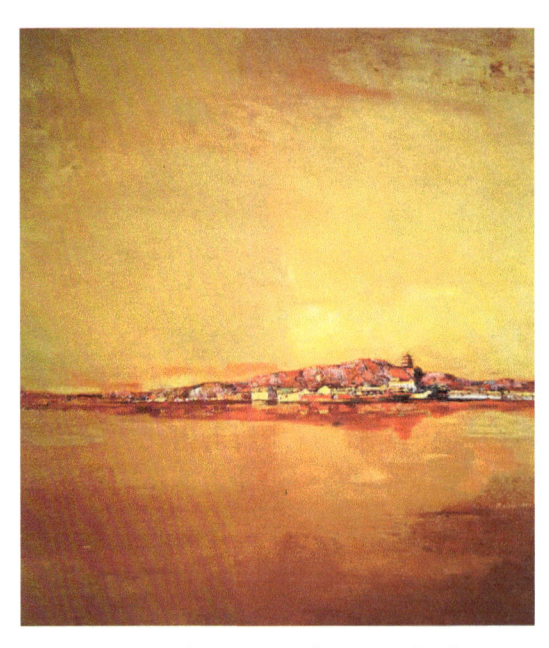

图2-41　白羽平　油画《颐和园的黄昏》

---

① 程里尧主编：《中国古建前系　皇家苑囿建筑》，北京：中国建筑工业出版社，2004年，第161页。

② 王烨编著：《中国古代园艺》，北京：中国商业出版社，2015年，第177页。

2-41），黄金般的基调辉映下的颐和园，承载的既有过去沉重的历史，又有对当代及未来的憧憬。

除了圆明园和颐和园外，清皇家园林"三山五园"中的"五园"还有静宜园和静明园等。

静明园

坐落在玉泉山下的静明园，是清代"三山五园"中营建时间较早的皇家园林。静明园（图2-42）南北长1400米，东西最宽处约700米，面积近90万平方千米，主要建筑依玉泉山而建。历史上金章宗曾在玉泉山南坡玉泉附近建行宫芙蓉殿（又名玉泉行宫），后元世祖忽必烈在玉泉山建昭化寺。明正统年间，英宗敕建上、下华严寺，嘉靖二十九年（1550）被瓦剌军焚毁。清康熙十九年（1680）于玉泉山上建行宫，名澄心园。康熙三十一年改名静明园，与清漪园（颐和园）由御道相连。乾隆十五年（1750）对静明园进行大规模扩建，将山麓的河湖地段全部圈入园墙之内。乾隆十八年又将静明园诸景命名为"静明园十六景"，每景以四

图2-42　清　佚名　版画《静明园》

字题名，如廓然大公、芙蓉晴照、玉泉趵突、竹炉山房、圣因综绘、绣壁诗态、溪田课耕、清凉禅窟、采香云径、峡雪琴音、五峰塔影、风篁清听、镜影涵虚、裂帛湖光、云外钟声、翠云嘉荫等。后又增十六景，以三字标题，即清音斋、华滋馆、冠峰亭、观音洞、赏遇楼、飞云岫、试墨泉、分鉴曲、写琴廊、延绿厅、犁云亭、罗汉洞、如如室、层明宇、进珠泉、心远阁。咸丰十年（1860）静明园遭英法联军焚掠，建筑多被英军焚毁，光绪时曾部分修复。[1]

静宜园

位于香山的静宜园，是清代以山林为主的一座行宫御苑。金大定二十六年（1186）曾在此建香山寺，清康熙年间就在香山寺及其附近建成"香山行宫"。乾隆十年（1745）再加以扩建，翌年竣工，改名"静宜园"。这座以山林为主，景点分散于山野丘壑之间、具有浓郁的山林野趣的大型园林，包括内垣、外垣和别垣三部分，占地约153公顷。其主要景点和建筑包括宫廷区和古刹香山寺，以及洪光寺两座大型寺庙，其间则散布着璎珞岩等自然景观。静宜园内的大小建筑群共50多处，经乾隆皇帝命名题署的就有"二十八景"，如勤政殿、丽瞩楼、绿云舫、虚朗斋、璎珞岩、翠微亭、青未了、驯鹿坡、蟾蜍峰、栖云楼、知乐濠、香山寺、听法松、来青轩、唳霜皋、香岩室、霞标磴、玉乳泉、绚秋林、雨香馆、晞阳阿、芙蓉坪、香雾窟、栖月崖、重翠庵、玉华岫、森玉笏和隔云钟。清宫廷画家张若澄曾为此专门绘制了《静宜园二十八景图卷》（图2-43），将静宜园内垣接近山麓，自勤政殿至雨香馆的多处景观建筑依山就势用界笔绘出，如勤政殿、绿云舫、丽瞩楼、翠微亭、虚朗斋等，完美地将地上的山水转换成案头上可供赏观的山水园林画卷。（图2-43-1）画为实景描绘，二十八景上各有小字榜题，明晰详尽地交代出每一处景点的名称及位置布局

---

[1] 北京文物百科全书编辑部编著：《北京文物百科全书》，北京：京华出版社，2007年，第260页。

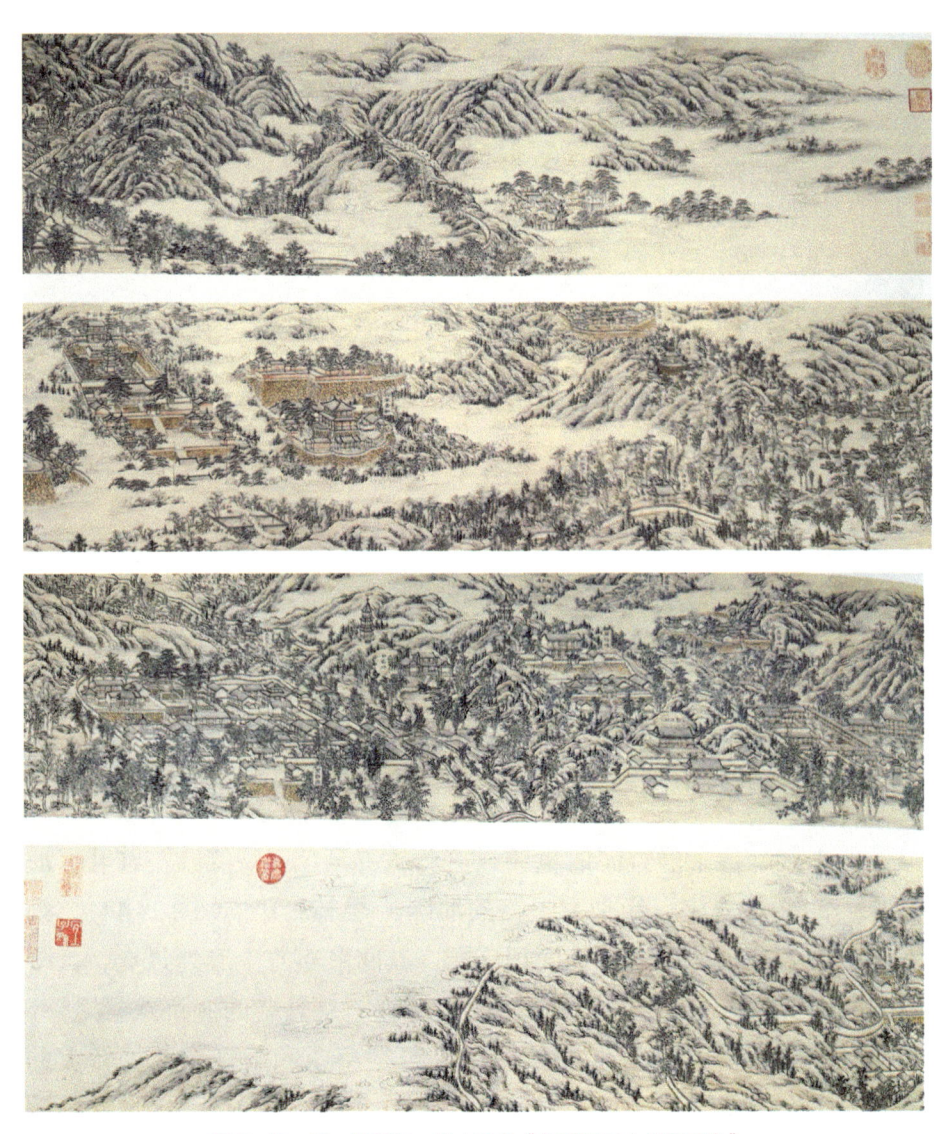

图 2-43　清　张若澄　绢本设色《静宜园二十八景图卷》

等，但画面风格又非常符合文人画含蓄蕴藉的审美情趣，为园林绘画的经典之作。① 静宜园内垣的西北是成片的黄栌，每至深秋，层林尽

---

① 清代宫史研究会编：《清代宫史探析》下，北京：紫禁城出版社，2007年，第579页。

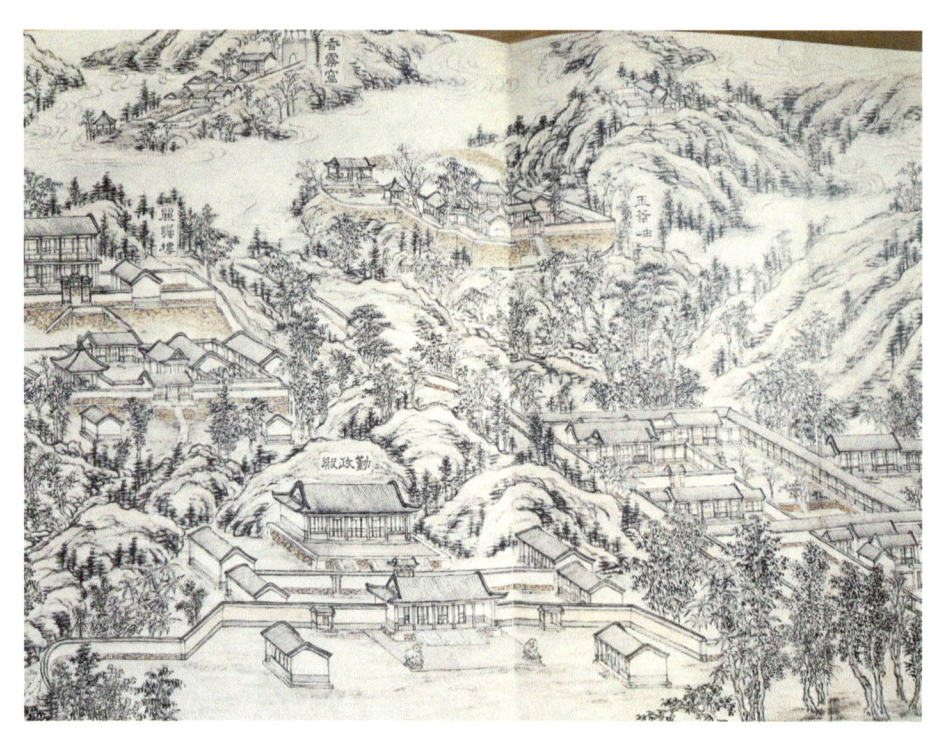

图 2-43-1　清　张若澄　绢本设色《静宜园二十八景图卷》局部

染，西山红叶成了静宜园的重要景点。从古至今，观红叶赏红叶，成为人们的最爱，如当代画家王路的油画《层林尽染》（图 2-44）。静宜园外垣为香山的高山区，面积广阔，其间散布着十五处景点，大多是自然风光之最佳处，其中的"西山晴雪"是著名的燕京八景之一。静宜园别垣是在静宜园北部的一区，包括昭庙和正凝堂两处较大的建筑，因在清咸丰十年（1860）和光绪二十六年（1900）两次遭受外国侵略军的破坏焚掠，原有的建筑除了见心斋和昭庙外，其余都已荡然无存。[①]

[①] 谢宇主编：《别有洞天的园林建筑》，天津：天津科学技术出版社，2012年，第29页。

图 2-44　王路　油画《层林尽染》

（2）西苑

清代的皇家园林除了京城郊外的“三山五园外”，还有京城内的西苑及皇宫的御花园等。在京城皇宫的西侧，当时有一片连绵的天然湖泊，碧波荡漾，楼宇错落，绿树掩映，自北向南即现在的北海、中海、南海，总称西苑。西苑三海是北京城内的皇家园林，历经辽、金、元三代的拓建，自清代起，西苑成为皇家禁苑，顺治、康熙、乾隆诸帝均在中南海内兴建殿宇馆轩，作为避暑听政之所。由于西苑水面开阔、风景优美，每年端午节皇室在此举行龙舟戏水等活动，到了冬天举办滑冰表演。[①]遗存的清代画卷《冰嬉图》局部（图 2-45）和《紫光阁赐宴图》等画作中展现了中海全景图。《冰嬉图》（35cm×578.8cm），由清金昆、程志道、福隆安绘，画卷东起紫禁城西华门，西止皇城西墙，画中西华门、西苑门、临漪亭、金鳌玉蝀桥、紫光阁等建筑历历在目。

① 郭京宁：《穿越皇城》，上海：上海古籍出版社，2014年，第120页。

图2-45　金昆、程志道、福隆安绘　绢本设色《冰嬉图》局部

（3）御花园

紫禁城中共有四座大小不等的花园，分别是御花园、慈宁宫花园、建福宫花园、宁寿宫花园，其中以御花园面积最大。御花园位于北京紫禁城中轴线上，坤宁宫后方，明代称为宫后苑，清代称御花园，始建于明永乐十八年（1420），现仍保留初建时的基本格局。全园南北纵80米，东西宽140米，占地面积12000平方米。园内主体建筑钦安殿为重檐盝顶式，坐落于紫禁城的中轴线上，以其为中心，向前方及两侧铺展亭台楼阁。园内青翠的松、柏、竹间点缀着山石，形成四季常青的园林景观。御花园是供帝王家眷休憩游览的场所，一些重要的节庆都有活动在此举行。每年七月初七牛郎织女鹊桥相会，宫中在此要祭祀牛郎织女，拈香行礼，举行乞巧活动。以御花园为题材的创作，如当代画家张文新[1]的油画《御花园》（图2-46），展现了深宫大院的重门亭台、绿树红墙，但风景依然，故人不再。曹达立[2]的油画《御花园初雪》（图2-47），描绘了雪后粉妆玉砌如仙境般的御花园，积雪覆盖着台阶庭院、画栋雕栏、屋脊墙宇，在苍松翠柏的映

---

[1]　张文新，1928年生于天津市，1949年毕业于华北大学美术科，1949—1951年在北京大学物理系学习，1951年任北京市美术工作室创作干部，1955年参加马克西莫夫油画训练班，自1956年为中国美术家协会会员，1964年为北京画院画家。代表作品有《工程列车》《间苗》等。

[2]　曹达立，1934年出生于北京通县（今通州区），1941年随父母移居印度尼西亚。13岁即开始学习绘画，1956年考入北京中央美术学院油画系，1961年毕业后曾在北京美术公司工作，1979年入北京画院工作，后移居美国。旅美归来始用写实手法超现实的幻想及立体主义观念创作一批作品，现为北京画院专业画家、一级美术师。

衬下，太湖石玲珑剔透，琼枝玉树顾盼生姿。

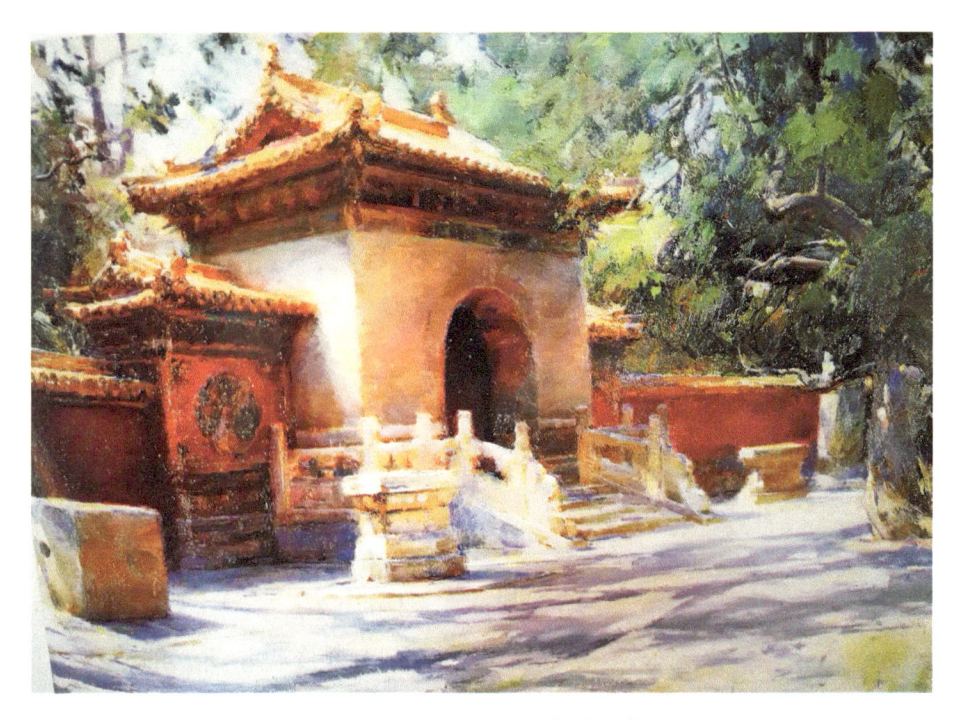

图2-46　张文新　油画《御花园》

图2-47　曹达立　油画《御花园初雪》

御花园东北部有一座堆秀山，明代称堆绣山，清乾隆年间改名堆秀山。堆秀山整座山背靠着高大的宫墙，完全是由太湖石叠高堆砌而成。山顶筑有亭子一座，名曰御景亭，亭平面方形四角攒尖夔金宝顶，自亭上可俯瞰宫苑，远眺紫禁城，景山、西苑尽在目中。"御景亭"和"堆秀"之名皆为明万历皇帝所赐，清代至今仍保留着明代的旧称。现存的匾额皆清代所制。东侧山脚石壁上还刻有乾隆皇帝所题的"云根"二字，以赞赏石山似层云叠起之美。堆秀山虽是叠砌垒垛的假山，但使用大小不一、形状各异的太湖石，在比较狭小的地面上，拔地腾空而起，叠垒成一座崇石峻岭，增添了观赏的趣味。五月初五端午节，八月十五中秋祭月，九九重阳登高，皇帝常率领后妃们登临御花园最高处的堆秀山御景亭，望远祈福，祛邪避秽等。画家

图 2-48　杨延文　国画《堆秀山》

杨延文[①]笔下的国画《堆秀山》(图2-48),用墨笔、干笔、枯笔等点染与皴擦,将堆秀山怪石嶙峋、岩石陡峭表现得惟妙惟肖,展示了中国画在神韵营造中的肖形与写真。

(4)南苑

除了"三山五园"的皇家园林、宫城内的西苑和御花园外,辽金元明清五代还有皇家郊外出行狩猎的行宫苑囿,如著名的南苑。

南苑又称"下马飞放泊""南海子"等,位于北京市大兴区境内,是元、明、清三代的皇家苑囿。南苑地处古永定河流域,地势低洼,泉源密布,多年的河水、雨水和泉水汇集,形成大片湖泊沼泽,草木繁茂,禽兽聚集。自辽金时起封建帝王就在这里筑苑渔猎,在这里圈建了近40顷的猎场,取名"下马飞放泊"。明代又在元代的基础上将猎场扩大了数十倍,苑内扩建了殿堂宫室,设立二十四园,养育禽兽,种植果蔬,供皇帝和官僚贵族打猎行乐。苑外四周修砌围墙120里,谓之"南海子"。当时南苑开四个苑门,北为大红门,南为南大红门,东为东红门,西为西红门。后增设为九个,如小红门、角门等。明代南苑的"南囿秋风"还与西山晴雪等列为"燕京十景"之一。清朝入主中原后,南海子改称南苑,院内又修建了四座行宫,分别为旧衙门行宫(现名旧宫),南红门行宫(现名南宫),新衙门行宫(现名新宫),以及现仅存的团河行宫。同治年间于此设神机营,苑内多獐子、野兔、麋鹿,并圈养老虎,作为狩猎之用。此外,南苑一部分还作为操兵练武之所,筑晾鹰台,作为检阅台,清帝多次在此校阅八旗军队。清乾隆后期,西苑(包括"三山五园")、北苑兴建后,南苑逐渐停建,但南苑仍是当时北京地区最大的猎场。1900年,八国联军入侵北京,日军闯入园中焚毁建筑、射杀动物。[②]此后,清政

[①] 杨延文,1939年生于河北省深县(今深州市),毕业于北京艺术学院美术系。现为北京画院艺术委员会主任、国家一级美术师、中国美术家协会理事、中国美术家协会中国画艺术委员会委员。

[②] 赵寰熹:《清代北京城市形态与功能演变》,广州:华南理工大学出版社,2016年,第72页。

府为偿还战争赔款，招标开垦南海子地区，私人庄园与自然村落逐步形成，皇家苑囿自此名存实亡。

新中国成立后，由于建设需要，永定河上游修建了水库，下游地区的地下水不能被补充，南海子改为南郊农场。为了改善生态环境，2004年北京市利用南海子原有的皇家苑囿、麋鹿生态区、自然湖泊等资源优势，建国家湿地公园，充分发掘其文化内涵，使之与北部奥运文化、中心城历史文化遥相呼应，丰富首都北京的文化内涵。[①]著名画家张仁芝[②]创作的国画《夏日微风》（图2-49），画面展现的就是今日南海子恢复生机的自然景象。

图2-49　张仁芝　国画《夏日微风》

---

① 中国环境科学学会编：《中国环境科学学会学术年会论文集》第4卷，北京：中国农业大学出版社，2012年，第3097页。

② 张仁芝，1935年出生于河北兴隆，1957年毕业于中央美术学院附中，1962年毕业于中央美术学院中国画系，同年9月入北京中国画院进修班，1965年结业转入北京画院为专业画家，1988年被北京市政府聘为高级职称评委。现为中国美术家协会会员、中国书法家协会会员、国家一级美术师。

团河行宫始建于明成祖永乐十二年（1414），清时继续扩大成为一座重要的皇家苑林，内修东西二团泊，东湖周围景致最多，有钓鱼台、翠润轩、归云岫、群玉山房、御碑亭等，是清代皇帝前往南海子行猎时修建的四所行宫中最豪华的一座。八国联军入侵北京，将团河行宫内珍宝洗劫一空，宫殿也遭到破坏。七七事变时团河行宫又被日军轰炸成为一片废墟，只有园林主体尚存。1983年，北京市政府拨款修建团河行宫公园，种植花木数百种，10多万株，并将翠润轩、御碑亭修葺一新，如画家王林笔下的国画《行宫春意》（图2-50）。

图2-50　王林　国画《行宫春意》

2. 王府花园

清顺治帝进关定都北京后，所封诸王和以后各朝所封的亲王、郡王在京城建的王府达40多座，这些王府又多有不同规格的花园，但目前遗存且保护较好的只有恭王府以及醇亲王府花园等。

恭王府花园

恭王府位于北京市西城区柳荫街，为清代规模最大的一座王府，曾先后作为和珅、永璘的宅邸。1851年，恭亲王奕䜣成为宅子的主人，恭王府的名称也因此得来。恭王府规模宏大，占地约6万平方米，分为府邸和花园两部分。与府邸相呼应，花园分为东中西三路，中路以一座西洋建筑风格的汉白玉拱形石门为入口，以康熙皇帝御书"福"字碑为中心，前有独乐峰、蝠池，后有绿天小隐、蝠厅等。东路的大戏楼厅内装饰清新秀丽。戏楼南端的明道斋与曲径通幽、垂青樾、吟香醉月、流杯亭等五景构成园中之园。

图2-51 吴休 国画《恭王府花园》

当代绘画中表现王府花园的较多，如吴休[①]的《恭王府花园》（2-51）、张仁芝的《恭王府邀月台》、何扬与吴茜的《恭王府花园西洋门》、王文芳的《清风徐徐——恭王府花园湖心亭观鱼台》以及其他画家的《恭王府独乐峰》和《初雪》等，表现形式多样，有油画、国画等。

醇亲王府

醇亲王府为清代规模较大的一座王府，曾先后为纳兰明珠、永瑆

---

① 吴休原名吴衍休，1932年生于四川成都市，1949年肄业于四川省立艺专，同年加入中国人民解放军十八兵团文工团，先后在部队和地方从事美术工作。1961年毕业于中央美术学院中国画系，1964年毕业于北京中国画院研究班，后留任画院专业画家。

的宅邸。1872年，醇亲王奕谮成为宅子的主人，醇王府的名称也因此得来。醇王府的花园建筑没有明显轴线，多呈点、线和片状分布。花园游赏区由南山东南角山峰上的箑亭，西南角山峰上的听雨屋，山北侧的南楼以及南湖组成。里面松柏苍翠，绿草如茵，一湾碧水从园中流淌而过。亭台楼阁分布于湖水沿岸，形成一处安适幽静的庭园。以醇亲王府花园为题材的创作如卞国强[①]的国画《初雪》（图2-52），展现了雪夜下王府花园的幽深、静谧。

图2-52 卞国强 国画《初雪》

[①] 卞国强，1958年生于天津，自幼酷爱绘画，高中毕业后入伍当文艺兵，其间的创作分别参加了全国、全军画展。1985年转业至天津杨柳青画社，1987年考入中国画研究院，在李可染、叶浅予诸名画家的指导下学习和创作。现任天津杨柳青画社书刊编辑部美术编辑，为全国美协天津分会会员。

（二）私家园林与人民公园

有着800多年建都史的古都，除了建有帝王将相的宫城王府、园林苑囿外，还吸引会聚了众多的文人雅士寓京居住，他们或亦仕亦宦，或商或贾，其私家宅邸与园林的建造，同样也闻名遐迩、青史留痕。

1. 私家园林

北京的私家园林在明代，根据主人的身份不同来分，有皇亲国戚园林、达官显贵园林、文人雅士园林与乡绅地主园林等。其中皇亲国戚园林中有武清侯李伟的园林钓鱼台、三里河、清华园；达官显贵园林中有英国公张玉的园林，在其城内府邸附近、什刹海银锭桥附近；文人雅士园林有吴宽的亦乐园、李东阳的西湟别业；本地士绅园林如城南梁氏园等。可惜明时的私家园林今已不存，流传的绘画作品也难以寻觅，只仅见描绘明米万钟的《勺园图》(2-53)。

勺园

米万钟(1570—1628)，号友石，系宋代著名的书画家米芾后裔，迁居北京。米万钟在明万历中登进士，官至太仆少卿。平日好蓄奇石，有米芾爱石遗风，亦能造园，在北京海淀曾造"勺园"，有取"海淀一勺"之意。园内"构房叠石，植木穿地，甚得山水意趣"。勺园的主人米万钟除了造园外，还擅长书画，其书法与董其昌齐名，有"南董北米"之誉。他的传世作品《勺园图》描写自家园林"勺园"，树石精工，用笔不苟，构图也有视觉张力。[①]如今，勺园故址已成为北京大学的一部分。

图2-53 《勺园图》局部1

---

① 北京画院编：《20世纪北京绘画史》，北京：人民美术出版社，2007年，第31页。

图 2-53 《勺园图》局部 2

半亩园

清代官僚士大夫私家园林数量较明代增加，如可园、半亩园、祖氏园、怡园、万柳堂、寄园等。其中的半亩园是清初兵部尚书贾汉复的宅园，位于北京市东城区黄米胡同，今仅存遗迹。据记载，半亩园为江南名家李渔设计，园内垒石成山，引水为沼，平台曲室，有幽有旷。布局曲折往复、陈设古雅，富丽而不失书卷气。清朝时半亩园有房舍180余间，为三路五进四合院，北抵亮果厂路南，南抵牛排子胡同路北。其名为半亩，实际半亩有余。道光四十年（1860）此园为河道总督麟庆所居，并对宅院重新修缮，不仅恢复原貌，又增添了新的景观，既简静清新，又铺陈古雅，游之观之使人心旷神怡，是半亩园的鼎盛时期。麟庆为官时，走遍中国，游历颇丰，晚年将自己的经历请画家绘成《鸿雪因缘图记》，共收图240幅，逐图撰写图记，其中就有半亩园的图景描绘（图2-54）。[①]

图 2-54 《鸿雪因缘图记》中的插图 半亩园（源自王岗著《古都北京》）

---

① 关锡汉编著：《中华优秀传统文化丛书 园林》，长春：吉林出版集团有限责任公司，2013年，第106页。

可园

可园（图2-55）位于东城区南锣鼓巷帽儿胡同7号、9号、11号，为清光绪年间武英殿大学士文煜私家宅邸花园。可园是小型私家园林的典范，它的造园选址、布局、建筑、山水、花木、小品设置都有典型的北方私家园林的特点，乃典型清代官僚宅邸。可园为一狭长的花园，用地范围十分有限，设计者明智地选择了内向型布局法。这种布局以集中的水面或假山为中心，沿园子周边，环绕中心布置厅堂、回廊、亭榭等，所有建筑均背外面内，这样在极其有限的用地范围内可以布置更多的建筑，却不会造成局促狭塞的感觉，而且不仅使园子的中心得到充分的强调，各个建筑之间还可以互成对景，互为因借、相映成趣。此外，园内匾额的题刻也是此园造园的重要环节，既体现了园主人的文化修养，又点缀了园林的景致。可园的园名题在山石之上，体现了园主人的谦逊。前院正房明间题有楹联："风雨最难佳客至，湖山端赖主人贤"[①]。

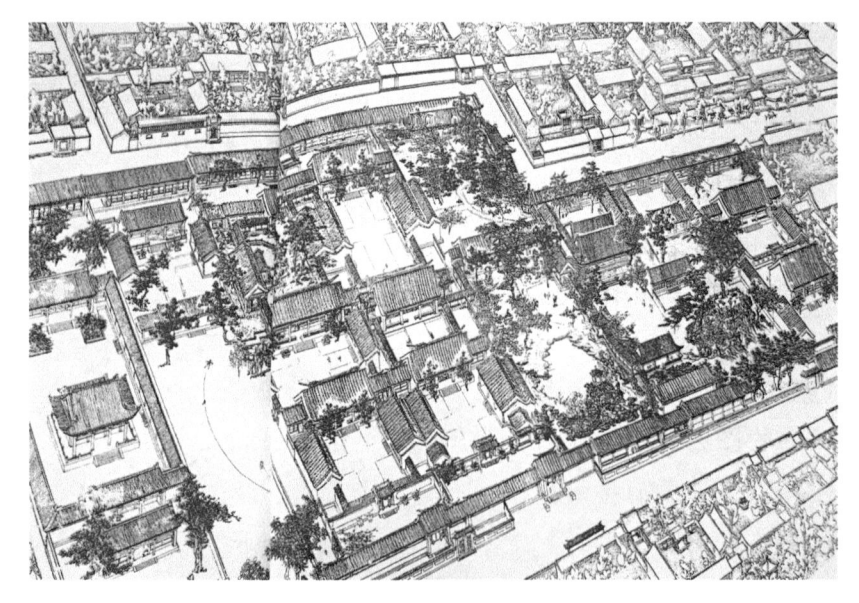

图2-55 郑希成 钢笔白描《京城民居宅院》中的可园

① 北京市古代建筑研究所编：《园林》，北京：北京美术摄影出版社，2014年，第196页。

2．人民公园

晚清在西方风气的影响下，清朝设立了第一个不对平民限制的园林，即名噪一时的京师万牲园（北京动物园前身），来自国内外的各种花卉、果蔬及五谷均在此播种试验，"万牲园"所展动物来自全球，千姿百态，无奇不有，京城游人无不好奇，竞相前往观看。清朝灭亡后，曾经的皇家禁苑无人看管，一片荒凉。进入民国后，时任北京政府内政部部长朱启钤目睹此景，于1914年向政府提出开放京畿名胜，如万牲园、天坛、文庙、国子监、黄寺、雍和宫、北海、景山、颐和园、玉泉山、汤山、历代山陵等，以求与民同乐。袁世凯对此批复除北海、景山、颐和园、玉泉山外，由内务部酌择一二处先行开放。1914年10月，古老的"社稷坛"修饰一新，更名为"中央公园"，并正式向公众开放。中央公园成为北京有史以来第一个近代公园。公园开放当天，"市人为先睹帝王禁地之景观，来观者非常踊跃，数以万计"。随着中央公园的开放，其他皇家园林也随后陆续开始对公众开放。[①]如颐和园在1924年被改为公园，西苑在1925年被改为公园。新中国成立后，其余众多昔日的皇家园林也陆续被改建修缮为公园，如静宜园和圆明园。此外，还有什刹海、北海公园、景山公园、香山公园等；一些坛庙也变成了公园，如中山公园、天坛公园、地坛公园、日坛公园等；还有更多的扩建或新建园林，包含了十分丰富的文化内涵，如海淀区的紫竹院公园、右安门附近的陶然亭公园、朝阳门外的团结湖小区内的团结湖公园，以及大兴市民休闲健身的滨河公园等。

什刹海

什刹海位于西城区，毗邻北京城中轴线，与中南海水域一脉相连，是北京城内面积最大、风貌保存最完整的一片历史街区。什刹海包括前海、后海和西海（又称积水潭）三个水域及邻近地区，与"前三海"相呼应，俗称"后三海"。什刹海也写作"十刹海"，四周原

[①] 刘川生、史秋秋、宋贵伦主编：《2009—2010年北京文化发展报告》，文化艺术出版社，2010年12月，第266页。

有十座佛寺，故有此称。清代起什刹海就成为人们游乐消夏之所，为燕京胜景之一。什刹海也是当代绘画经常表现的题材之一，如李小可[①]的国画《什刹海夏韵图》（图2-56）。

图2-56　李小可　国画《什刹海夏韵图》

北海公园

北海公园位于景山西侧，在故宫的西北面，与中海、南海合称三海。全园以北海为中心，面积约71公顷，水面占583亩，陆地占480亩。这里原是辽、金、元所建离宫，明、清辟为帝王御苑，是中国现存最古老、最完整、最具综合性和代表性的皇家园林之一。以

---

① 李小可，1944年生于江苏徐州，1960年考入中央美术学院附中。1973年起，开始随父李可染学习山水，并陪同父亲前往黄山写生。1979年进入北京画院。1985年至1987年入中央美术学院国画系研修。现为国家一级美术师，中国美术家协会会员，中国摄影家协会会员，北京画院艺委会主任，李可染艺术基金会副理事长，黄山书画院院长。

北海为题材的近现代绘画作品代表有民国早期李宗津的《北海风情》、日本画家矢崎千代二的粉画《北海公园》（图2-57），民国中期的如1930年卫天霖的《北海》《景山》，1934年的油画《北海游艇》《破冰》等。中国台湾籍画家王悦之的画作中也有《北海一隅》等。新中国成立后，在大力提倡新年画创作背景下，1957年李可染创作了《劳动模范游园大会》（图2-58）等。当代画家的创作还有毛以钢的油画《京华往事》、张仁芝的国画《琼岛之春》等。此外，还有以景山公园为题材的如李宝林的国画《景山春晓》等。

图2-57 ［日］矢崎千代二 粉画《北海公园》

图2-58 李可染 国画《劳动模范游园大会》

紫竹院公园

紫竹院公园的得名，是因为公园内有一座明代所建的庙宇——福荫紫竹院，有近600年的历史，是一座保存完好的清代行宫，也是当年慈禧太后乘船去颐和园途中的驿站码头。紫竹院公园始建于1953年，公园既有蜀南竹海的竹园景致，又有兔耳岭的灵石草甸景观。全园占地47.35公顷，其中水面约占三分之一。南长河、双紫渠穿园而过，形成"三湖两岛一堤一河一渠"的基本格局。紫竹园是一座幽篁百出、翠竿累万、以竹造景、以竹取胜的自然式山水园。著名画家吴冠中早期的作品中，就有一幅油画《紫竹园风景》（图2-59）。

图2-59 吴冠中 油画《紫竹园风景》

陶然亭公园

陶然亭公园，位于北京市区南部、右安门东北陶然亭路南。公园得名于陶然亭，该亭始建时间为清康熙三十四年（1695）。过去南城永定门和右安门之间原是一片土丘和芦苇塘，元代在芦苇塘边的高台上建了一座寺庙慈悲庵，至明代已成为名流雅士游憩的地方。目前能见到的最早的文字记载"京东南隅有慈悲庵，居南厂之中。康熙乙亥岁，余以工部郎中监督厂事，公余清暇，登临览观，得至其地。庵不数楹，中供大士像，面西有陂池，多水草，极望清幽，无一尘埃气，恍置身于山溪沼沚间，坐而乐之。时时往遣焉。因构小轩于庵之西偏，偶忆白乐天有'一醉一陶然'之句，余虽不饮酒，然来此亦复有心醉者，遂颜曰'陶然'，系之以诗"[1]。陶然亭为"园林之眼"，历史上的陶然亭曾吸引了众多名人来此聚会畅谈，如晚清的林则徐、龚自珍、黄爵滋、魏源、张之洞、康有为、谭嗣同、孙中山、梁启超、秋瑾等，袁世凯时期还曾把孙中山的支持者章太炎囚禁在陶然亭西部的龙泉寺。五四运动前后，革命家李大钊、毛泽东、周恩来等也曾在这里秘密组织过活动，这里还遗有早期革命志士高君宇与石评梅的墓。1952年，北京市人民政府在陶然亭原址新建亭榭，对陶然亭一带的园林进行全面整修辟为"陶然亭公园"。画家卫天霖的油画《陶然亭》（图2-60），从画面中崎岖不平的土路、颓败的篱园、三两房舍及空旷辽远的环境来看，描绘的应是未修整前陶然亭周边的自然景

图2-60 卫天霖 油画《陶然亭》

---

[1] 喻学才、贾鸿雁、张维亚、龚伶俐：《中国历代名建筑志》下册，武汉：湖北教育出版社，2015年，第776页。

象。从画面的色彩及氛围表现来看，应是初春季节。虽然画中景象荒疏，但明亮轻快而又丰富变幻的色彩，让初春陶然亭并未呈现出料峭寒意，尤其是天空的色彩表现，由冷色调向暖色调的渐变中，每个色调的层次都极为饱满、丰富，色调之间的过渡也极为自然和谐。

团结湖公园

团结湖公园位于朝阳门外团结湖住宅小区内。1958年，为治理环境，当时的机关、学校与军队共同参加了义务劳动，将原先的窑坑、苇塘疏浚成为环形人工湖泊，取军民团结奋战之意，定名团结湖。1974年开辟为绿地，1984年始建设公园。公园呈方形，有东、西两个园门。全园由环湖景区、湖区水面、湖心绿地三部分组成。公园建筑多仿江南风格，环湖景区有流水照壁、得月廊、静香亭、揽月轩等景点；湖区有仙鹤岛、明漪石舫等景点；湖心绿地建有晚霞亭及大型壁画等。[①]当代画家段铁的国画《春到团结湖》（图2-61），采用开放的视角，传统的笔墨将高耸矗立的高层建筑作为画面的背景，来衬托被包围、环绕的团结湖公园。其强烈的对照和反差，无疑在提示人们，在现代化城市的钢筋混凝土丛林中，自然的松林、湖水和小桥，成为快节奏城市的心灵之窗、心灵之泉。

图2-61 段铁 国画《春到团结湖》

黄村滨河公园

黄村滨河公园位于北京市大兴区黄村镇，北临双高路、东临兴和街、西临兴业大街、南临乐园路。公园占地面积70728平方米，有

---

① 北京市地方志编纂委员会：《北京志　市政卷　园林绿化志》，北京：北京出版社，2000年，第179页。

林木绿地93295平方米，乔木2019株，灌木3249株，草坪28570平方米。黄村滨河公园以绿为主，是一座现代开放式带状公园。公园临河两侧兴建，河中有芦苇、蒲草和荷花等，每年春、夏、秋三季，水面上荷叶田田、蒹葭苍苍。河两岸建有沿河木质步道和观景阶梯坡岸、临水平台等，其中南边河岸上花草茂盛、绿树成荫、遮天蔽日。绿荫下有序规划有各种现代休闲娱乐设施，除了老年人健身器材、儿童游乐设施外，还建有篮球场、足球场和乒乓球场等。画家张绍杰[①]的油画《黄村滨河公园》（图2-62），用喷薄而出的绿、斑驳陆离的绿、厚重变幻的绿，层次丰富且淋漓尽致地展现了黄村滨河公园中，人在林中走、花在丛中笑的景象。

图2-62　张绍杰　油画《黄村滨河公园》

---

①　张绍杰，1965年出生于北京通州，1991年毕业于首都师范大学美术学院油画专业，1999年结业于中央美术学院油画系同等学力硕士研究生班，2008年获清华大学美术学院艺术硕士学位，现任教于北京物资学院文化传播部，副教授，中国美术家协会会员。

二、崖居村落

北京地处华北平原、太行山脉、燕山山脉的交会地带，这一独特的地理位置，使得北京自古以来就兼具平原文化与山区文化的双重特征。这一地区的居民以汉族为主，但又是多民族混合居住区，不同经济生活方式和不同的民族文化心理，在长期的交流、冲突、融合中，形成了多姿多彩的传统文化。

（一）远古崖居与历史遗迹

作为举世瞩目的历史文化名城，北京陆续发现了远古时期的大量遗迹和遗物。正是借助这些遗迹遗物，后人对于北京的历史，获得进一步的认识。其中不乏最早的栖身居所如周口店山顶洞人遗址，村落遗迹如延庆古崖居遗址等。

山顶洞人遗址

距今1万—2万年北京周口店山顶洞人遗址，位于北京周口店龙骨山山顶的洞穴中。20世纪30年代，考古学家在该洞穴中发现了旧石器时代晚期人类化石。山顶洞人化石属旧石器时代晚期，晚期智人阶段，距今约1.8万年。遗址中还发现54种动物化石，出土大量石器、骨器以及各种装饰物，如穿孔兽牙、海蚶壳、石珠、石坠等。画家谭涤夫的《周口店山顶洞人遗址》（图2-63），用清晰细腻的笔触，将历史的斑驳沧桑呈现了出来。荒草连绵，岁月无声，斗转星移。远去的是山顶洞人刀耕火种的身影，留下的是此起彼

图2-63 谭涤夫 油画《周口店山顶洞人遗址》

伏的沧桑巨变。

古崖居遗址

古崖居遗址位于北京市延庆区城西，约22公里处的张山营镇东门营村北的峡谷中，是由一支不见史志记载的古代先民，在陡峭的岩壁上开凿的岩居洞穴。这些洞穴共有117个，是我国目前已发现的规模最大的崖居遗址。有学者根据《新五代史》推断其为古代奚族为避难而开凿的定居之所，也有学者认为其是古代戍边军士的居所，无论哪种说法都缺乏考古或文献上的证据，所以至今古崖居仍是未解之谜。古崖居洞窟群开凿于十万平方米的崖壁之上，分前、中、后三个区域，现保存下来的石室有120余座洞窟，洞室约20间。其洞窟的类型主要有马厩、居室、储藏室、议事厅等。此外，在一些石室内遗留有火炕、灶坑、锅台、石窗、壁橱、烟道、气孔、石龛、马槽等设施，生活功能完备。古崖居洞窟规划严谨、构思巧妙，洞窟类型及功能齐全，充分体现了古代先民高超的建造工艺和聪明才智，为研究该地区的历史以及当时人们的生产、生活状况提供了珍贵的实物资料。[1]

虽然古崖居还是历史之谜，但已成为画家绘画视野中的题材所在。画家邵飞[2]的油画《千古之谜——古崖居》（图2-64），形象地展现了古崖居的昔日之遗貌，大大小小、高低错落、左右延伸洞穴，如蜂巢般密集，其结构之复杂新奇，布局之无意和

图2-64 邵飞 油画《千古之谜——古崖居》

---

[1] 韩扬主编：《其他文物建筑》，北京：北京美术摄影出版社，2014年，第170页。
[2] 邵飞，1954年生于北京。1970年于北京军区入伍，1974年参加全军美展，1976年到延安写生，1976—1978年复员到北京画院工作，北京画院任专职画家，中国美术家协会会员。

有意，在平面与立体的呈现上，宛如现代派立体绘画的交响。

（二）明清古寨与当代乡村

北京的古村寨居落大多分布在京城周边的西、北部地区，其中尤以西部的房山区、门头沟区最多。清康熙《房山县志》记载，清初房山县共有179个村落，而门头沟区以斋堂为中心的58个村落，历史也极为悠久。新时期以来，随着现代化潮流的到来，北部及南部一带的古村落，由于缺乏有力的保护，已经被现代社会所淹没，而西部村落建筑风格仅存的只有爨底下村。

爨底下村

爨底下村位于北京西郊门头沟区斋堂镇，川底下村，实名爨底下，因在明代"爨里安口"（当地人称爨头）下方得名。爨底下村已有400多年历史，现保存着500间70余套明清时期的四合院民居，是我国首次发现保留比较完整的山村古建筑群，全村的聚落方式就像一座城堡，环环围扣，户户需拾级而上，这是许多古代时期村落的聚集方式。[1]著名专家罗哲文先生曾提到，爨底下古山村是一颗中国古典建筑的明珠，它蕴含着深厚的北方建筑文化内涵，就其历史、文化艺术价值来说，不仅在北京，就是在全国也属于珍贵之列，公之于世，功莫大焉。当代画家牛志晔[2]

图 2-65 牛志晔 国画《谁家烟火黍饭馨》

---

[1] 亦思：《建筑设计手稿》，北京：中国轻工业出版社，2011年，第114页。
[2] 牛志晔，北京人，北京美术家协会会员，职业画家。

的国画《谁家烟火黍饭馨》(图2-65),展现的就是遗存至当今古村爨底下村景象,画家用干湿浓淡的笔墨,勾勒出深秋的溪流板桥、粉墙黛瓦、枯树黄叶、石磨谷堆、鸟雀鸡雏,画面虽然寂静不见人迹,但雾气迷蒙、秋雨淋漓,让依山而建的屋舍、高低错落的秋树、断墙、台阶等,呈现出层次丰富的视觉效果,且黑白灰的水墨色调中,藤黄与赭黄的谷堆和墙篱,成为画面中亮而不喧的焦点。

灵水村

灵水村位于门头沟区斋堂镇辖村。灵水村形成于辽金时代,村落古老庞大,辽、金、元、明、清时的古民居众多。自明清科举制度盛行以来,村中考取功名的人士层出不穷,曾有刘懋恒、刘增广等众多举人出现,因此灵水村被当地人冠以"举人村"。灵水村自然风光秀美,文

图2-66 张钦若 油画《几度春秋——灵水村》

物古迹众多,其中东岭石人、西山莲花、南堂北眺、北山翠柏、灵泉银杏、举人宅院和寺庙遗址等景点,自古有"灵水八景"之称。张钦若[1]的油画《几度春秋——灵水村》(图2-66),表现了夕阳余晖下人杰地灵的灵水村,历史虽远去、举人不再,但画面中传统建筑依旧,只是岁月斑驳,斗转星移。

天泰人家

天泰山位于石景山区西北部,香山公园西南。主峰海拔430.8米。因主峰西有平台一处,曰天台,山因名天台山,亦作天太山、

---

[1] 张钦若,1929年生,黑龙江人。1948年毕业于东北画报社美术训练班。20世纪50年代受教于中央美术学院吴作人先生,并在苏联专家油画进修班学习。现为中国美术家协会会员、中国油画学会理事、中国人民解放军艺术学院美术系教授。

天泰山。天台处有明清古刹慈善寺，亦称天台寺。1917年、1924年著名爱国将领冯玉祥将军两次住在天泰山慈善寺，留下"勤俭为宝""真吃苦""耕读""淡泊"等重要石刻。天泰山有黑石头、双泉寺、南马场、板凳沟、转马台、满井、陈家沟等许多古村落，山谷内林木茂盛，有双泉寺、万善桥和慈宁寺等古迹，并有拉拉湖水库和南马场水库。画家万纪元[①]的油画《天泰山下有人家》（图2-67），展现了在苍山的环绕中古老村落的地理风貌，村头的道路通向各家各户，厚厚的积雪覆盖了山石、树木和屋顶，古老的村落之所以能在历史进程中传承延续，无疑也得益于相对偏远僻静的所在。

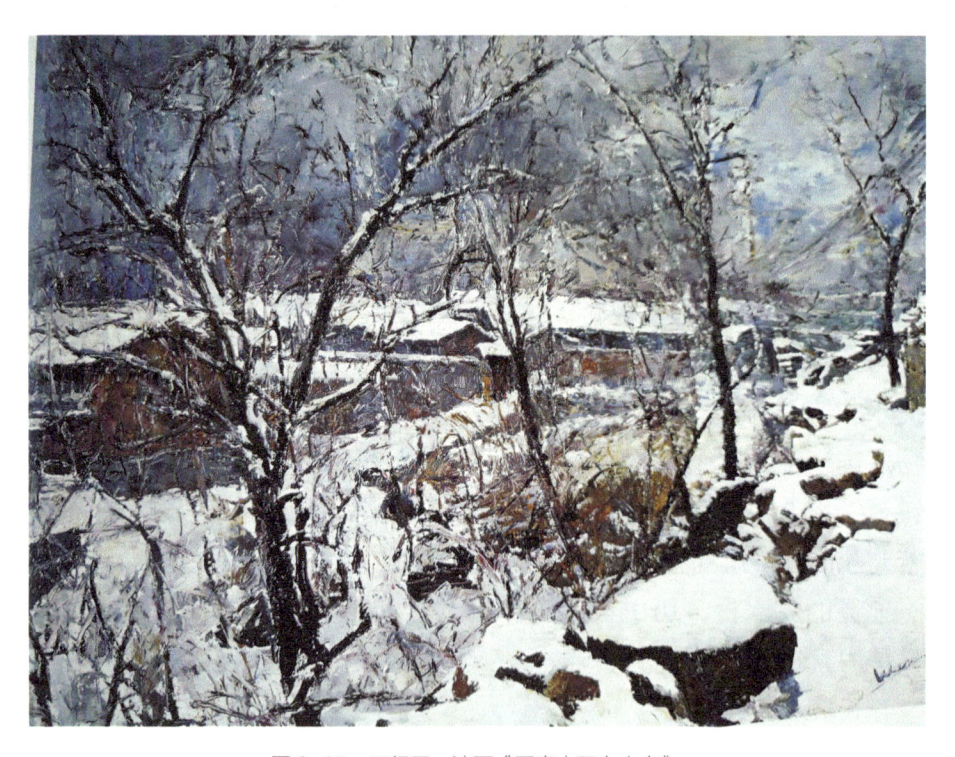

图2-67　万纪元　油画《天泰山下有人家》

[①]　万纪元，1974年毕业于江西师大美术系，先后在江西省展览馆、江西省博物馆、江西省书画院任创作员。1989年后任文化部中国展览交流中心出展处编辑、副处长、中心副主任，二级美术师。

大兴古村落

　　大兴区地处北京南边的大平原上。据北京大兴县地名办公室调查，20世纪80年代，在当时大兴县境内526个自然村中，有110个村庄的先民是在明代时从山西迁徙过来的，人口的流动意味着村落文化的传播与变化。从王振华的油画《大兴古村落》（图2-68）中，可以看到古村落的后方，幢幢现代化的高楼建筑已拔地而起，与高楼大厦形成鲜明对比的是，昔日炊烟袅袅、鸡鸣犬吠不绝于耳的古村落，如今在城市化的进程中已呈现出衰败、荒疏的景象。"田园将芜胡不归？"如今随着乡村城镇化的步伐，昔日的古村落已屈指可数。

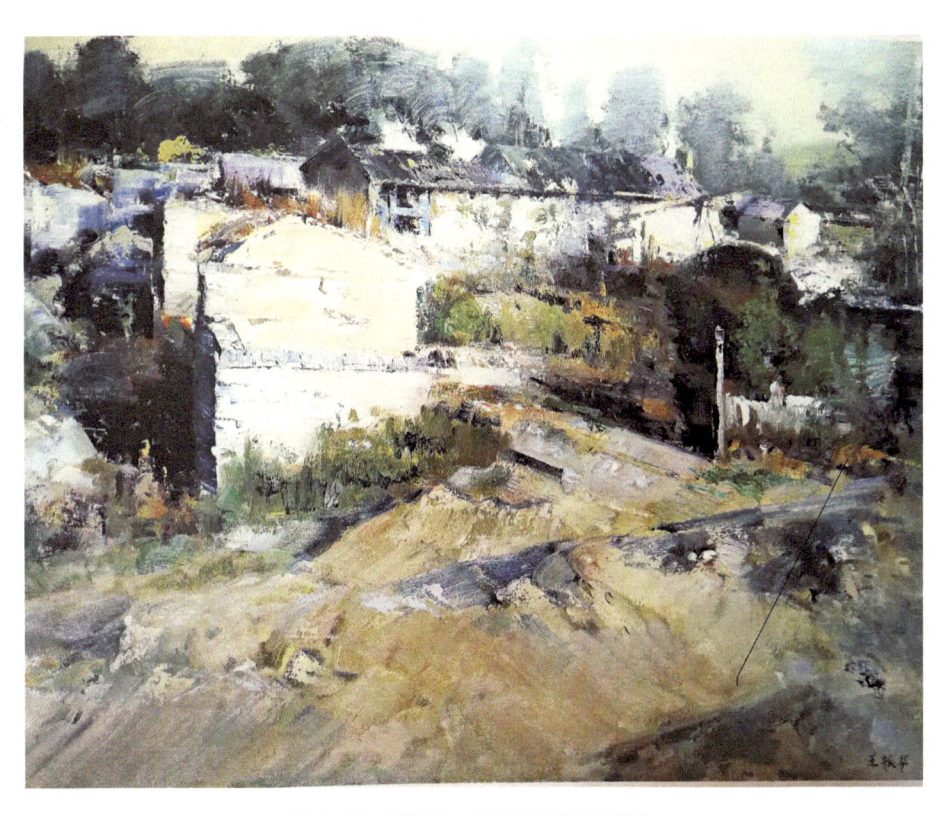

图2-68　王振华　油画《大兴古村落》

第三篇

绘画中的北京楼阙坛庙

商周至辽金元时期，北京地区的城市建筑几乎不存，遗存的绘画作品中也难觅其踪影。明清的北京城阙宫殿形象，多见于当时的风俗画、帝王出行图与行乐图等作品中，其数量有限，且城阙为宏观概括式表现，宫殿多为实景加想象。自民国至当代，昔日北京的皇城与坛庙逐渐向社会民众开放，甚至辟为公园，让众多画家有了近距离实地观察的机会，从而使得近现代表现宫阙坛庙形象的绘画作品不仅大量涌现，且画种与技法也异彩纷呈。发展至当代，绘画作品中还出现了类似《清明上河图》的巨制，《残冬京华图》《天衢丹阙》《旧京环顾图》等，这些作品成为展现北京城历史风貌的鸿篇巨制。

一、都城楼宇

明清时期社会相对稳定繁荣，统治者为粉饰、纪行、庆祝和观赏等目的，令宫廷画家创作了众多反映和歌颂皇都气象、帝王出巡、万寿盛典之类的绘画作品，其背景中出现了大量宫阙殿宇形象，虽然不乏想象虚构的成分，但在一定程度上，仍较为宏观地记录了当时北京城阙坛庙的建筑景象。如出现明清宫阙殿宇形象的绘画作品，有明代的《北京宫城图》《皇都积胜图》与清代的《万寿盛典图》《八旬万寿盛典图》《京师生春诗意图》等。近现代绘画中反映北京宫殿古建的作品，如《雍和宫》《北京前门》《北平故宫》《国子监》《德胜门》《紫禁城》《故宫角楼》等。当代绘画作品中反映北京城阙宫殿的较多，如《残冬京华图》《古城新意》《天安门》《武英殿》《养心殿》《紫禁城全景》《午门北眺》《紫禁城角楼》《西眺中的角楼》《前门》《皇史宬》《正阳门的黄昏》《角楼》《明城遗韵》《坐看风云——德胜门》《钟鼓楼的回忆》，以及鸿篇巨制《天衢丹阙》等。这些绘画作品从不同角度，展示了北京城的旧景新貌，形式多样，风格迥异。

1. 明清都城与门阙宫殿

历史上先后有燕、前燕、大燕、辽、金、元、明、清八个政权在北京建都。其中明朝时朱棣发动"靖难之役"，攻占南京，夺取帝位。朱棣即位后的第四年（1406），下诏次年开始营建北京城，永乐十八年（1420）基本完工，于永乐十九年（1421）正式迁都北京，从此北京成为明朝全国政治、文化和经济中心。当时营建的北京城分为外城、内城、皇城和宫城四个部分。宫城位于皇城正中，是在元大都宫殿遗址稍南基础上兴建，其规模、形制、名称皆以南京宫殿为依据。遗存的明代绘画中以北京宫城为主题的创作，代表性的有《北京宫城图轴》和《皇都积胜图》等。

宫城

明代无名氏绘制的《北京宫城图轴》(图3-1)，为绢本设色，纵169.5厘米、横100厘米。图轴中的宫城红墙高耸、殿宇巍峨，上覆金色琉璃瓦，空中云雾缭绕。画面右下一人，手执笏板，面色端庄，有人推测为主持北京宫城建设的蒯祥。蒯祥，苏州吴县人。初为木工，后官至工部侍郎，永乐十五年（1417）时负责北京宫城的设计和建筑。后又主持重建宫城内三大殿等。宫城的外城中心是建于汉白玉台基上的三大殿，其中的奉天殿是皇帝举行重大政治典礼等的地方。从《北京宫城图轴》对宫城的描绘的方式与技法来看，有学者推断其应出自民间画家之手。[1]另根据学者马雅贞的研究，《北京宫城图轴》这类图像可称为"待漏图"，也可以称为"早朝图"或"朝天图"等。

图3-1 明 无名氏 绢本设色《北京宫城图轴》

《皇都积胜图》（图3-2）作者亦不可考，据翁正春万历己酉（1609）题跋可知，此图作于十六七世纪之际。图中所画的内容，从北京西南卢沟桥附近起，历郊区，过北京城，出北郊，直到居庸关附

---

[1] 中国国家博物馆编：《中国国家博物馆馆藏文物研究丛书 绘画卷 风俗画》，上海：上海古籍出版社，2007年，第30页。

近为止。其中北京城中，重现了市景的繁华面貌，包括正阳门、棋盘街、大明门、承天门、塞宫等范围。此外，画面中还展现了平畴旷野、村庄集镇、城郭街市、庙宇桥梁、宫殿衙廨、山川关隘等。而这一切，又无不各具其形、曲尽其态，并且巧妙自然地组成了一个个生动的画面情节。可以说，这是一部形象化的《顺天府志》或《帝京景物略》，它上承宋人张择端的风俗画《清明上河图》，下启清人徐扬的《盛世滋生图》，在我国绘画史上，在描绘广阔的社会生活的现实主义传统中，也应占有重要的地位。[1]

图 3-2　明　无名氏　绢本设色《皇都积胜图》（局部）

康熙五十二年（1713）三月十八日，是康熙皇帝六十寿辰，清廷决定为此举行规模空前的庆祝活动。从三月一日始，自紫禁城神武门经西直门，到北京西郊的畅春园，沿途30余里长的街道，按照统一尺寸和规格进行修整，路上铺满细软的黄沙。街巷两侧，分别搭建了龙棚、经棚、灯楼、戏台、茶坊、书肆等，全部朱漆彩绘，并饰以万字、寿字、福字形图案，十分光鲜耀目。高悬的对联与彩灯，随风飘扬的旌幡，更是烘托出喜庆的氛围。三月十七日，康熙乘凉步辇奉皇

---

[1] 张旭光编著：《文史工具书评介》，江苏：扬州师范学院历史系，1983年，第231页。

太后自西郊畅春园回銮紫禁城,皇子、皇孙二十五人,扶辇随行。一路上康熙受到成千上万的大小官员、黎民百姓夹道庆贺,盛况空前,前所未有。当时有人奏请将盛况绘成长卷进呈御览,《万寿盛典图》(图3-3)就是记载当时盛况《万寿盛典》一书中的插图。《万寿盛典图》共计148页,总长度超过60米,为插图中罕见巨作,置于《万寿盛典》"庆祝"部分之首,第四十一卷自畅春园至西直门,经棚十九所;第四十二卷自西直门至神武门,经棚十一所,合计三十处。图中的场景及人物的细部绘刻均十分精细、到位。《万寿盛典图》最初由宫廷画师宋骏业绘制,但宋氏只绘制了城外一半,城内自西直门至景山还没有画。后来,康熙诏王原祁补绘,王原祁与冷枚等人将完成的稿子细加斟酌,并画完城中各处,由著名刻工朱圭于康熙五十六年(1717)刻成。

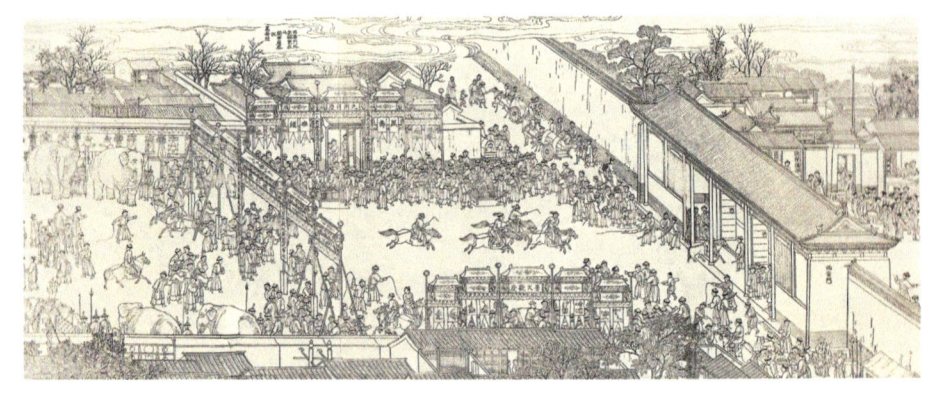

图3-3 清 宋骏业、王翚、冷枚、王原祁等绘,朱圭刊刻版画《万寿盛典图》(局部)

《万寿盛典图》对后世影响很大,80年后当乾隆"八旬万寿节"时,也仿效康熙,刊刻了一部《八旬万寿盛典图》,但这部作品完全是模仿之作,并无创新,刻工也不及朱圭,郑振铎先生评价其为草草成章而已。[1]

---

[1] 韩丛耀主编,徐小蛮、王福康著:《中华图像文化史 插图卷》下,北京:中国摄影出版社,2016年,第746页。

紫禁城

发展至民国时期，一批海外留学归来的画家，运用了西画的技法，将北京城的建筑图景纳入自己画卷中。其中的代表如20世纪二三十年代曾留学日本的卫天霖，他间接从日本学习西方的油画，将写实技巧与印象派色彩冶为一炉，是融中国画笔法和写意精神之卓越者。卫天霖油画作品中表现北京城内的宫城楼阙的有《国子监》《德胜门》《紫禁城》《故宫角楼》和《紫禁城外》（图3-4）等。《紫禁城外》表现了春天紫禁城外万物复苏、百花盛开的景象。画面中黄色琉璃顶的紫禁城，出现在花木掩映的道路尽头。全画构图简洁，笔触奔放粗犷，对自然光下的褐色树干的虚实穿插、逆光的蓝绿色树木阴影，及粉色花卉的明暗处理得极其率性、自如，有着印象派户外捕捉色彩及光影变化的痕迹，但又不忽视对物象的刻画与表达。

图 3-4　卫天霖　油画《紫禁城外》

故宫

民国时期的北京画坛，还有几位油画家来自台湾，他们早期不约而同地到日本学习绘画，毕业后来到北京，同样为北京早期油画民族风的探索做出了贡献，如王悦之、郭柏川[①]、黄澄波等。郭柏川1933年自日本留学回国直接前往北平（北京），次年于北平师范大学和北平艺术专科学校任教，后被聘为京华美术学院西画教授兼训导主

---

① 郭柏川（1901—1974），字少松，生于中国台湾省台南市。1926年赴日留学，考入东京美术学校西洋画科，从冈田三郎助习油画，1933年，以半工半读情形下，于梅原龙三郎处习画。1937年郭柏川离日直接前往大陆，在北平生活了12年之久，这是他绘画生涯中重要的转换点。1948年郭柏川返回台湾养病，自此一直定居台南，在台南成大建筑系教美术长达20年。

图3-5　郭柏川　油画《故宫》

任。1941年，发起组织新兴美术会，成为当时北平油画界最为活跃的油画家之一，影响波及天津等地。在北平郭柏川被历史沉淀的古老文化所感染，其中故宫的雄浑壮阔和辉煌气势，频频激发郭柏川的创作欲望，他在此期间开始大胆探索中西风格的融合，在宣纸上用毛笔和西画的油彩，进行尝试，为了改变西画颜料油墨洇纸的情况，他选用了生宣纸及简化构图和笔触，从而创作出色彩浓烈、造型简练、中西风格交融的作品，如1939年的油画《故宫》（图3-5）与1944年的《北平故宫A》、1946年的《北平故宫C》等。这些作品均以鸟瞰式构图，以深蓝重绿衬红墙黄瓦，笔触纵横上下、生动有力，整体物象鲜明突出，画面气势淋漓，展现出画家对故宫建筑及历史的炽热情怀。[1]

前门

自元明建都以来，北京都是南北文人画家聚集的中心，民国时期除了台湾画家外，江浙一带的南方画家也频繁北往。1921年，时任上海美术专科学校校长的刘海粟[2]受当时的北大校长蔡元培之邀，赴北大讲学，"北京古城我是向往的，然而要登上举国瞩目的最高学府讲坛，却难免有几分胆怯。但蔡先生鼓励我说：我不会画还搞美学，你自己能画，讲学就不用顾虑了，画会说话的。我坦然了，终于踏上

---

[1] 席德进等：《当代艺术家访问录》（一），台北：雄狮图书公司，1980年，第109页。
[2] 刘海粟（1896—1994），名槃，字季芳，号海翁。汉族，江苏常州人。1912年与乌始光、张聿光等创办上海图画美术院，后改为上海美术专科学校，1914年秋始任副校长，1919年7月始任校长。1952年院系调整后任华东艺术专科学校校长、南京艺术学院院长。

了去北国的征程。那时我只有二十六岁，为了让自己显得老成些，便特意蓄起一撮胡须。到达北京，时在一九二一年十二月五日。北京这座古城，给我的印象十分美好。我在那儿耽待了四个月，除了讲学，便探访古迹名胜，不断写生作画。油画《北京前门》（图3-6）就是那一阶段画成的。阳光热烈地亲吻着这庄重而典雅的城堡建筑，蓝天静谧，市场喧腾，我的感情不禁燃烧起来了，顾不得天寒地冻，迫不及待地打开画架，用明快、响亮的笔触，用奔放、跃动的团块，将它们表现于画面。后来一九三〇年巴黎秋季沙龙展出了这幅画，受到了好评"[1]。

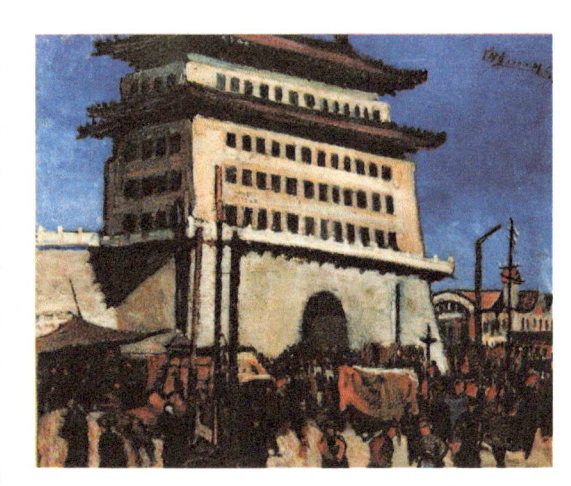

图3-6 刘海粟 油画《北京前门》

当代画家谭涤夫同样用油画形式，创作了同样题材的作品《前门》（图3-7），将跨越近一个世纪的两幅作品并置在一起，可以清晰地看到民国时期的画家刘海粟，其《北京前门》有着当时西方印象派、野兽派等的光影与用色的痕迹，强烈的色彩对比、黑色轮廓线及阴影的大胆运用，揭示民国早期西画在中国的面貌与特点。而当代画家谭涤夫的油画《前门》，已摆脱了西方现代派的影响，不再亦步亦趋地模仿，在色彩、笔触、格调及审美追求上，经过锤炼和摸索，已形成了鲜明的个人风格。

---

[1] 天津人民出版社编：《当我年轻的时候》，天津：天津人民出版社，1982年9月，第238页。

图3-7　谭涤夫　油画《前门》

天安门

与传统的中国画相比，来自西方的艺术形式，虽然在民国时期已有所发展，但新中国成立后，在新的历史时期，因民族风格的提出，也给油画创作既带来了一定的难度，也开辟了新的领域。在革命历史画之外，反映现实建设题材的油画创作逐渐呈蓬勃发展的态势，新生代画家涌现，为当时的画坛带来一股清新之风，如以天安门为题材的油画创作。天安门及天安门广场是首都北京的心脏，历来是全国人民向往的地方。1964年孙慈溪[1]创作的油画《天安门前》（图3-8），画面中高大庄严的天安门城楼下，主体人物是来自四面八方的工人、农民、青年和学生等，他们正心怀喜悦、幸福自豪地站在天安门城楼前，一起与城楼墙上悬挂的毛主席像合影。画家运用油画的技法和

---

[1] 孙慈溪，山东人。1958年毕业于中央美术学院油画系并留校任教。

语言，构图中由下向上，除了突出天安门的中心位置外，还展现了建筑、人物各自的对称和秩序感，使得画面具有一种传统的视觉效果。色彩方面湛蓝的天空、洁白的云朵、金色的屋顶和红色的宫墙，有着传统年画的喜庆氛围，符合社会大众的传统审美，这种探索得到了当时艺术创作方针的肯定，成为时代经典的画作之一。

图 3-8　孙慈溪　油画《天安门前》

改革开放后，随着经济文化的发展，艺术创作多样化。进入 21 世纪后，在北京文化历史名城的保护与建设浪潮中，主题性的宣传与创作中以北京宫城楼阙为题材的绘画涌现，以往古代的宫城全景图形式仍有继承，如张仁芝的《紫禁城全景》、金连经①的国画《午门北眺》、马冰的《腊月紫禁城》和牛志晔的《古都新秋》等。宫殿楼宇如王晖的油画《太和殿铜狮的感慨》、胡永凯的年画《神州太和》、李凯的油画《金銮殿》、卞国强的国画《长春宫》、陈辉的国画《武英殿》、龙力游的油画《养心殿》、谭涤夫的油画《畅音阁大戏楼》、何冠霖的油画《后宫》等，此外还有大量以角楼、护城河、城门、午门、正阳门等为题材的创作。这些创作从不同季节、不同时间、不同角度、不同形式等方面，展现昔日帝王宫殿，今日北京古都楼阙。

午门

金连经的国画《午门北眺》（图3-9）构图缜密，通过散点与焦

图3-9 金连经 国画《午门北眺》

---

① 金连经，又名爱新觉罗·连经，男，满族，北京人。1940年8月生，1956年考入中央美术学院附中，1966年毕业于中央美术学院，1973年分配到北京画院从事专业创作。创作初以版画为主，后专攻国画山水。

点相结合的透视方法，将午门后偌大的宫城殿宇，统摄于北京城中轴线，直至其消失在北端遥远的钟鼓楼附近。画家笔触细腻，讲究色彩效果，绿树掩映中金色的殿宇屋脊高低错落、上下起伏，被红色的宫墙环绕，远处天地辽阔、群山逶迤，气象万千、全景壮阔。

当代随着故宫的逐步对外开放，昔日帝王生活、处理朝政与存放典籍的养心殿、武英殿、皇史宬等神秘场所，也逐渐走入画家的笔端。如陈辉的国画《武英殿》、张小勇的油画《养心殿》、毛岱宗的油画《皇史宬》等。

图 3-10　龙力游　油画《养心殿》

养心殿

养心殿建于明嘉靖年间，位于内廷乾清宫西侧。清初顺治皇帝在这里病逝。康熙年间，这里曾经是宫中造办处的作坊，主要制作宫廷御用物品。自从雍正皇帝居住在养心殿之后，造办处的各作坊就逐渐迁出内廷，这里成为清代皇帝的寝宫，并一直延续下去，直到乾隆年加以改造，最终成为一组多功能建筑群，皇帝在此召见群臣、处理政务、读书学习及居住等，在清代共有8位皇帝曾经居住在养心殿。养心殿前有琉璃门，被称为"养心门"，门外有一个东西狭长的院落，在乾隆十五年（1750）曾经在这里添建连房三座，房子的高度并没有超过墙，进深不足4米，是宫中太监、侍卫及值班官员值宿的地方。[①]龙力游[②]的油画《养心殿》（图3-10）运用了对比十分强烈的蓝色、绿色、红色与黄色，将晴空下养心殿及其庭院建筑的金碧辉煌映衬了出来。斗转星移，昔日皇家禁苑，今日民众游览胜地。

图3-11 何冠霖 油画《后宫》

[①] 乔志霞编著：《远去的背影 文化的神韵 中国古代宫殿》，北京：中国商业出版社，2015年，第142页。

[②] 龙力游，1958年生于湖南湘潭，1980年考入中央美术学院油画系，1984年考入中央美术学院油画系研究班，1987年获硕士学位，现为中央美术学院附中副教授。

紫禁城的后宫以乾清宫、交泰殿、坤宁宫为中心，又名"后三宫"。左、右为东、西六宫，后为御花园，分别为皇帝、皇后、妃嫔们的寝宫和活动场所。在此以外，东有皇极殿、宁寿宫、养性殿、乐寿堂等建筑，习称外东路，为准备乾隆皇帝退位后生活所建。西有慈宁宫、寿康宫等。何冠霖[①]的油画《后宫》（图3-11），运用了超现实主义的创作手法，将实景的宫墙庭院与虚拟的人物结合在一起，虚实相生、穿越古今。

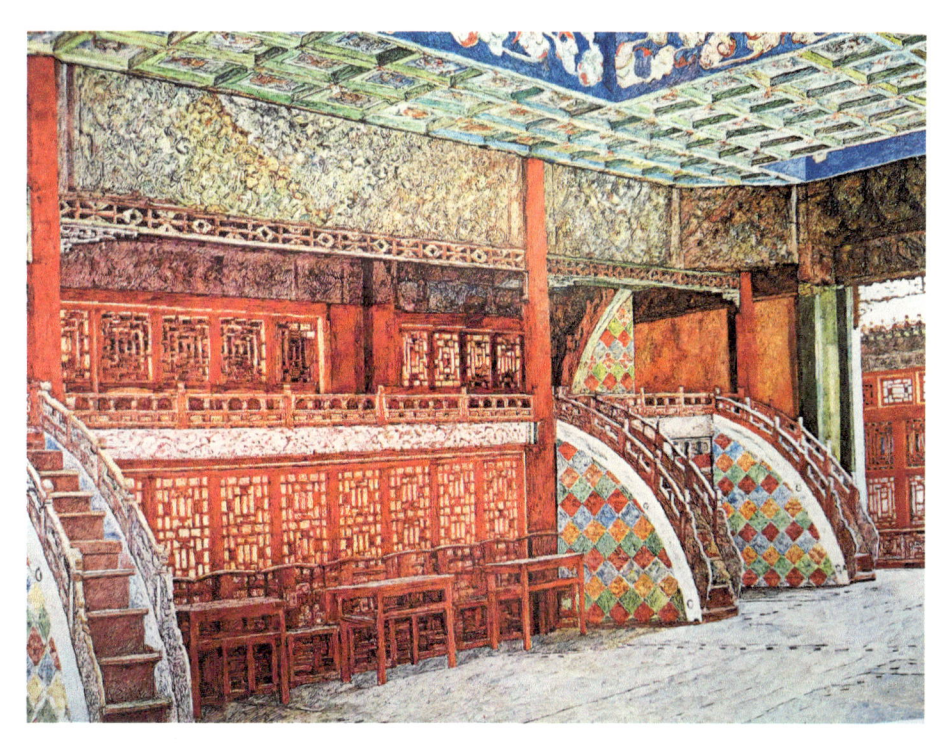

图3-12　谭涤夫　油画《畅音阁大戏楼》

畅音阁

畅音阁，全称故宫宁寿宫畅音阁大戏楼，位于故宫博物院内养性殿东侧，宁寿宫后区东路南端，坐南面北，建筑宏丽，为清宫内

[①] 何冠霖，1962年出生。中国美术家协会会员，四川省巴蜀画派促进会副会长，四川省美术家协会理事，四川昆仑风景油画研究会秘书长。

廷演戏楼。始建于乾隆三十七年（1772），历时4年终建成。嘉庆七年（1802）曾维修，二十二年（1817）于阁后（南）接盖卷棚顶扮戏楼，光绪十七年（1891）也有过维修，现存建筑为嘉庆年间改建后的规制。畅音阁是紫禁城中最大的一座戏台，与京西颐和园内的德和园大戏楼（为仿畅音阁规制建造）、承德避暑山庄的清音阁大戏楼并称清代三大戏楼。而畅音阁最为知名的是院内有一座高20.71米，总面积685.94平方米的，被称作福、禄、寿三台的三层大戏台，[①]层层朱栏玉砌、雕梁画栋，装饰精美，这些都在谭涤夫的油画《畅音阁大戏楼》（图3-12）中，被一一描绘出来。

图3-13 郭宝君 国画《雪中的角楼》

角楼

故宫紫禁城城墙上的角楼共有四座，分别位于故宫的四个角落，它们结构精巧，造型美观，曾经用于守卫皇宫，现在变成了故宫特有的风景坐标。角楼建成于明永乐十八年（1420），清代重修。坐落在须弥座上的角楼，周边绕以石栏，中间为三层檐的方亭式，四面明间各加抱厦一间。角楼建筑结构极具特点，其外观不仅层层相叠，且施

---

① 王艳芝编著：《紫禁城里的老北京》，北京：星球地图出版社，2013年，第188页。

工非常精细，加上朱、黄两色的衬托，显得壮丽雄伟。而角楼的非对称结构，使它闻名中外，从不同的角度观看角楼，其外貌也不尽相同。角楼下就是故宫护城河，河中的倒影与角楼交相呼应，在四季的变化中，景象万千。郭宝君[①]的国画《雪中的角楼》（图3-13），以独特的视角和视觉语言，展示了静寂荒寒的雪中角楼与护城河的形象。画中从墨色的浓淡干湿到物象结构的明暗处理，从线条形态节奏的变换到黑白对比，使得空灵清幽静逸的画面有着纯净质朴、旷远的意境，同时还传达出历史的苍凉与永恒。以角楼为题材的创作还有宋涤的油画《角楼》、白羽平的油画《紫禁城角楼》和毛以钢的油画《西眺中的角楼》（图3-14）等。

图3-14　毛以钢　油画《西眺中的角楼》

皇史宬

皇史宬又名表章库。在北京紫禁城东南面，今南池子大街南口，

[①] 郭宝君，1965年生于河北省邯郸县（今邯郸市），1986年毕业于河北师范大学美术系，1988年进修于中央美术学院国画系。现任北京画院专业画家，一级美术师，北京画院培训中心副主任。中国美术家协会会员。

是中国现存最完整的皇家档案库。中国秦汉时期有"金匮石室"制度，后历代档案制度均有所发展。明嘉靖十三年至十五年（1534—1536年）按照古制建造此库，占地2000多平方米，清代仍旧使用。皇史宬专门收藏各朝圣训、实录、玉牒等皇家史册与重要档案。皇史宬建筑似宫殿式，正殿坐北朝南，面阔九间，黄琉璃瓦庑殿顶，砖拱结构，具有防火、防潮、防虫咬鼠伤等特点。正殿东西各有配殿五间，为仿无梁殿外形的木构建筑。南面是三开间的皇史宬门，门外有前院。清嘉庆十二年（1807年）重修时添碑亭一座，其余仍保持明代旧貌。[1]通过斑斑点点的笔触，毛岱宗[2]的油画《皇史宬》（图3-15），将其建筑形象表现得虚虚实实、辉煌灿烂。油画《皇史宬》颜料厚涂堆积具有一种浅浮雕的感觉，而且笔触丰富多变，在画面造成聚散分离、静动结合，使得该作品以技法语言的独特性拉开了与其他画家的距离，在似与不似之间折射出画家的艺术追求与审美。[3]

图3-15　毛岱宗　油画《皇史宬》

华表

华表是一种标志性建筑，已经成为中国的象征之一。古代宫殿、

---

[1]　高占祥、张德林、朱自强等主编：《中国文化大百科全书　综合卷》（下），长春：长春出版社，1994年，第32页。

[2]　毛岱宗，1955年出生，山东掖县（今山东省莱州市）人。1973年考入山东艺术学校美术科，1976年毕业留校任教。1978年入曲阜师范大学艺术系，1982年毕业留校任教，历任艺术系副主任，讲师。现任山东艺术学院美术学院院长，中国美术家协会会员，美协山东分会理事等。

[3]　严明编著：《油画技法研究》，长沙：湖南美术出版社，2004年，第12页。

陵墓等大型建筑物前面做装饰用的巨大石柱，即华表。华表一般由底座、蟠龙柱、承露盘和其上的蹲兽组成。柱身多雕刻龙凤等图案，上部横插着雕花的石板。元代以前，华表主要为木制，上为十字形木板，顶上立仙鹤，多设于路口、桥头和衙署前。明以后华表多为石制，下有须弥座；石柱上端用一雕云纹石板，称云板；柱顶上原立鹤改用蹲兽，俗称"朝天犼"，华表四周围以石栏。华表和栏杆上遍施精美浮雕。明清时的华表主要立在宫殿、陵墓前，个别有立在桥头的，如北京卢沟桥。目前北京遗存的华表主要有明永乐年间所建，立于北京天安门城楼前和十三陵碑亭四周的华表。[①]通过仰视的角度，白羽平的油画《天安门》（图3-16），展现了金色余晖中天安门及右侧高大庄严的华表。画面中稳定的水平线和垂线的交叉组合，强烈的明暗光线处理，大面积留白的天空，使得高耸的华表顶天立地、气贯长虹。与此同时，深邃凝重的画面，时间似乎凝固了，过去、现在、未来被统一在画面的空间里，独特的艺术语言将历史的一瞬，转化为永恒。[②]

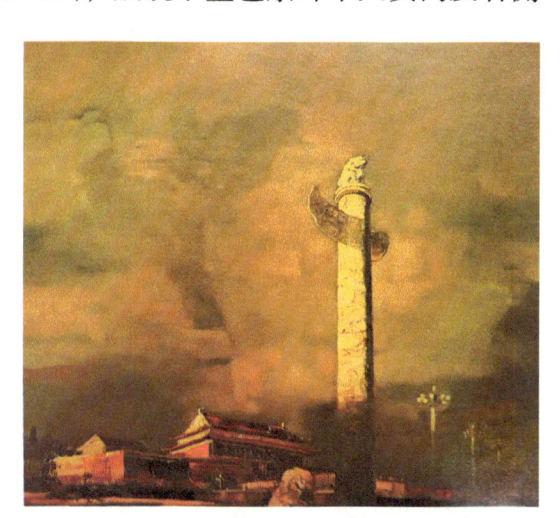

图3-16 白羽平 油画《天安门》

城门

北京的城门非常多，分为内城九门，城七门，皇城四门，皇城其他三门，宫四门等，有"内九外七皇城四"之说。内城的九座城门，按照东南西北四方向，分别是东面的东直门和朝阳门，南面的崇文门、正阳门、宣武门，西面的西直门和阜成门，北面的德胜门和安定

---

① 张迤逦编著：《国学知识一本通》，北京：中国纺织出版社，2015年，第72页。
② 高晏华主编：《书画收藏》（十），成都：四川出版集团，2007年，第20页。

门。外城有七门，即东便门、西便门、广渠门、左安门、永定门、右安门、广安门。皇四门分别是天安门、地安门、东安门、西安门。过去内城九门，除了崇文门昼夜开启，余八座城门开启和关闭都是有时间限制的。

德胜门位于北京城北垣西侧，是北京内城九座城门之一，明清时期，德胜门是兵车进出之门，其得名与古代军事有关。在古代按星宿排列，北方属玄武。玄武是传说中的神兽，主刀兵，所以出兵打仗，军队一般需要从北门出城。德胜门原名"健德门"，后改为"德胜门"，取其"以德取胜"之意。德胜门也是京师通往塞北的重要门户。德胜门城楼的城台上建有箭楼，城门外建有瓮城，构成了保护城门的军事堡垒。[1] 谭涤夫的油画《坐看风云——德胜门》（图3-17），描绘的是德胜门的箭楼，箭楼修建在一个高大结实的砖石城台上，在城台上面四周

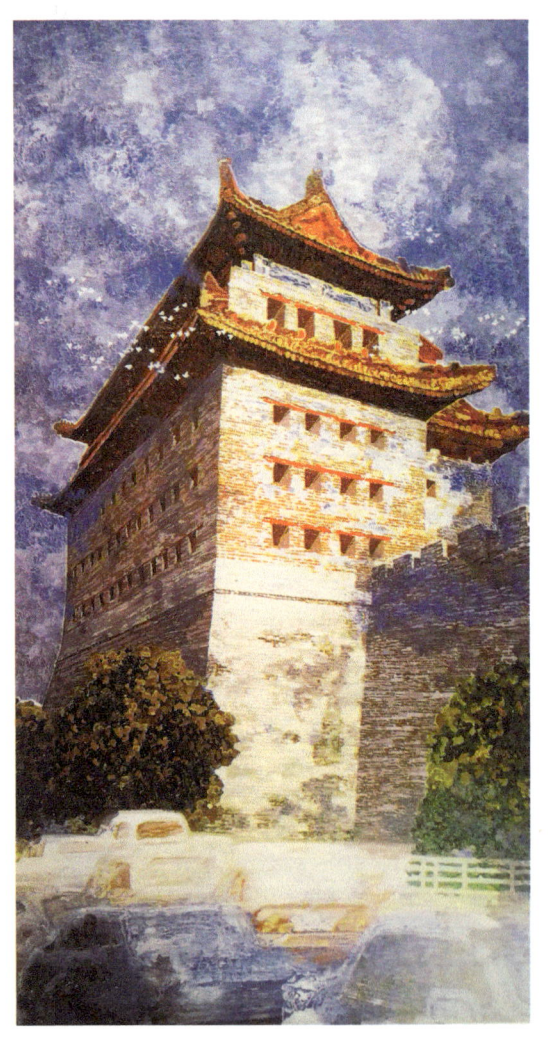

图3-17 谭涤夫 油画《坐看风云——德胜门》

---

[1] 郝铭鉴、孙欢主编：《中华探名典》，上海：上海锦绣文章出版社，2014年，第656页。

修有雉堞和女儿墙。箭楼坐南朝北，是一座重檐歇山式的建筑物。屋顶铺着灰筒瓦、绿琉璃剪边。箭楼共分四层，由于它处在迎敌的一面，在它的东、北、西三面共开有箭窗82个。其中靠北的一面设箭窗48个，东面和西面各设箭窗17个。除了以北京城门为题材的创作外，还有以城墙为题材的，如郭宝君的《明城遗韵》、何大桥的《明城墙》等。

图3-18 张俊明 油画《见证辉煌——燕墩》

燕墩

燕墩位于北京市东城区西南部，永定门外铁路南侧，俗称"烟墩"，是北京城传统中轴线南端的标志性景观，旧俗为重阳登高之处，其上立有清乾隆皇帝手书御制碑一座。燕墩始建于元代，初为一座土台，位于元大都丽正门外，至明嘉靖三十二年（1553）北京修筑外城

125

时才用砖包砌。文献记载，元、明两代北京有"五镇"之说，燕墩因其形似烽火台，曾与广渠门外的神木、德胜门内的镇水观音庵、西直门外的永乐大钟和皇城中心的景山并列为"金木水火土"五方镇城之宝，时称"京城五镇"，燕墩即为南方之镇，是历代皇帝用以祈求皇权永固的场所。[①]张俊明[②]的油画《见证辉煌——燕墩》（图3-18）中，画家将色彩与城市环境、季节物候、现代立交桥和历史古迹燕墩融为一体，借助色彩把绘画类似音乐、建筑、雕塑等感觉完美融合淬炼，呈现出古与今、历史与现代的时空穿插与交错。画家张俊明"不仅是一位坚持在风景画、历史静物创作上探索的画家，而且是一位在历史光影这个时代命题上做出独特回答的艺术家。如果说艺术贵在自成一体，张俊明的历史静物创作所具有的'体'，是艺术风格上的'体'，更是历史内涵和文化精神的折射"[③]。

钟鼓楼

钟楼、鼓楼是我国古代悬钟置鼓，报时鸣礼的建筑物。古代大小城市中均设置，一般建于城市的中心位置。北京元明时期建造的钟鼓楼依次分设于宫城的北面，作为全城中轴线的结束，与景山遥遥相对。其中鼓楼建于元至元九年（1279），原名齐政楼，元末明初毁于战火。明永乐十八年（1420）在齐政楼偏东处重建，清嘉庆时期进行了一次较大规模的修缮。鼓楼的形制和高度与北京各城门楼相近，所不同的是鼓楼建筑在高高的台基上。台的四周围以矮墙，本身成为独立的建筑物。台上横置五开间重檐歇山顶的木构楼阁，整体轮廓强调横向的体形，宏大雄伟，美丽壮观。鼓楼上曾设置有定时的"铜漏壶"和更鼓，用以向全城报时。钟楼在鼓楼的北面，相距约100米，是一座建在高大砖台上的灰墙绿瓦的高耸建筑。其旧址是元代万宁寺

---

① 韩扬主编：《文物建筑》，北京：北京美术摄影出版社，2014年，第157页。
② 张俊明，1966年生，山西寿阳县人，毕业于中央美术学院油画系硕士研究生课程班，现任教于中央美术学院城市设计学院，中国油画学会团体会员，中国美术家协会会员。
③ 彭峰主编：《具象研究 上卷 重回经典》，南昌：江西美术出版社，2010年，第116页。

的中心阁,因地处元大都的中心而得名。明永乐十八年(1420),改建为钟楼,不久遭火焚毁。清乾隆十年(1745)重建,十二年(1747)落成。钟楼高47.95米,宽三间,进深三间,灰筒绿瓦剪边,重檐歇山顶,底部为高大砖石平台,四面开券门,楼前有通达二层的台阶。楼内悬挂大铜钟一口,撞击时,声音浑厚、洪亮,都城外数公里处都能听到。钟楼和鼓楼构成一组古都北京中轴线北部终点上的两座古代建筑,这种中轴线式的一体设计,在我国其他城市也是罕见的。[①]白羽平的油画《钟鼓楼的回忆》(图3-19),画面从高空俯视的角度,展现了高大巍峨的钟鼓楼,及其四周纵横交错的街巷胡同,以及大大小

图3-19 白羽平 油画《钟鼓楼的回忆》

[①] 孙大章主编:《中国古今建筑鉴赏辞典》,石家庄:河北教育出版社,1995年,第172页。

小低矮的四合院等。色彩方面，该画沿用了画家以往喜欢的金色调，并借助夕阳余晖中，天空云朵投射下来的阴影，加入了红褐色的暗影。构图方面，由于采用了高空俯视的角度，在画面前端高高矗立的钟鼓楼的对比与衬托下，地面其余建筑及地平线延伸到天际线很远的地方。类似以钟鼓楼为题材的创作还有张钦若的《雪落钟鼓楼》等。

2. 现代楼宇与商厦广场

清末民初，随着国门被打开，外国建筑师纷纷来华，当时在上海、天津、广州和北京等大中城市，外国洋行几乎包揽了所有从银行、工厂到火车站、海关，甚至旅馆、公寓和住宅等新式建筑的设计。中国新式建筑从移植西方各国的欧洲古典形式开始，经过折中主义样式，后发展为近现代主义。①新中国成立以后，中外建筑交流自上而下全盘向苏联及东欧社会主义国家学习，早期出现了一批苏式风格的建筑，如北京苏联展览馆、中央广播大厦、电视大楼等。②20世纪50年代末为庆祝新中国成立十周年兴建的北京十大建筑，是传统与现代、东方与西方建筑的第一次大规模交流与融合，成为建筑史上的经典。1978年随着改革开放和国门的大开，一批现代风格的写字楼、公寓、医院等楼宇大厦纷纷拔地而起。此后，各国建筑师的来访和参与设计，使中外交流更为丰富。20世纪90年代的北京出现了新十大建筑，如中央电视塔、北京天文馆新馆、首都图书馆新馆、金融街、东方广场等。当历史迈入21世纪，在新建筑材料与科技的不断涌现下，又出现了国家大剧院、新中央电视台等。除此之外，还有大型的住宅区如天通苑和望京社区等。

北京广播大厦

广播大厦位于西长安街，是1957年苏联援建项目之一。总建筑面积6.38万平方米，主楼10层，塔高86米，由建筑工程部北京工业

---

① 马国馨：《建筑求索论稿》，天津：天津大学出版社，2009年，第27页。
② 马国馨：《建筑求索论稿》，天津：天津大学出版社，2009年，第27页。

建筑设计院与苏联设计院合作设计。该工程是北京首座达到10层的高层建筑，也是我国第一个广播、电视建筑。苏联提供广播电视工艺设计及结构、设备设计，中方建筑师严星华参与建筑设计，包括室内设计。大厦利用体量和体形的组合变化求得稳定，通过上小下大，由底部向上逐渐缩小，使重心尽可能降低的方法求得稳定感、庄重感。此外，建筑结合广播设备发射信号的需求，中部为突起的尖顶。整体建筑台阶形的体量构图及其顶部微波天线的独特造型，既合乎苏式建筑的典型象征意味，又满足了建筑的具体功能需求。[1]这些建筑形象与特征，都在画家陶一清[2]的国画《广播大厦》（图3-20）中被清晰地展现出来。

北京天文馆

北京天文馆位于北京市西郊动物园的南面，新中国成立后是在德意志民

图3-20 陶一清 国画《广播大厦》

主共和国专家帮助下，于1955年秋动工，1957年建成，是中国有史以来第一座天文馆，也是当时远东第一座天文馆。在此之前，出席在柏林举行的第三届世界青年与学生和平友谊联欢节的中国代表团，参观了德意志民主共和国的天文馆，回国后即大力呼吁在中国兴建天文馆。[3]这一呼声得到了党中央及北京市委的重视，很快天文馆建设项目立项，天文馆由张开济设计，占地2.5公顷，建筑面积

---

[1] 邹德侬：《中国现代建筑史》，天津：天津科学技术出版社，2001年，第185页。

[2] 陶一清（1914—1986），1914年生于北京，1934年在京华美术学院毕业后，先后任河南开封东岳艺术师范、北京华北中学、成达师范学校、热河临时中学教员等。1961年任教于中央美术学院中国画系，后调入北京画院。擅长山水画，中国美术家协会会员，曾任中国画研究会副会长。

[3] 司有和主编：《中华人民共和国科技传播史》，重庆：重庆出版社，2005年，第415页。

约4500平方米，砖混结构，包括天象厅、展览厅、多功能厅和天文台、气象台等。主体建筑天象厅为一圆形穹顶的观众厅，其内直径为25米，顶部最高处离地面40米。圆顶既是天文馆建筑的一个特有的标志，也象征了我国古代"天圆地方"的天文观念。在外立面的处理上，大量使用了我国传统装饰艺术中最常用的图案——云纹、飘带作为建筑装饰。它还在建筑的内部和外部广泛采用了与天文有关的绘画和雕刻，以突出建筑的艺术性和民族特色。[①]随着时代的发展，2004年在天文馆旁边，又增建了现代风格的新馆。通过焦点透视的方法，万纪元的油画《北京天文馆》（图3-21），将新旧天文馆由新到旧、由前到后、由大到小地展示出来，画面的前端展示的是新科技、新材料的玻璃幕墙天文新馆，旧馆位于画面的右端，圆形的穹顶与方形的墙体基座，形成了天圆地方的组合，与古代中国天文认知理念一致。

图3-21　万纪元　油画《北京天文馆》

[①] 北京日报社编：《首都新建筑：群众喜爱的具有民族风格的新建筑》，北京：北京出版社，1995年，第202页。

国家图书馆

  国家图书馆坐落在北京西郊紫竹院公园北侧，1987年10月建成开馆。设计建造中采用新技术、新结构、新材料，满足了现代图书馆的要求。其设计方案由五位资深建筑师，即由杨廷宝、戴念慈、吴良镛、黄远强等共同研究提出，又称"五老"方案。整个建筑群形成几个院落，采用对称严谨、高低错落、馆园结合的手法，协调统一，富有中国民族及文化传统的特色。在紫竹院绿荫的衬托下，增添了图书馆朴实大方的气氛和中国书院的特色。[1]邵亚川[2]的国画《国家图书馆》（图3-22），还将白石桥主干道上川流不息的车流，与路旁高大静穆的国家图书馆一同纳入画面的视觉范围，国家图书馆平直简洁的造

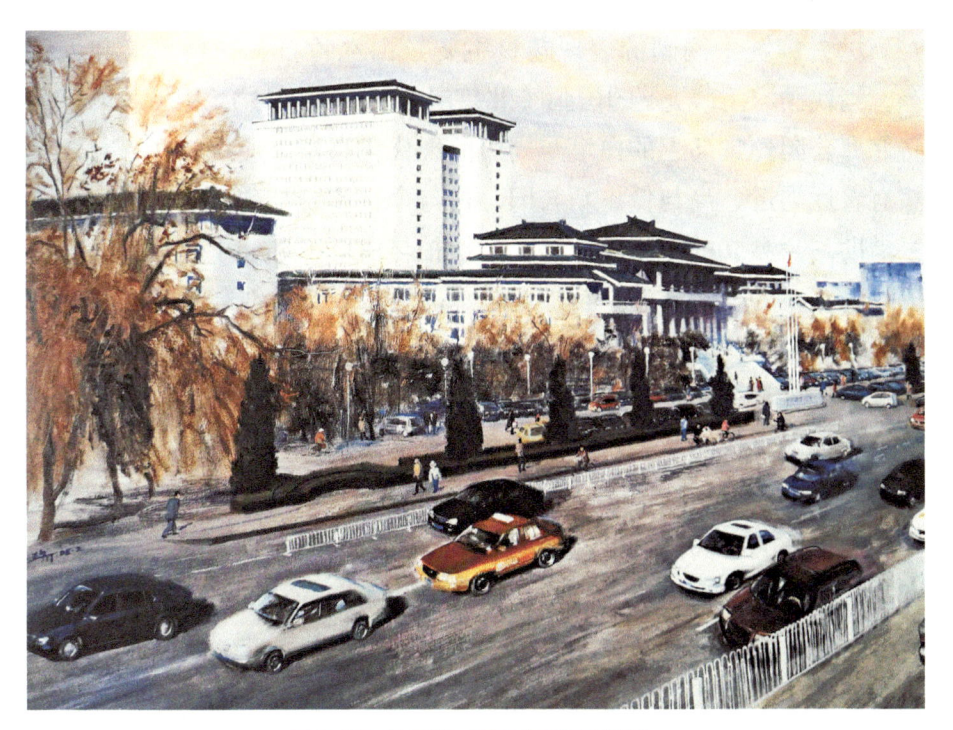

图3-22 邵亚川 国画《国家图书馆》

---

 ① 杨永生主编：《中外名建筑鉴赏》，上海：同济大学出版社，1997年，第42页。
 ② 邵亚川，1958年出生于辽宁，现为中国美术家协会理事，中国油画学会理事，武警总部美术书法研究院副院长，国家一级美术师。

型，孔雀蓝琉璃瓦的屋顶，淡灰色的外墙面，在金秋的季节衬托中更显风采。

改革开放以来，北京的城市建设与发展突飞猛进，随着城市功能定位的变化和产业结构的调整，从20世纪80年代开始，北京市开始实施对城区工业企业的大规模搬迁工作，传统工业或迁离城区，或进行"关停并转"的改造。与此同时，还逐步开展了城市重点功能区的建设，如亚运村、中关村科技园区、北京经济技术开发区、金融街、北京商务中心区"五大功能区"的建设，对加快北京社会经济的发展起到了重要的作用。2001年，北京申办第29届奥运会成功以后，按照"新北京、新奥运"的战略构想，和未来建设北京国际化大都市的理想目标，北京的城市面貌发生了天翻地覆的变化。①

过去传统中国画的表现题材主要是山水竹石、花鸟走兽和人物等，当代画家王晓龙②的国画《北京晨曲》（图3-23），用传统的笔墨将北海公园琼华岛上的白塔与周边的现代化高楼大厦统一在一起，虽然有着远与近、高与低、新与旧、古与今、传统与现代的对比，但画家借助高高矗立的琼华岛及岛上的松柏与白塔，调和了与远处高楼大厦之间存在的视觉落差，再加上纵深的背景及天际线衬托，密集的城市森林般的现代建筑群渐渐消失在远处。同样用传统笔墨描绘现代都市景象的，还有李小可的国画《古都今日》（图3-24），与前者不同的是，后者在作品中展示了画家在传统笔墨的单纯与丰富中探寻构成的美感，用来表现北京古建筑结构与自然景色共同形成的节奏与韵律。国贸商圈中高高低低起伏的建筑群，与天空中突兀的中央电视台新址大楼造型，构成了北京都市繁华的壮丽街景。这些作品既有中国传统写意水墨画的品格，又有鲜明的个性和现代意味，以及强烈的形式美感。虽然它们的内容反映的是对传统生存环境的依恋，含有怀古的情愫，但在精神内涵和语言表达上，则和这个充满了变革旋律的时

---

① 北京卷编辑部：《北京》上，北京：当代中国出版社，2011年，第103页。
② 王晓龙，1955年生于河北，现在为北京职业画家，中国美术家协会会员，北京美术家协会会员。

代是息息相通的。①

图3-23　王晓龙　国画《北京晨曲》　　　　图3-24　李小可　国画《古都今日》

东方广场

　　长安街是北京的第一大街，最为繁华的新商业中心之一东方广场，位于东长安街北侧王府井大街与东单北大街之间。广场北临东单三条协和医学院，工程总占地11公顷，总建筑面积约100万平方米，是迄今国内最大的综合性民用建筑，由13栋大楼和1栋地下送变电站组成，包括8栋临主要街道的办公楼、2栋公寓、1栋酒店和北边的东、西回迁楼。东方广场是集购物中心、写字楼、高档公寓、酒店于一体的超大型、高智能综合建筑，堪称"城中之城"，由香港和北京联合投资建设。②谭涤夫的油画《东方广场之晨》（图3-25），描绘的是晨曦中的东方广场，临街而建的高楼大厦，被朝阳洒上了金色的晨曦，似巨人般昂首挺立，穿梭来往的车流已逐渐开始了一天的喧闹。时代的飞速发展，让昔日的东单街景日新月异，也让军旅出身的画家，在青藏、长城和故宫等系列创作外，又

---

① 贾德江主编：《中国画廊》第4辑，北京：北京工艺美术出版社，2006年，第63页。

② 曹子西主编：《北京史志文化备要》，北京：中国文史出版社，2008年，第591页。

133

找到了新时代的新题材。

图3-25 谭涤夫 油画《东方广场之晨》

北京金融街

北京金融街位于西二环两侧。金融街史称"金城坊",在明、清两代,遍布金坊、银号,是现代金融业的萌芽。至清末民初,户部银行、大清银行、中国银行先后在此更迭。其后,又有大陆、金城、中国实业等各银行先后在此设立总部,欲做成"银行街"。新中国成立后,金融街一带长期成为中国金融、财政的决策机构所在地。1992年北京市批准恢复金融一条街,建设国家级金融管理中心。经过十几年的建设与发展,金融街已经成为集决策监管、资产管理、支付结算、信息交流、标准制定于一体的国家金融管理中心,聚集了各类银行、电信、保险以及电力、石油、天然气、建筑等行业的大型企业总部,金融街在经济规模上已经确立了它在北京的总部经济地位。近年来,金融街还先后吸引高盛集团、摩根大通银行、法国兴业银行、瑞银证券等世界顶尖级外资金融机构和国际组织入驻,对我国金融产业发展有着巨大的推动作用。①万纪元的油画《金融街》（图3-26），重点展示了金融街核心区域及地标性质的广场雕塑。作为金融中心，各金融大厦鳞次栉比，风格迥异。但其共同的金融地标——雕塑，采用了中国古代铲币的造型，融入了中国文化的要素，与金融街的历史文化和现代经济地位十分吻合。与以往的山水人物相比，城市发展已逐渐进入艺术创作的领域。画家以历史文化悠久的金融街为题材，从时代发展的角度去表现，不仅选题新，立意新，表现也新。

图3-26　万纪元　油画《金融街》

国家大剧院

除了经济发展与建设外，早在20世纪50年代，周恩来总理就提出在天安门以西建设国家大剧院的构想。经过1990年、1996年、1998年几次的调研和探讨，国务院正式批准立项招标设计与建设，法国建筑师安德鲁设计的"水中巨蛋"方案最终当选。其设计理念是：外壳、生命和开放，即外形寓意孕育生命的蛋壳，在外部宁静笼

---

① 夏沁芳主编：《北京区域统计年鉴2013》，北京：同心出版社，2013年，第230页。

罩下，内部充满生机与活力。从外观上看，国家大剧院像个浮在水面上的半球体，地下部分深达10层楼。中心建筑为半椭球形钢结构壳体，建筑表面由18398块钛金属板和1226块超白透明玻璃组成，营造出舞台帷幕徐徐拉开的视觉效果。壳体外围环绕着面积3.5万平方米的人工湖，人工湖四周是总面积达3.9万平方米的绿化带，形成了一片大型文化休闲广场，体现了人与艺术、人与自然和谐共融的理念。这些宏大设计理念和建筑奇迹，在谭涤夫的油画《雨后国家大剧院》（图3-27）中，被生动形象地展现了出来。

图3-27 谭涤夫 油画《雨后国家大剧院》

但有关北京新建筑如大剧院、鸟巢、央视新大楼、北京当代MOMA等，曾一度引发了社会巨大的争议。反对的人强调新建筑应符合北京的特性，西方建筑师设计的庞然大物虽然独特，却会带给人压迫与距离感，造成视觉上的侵犯。支持的人认为城市有它的历史，但新北京要建设开放性的国际大都市，应有自己的新变化，其标志性的建筑，应是有纪念性的，也更应该有时代感，人们应用更宽广更长远的视野，看待北京的发展。如今回头来看，现代的北京地标早已不只是南北中轴线、东西长安街，它有了更多更明显的标志性向导，这个古老的城市已真正走向开放。而那些广受争议的建筑，它们的意义会在日后的时间洗礼中得以澄清。[1]

---

[1] 《经典中国》编辑部编著：《经典中国 北京》，北京：中国旅游出版社，2015年，第88页。

二、坛庙寺观

坛庙是帝王举行祭祀的场所。早期的祭坛多积土而成，即"筑土为坛"，后始建宫室用以祭祀。西周时所形成"左祖右社""兆五帝于四郊"的坛庙营建制度，也为后世历代所仿效，成为中国古代都城建设的重要组成部分之一。

北京的坛庙建设始于西周时期，当时蓟侯按照"周礼"的规定，在封地上建造了祭祀祖先的宗庙。春秋时期，燕国在蓟城建造了既是宫殿也是祭祖家庙的元英、历室。隋代隋炀帝筑社、稷二坛于桑干河畔；辽代以幽州为辽南京，城中建辽太庙，每岁祭祀。金代太庙在中都皇城之南，名衍庆宫。后按古代礼制又建社稷坛、圜丘、方丘等诸坛。元代大都按传统的"左祖右社"之制，太庙建在皇城之左，社稷坛建在宫城之外。后还于大都东南郊建先农及先蚕坛等。[1]明清的坛庙相承袭，天安门之内，午门之外，东为太庙，西为社稷坛。外城永定门内，东为圜丘（亦称天坛），西为先农坛。方泽（地坛）在安定门外，日坛在朝阳门外东郊，月坛在阜成门外西郊等。[2]

1. 明清祭坛与帝王庙宇

天坛

天坛，位于东城区永定门内大街东侧，占地约273万平方米。天坛始建于明永乐十八年（1420），清时曾重修改建，为明清两代帝王祭祀皇天、祈五谷丰登之场所。天坛是圜丘、祈谷两坛的总称，有坛墙两重，形成内外坛，坛墙南方北圆，象征天圆地方。主要建筑在内坛，圜丘坛在南、祈谷坛在北，二坛同在一条南北轴线上，中间有墙

---

[1] 李临淮编著：《北京古典园林史》，北京：中国林业出版社，2016年，第53页。
[2] 胡志毅：《世界艺术史·建筑卷》，北京：东方出版社，2003年，第145页。

相隔。圜丘坛内主要建筑有圜丘坛、皇穹宇等，祈谷坛内主要建筑有祈年殿、皇乾殿、祈年门等。

图 3-28　毛岱宗　油画《天坛印象》

　　毛岱宗的油画《天坛印象》（图 3-28），用奔放的笔触和油彩，将晴宇碧空下的天坛，气势巍峨地展现出来。作品不是靠画面构图上的奇妙取胜，也不是将客观物象描绘得如何逼真来显示对古典艺术的承袭，更多的是一种来自画家对物象新的体验。画家将绘画语言摆在艺术创作的重要位置上，善于用"意"笔作画，发自内心且自由随意，他的作品让人感觉到油画语言的多元含义。[1]类似表现天坛的油画作品还有李凯[2]的油画《皇穹宇的瑞雪》（图 3-29）、杨达

---

[1]　严明编著：《油画技法研究》，长沙：湖南美术出版社，2004年，第12页。
[2]　李凯，1947生于北京，1967年毕业于中央美院附中，中国美术家协会会员。

林①的油画《堆云积雨年丰》（图3-30）等。

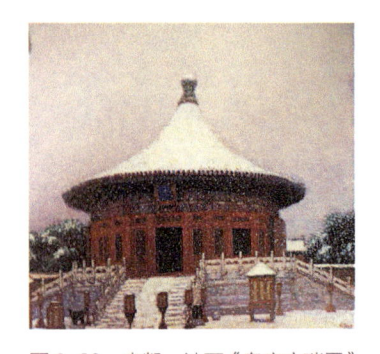

图3-29　李凯　油画《皇穹宇瑞雪》

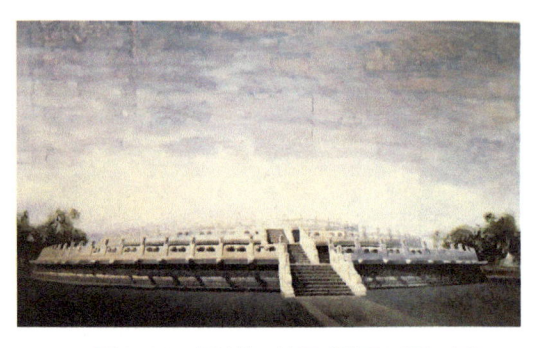

图3-30　杨达林　油画《堆云积雨年丰》

地坛

地坛又称方泽坛，是古都北京五坛中的第二大坛。地坛位于北京市东城区安定门外大街，占地37.4公顷。始建于明代嘉靖九年（1530）的地坛，是明清两朝帝王祭祀"皇地祇神"的场所，也是中国现存的最大的祭地之坛。地坛有方泽坛、皇祇室、牌楼、斋宫等著名建筑。刘大明②在其油画作品《秋天的方泽坛》（图3-31）中运用了现代解构手法，在图形与色彩的变形、夸张和对比中，寻

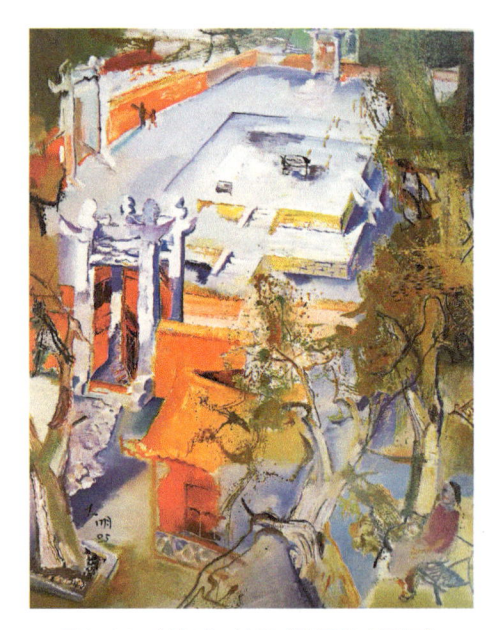

图3-31　刘大明　油画《秋天的方泽坛》

找一种比传统话语更有力量的表达方式。"解构的思维与观念的引入，

---

① 杨达林，1938年生，北京人，1963年毕业于中央美术学院，北京画院专业画家。
② 刘大明，1961年出生于吉林长春。1986年毕业于吉林艺术学院油画专业后留校任教，1994年入中央美术学院油画系助教班学习。现任吉林艺术学院油画教研室主任，教授、研究生导师。

使刘大明作品中的形象存在不但变得可有可无,而且支离破碎,使原本清晰、明确的文本变成为符号与空间独立意义的自律性文本,这使得刘大明的绘画语言在看似晦涩、凌乱之中获得了一种颠覆的效果,在其作品中所看到的笔触、色彩、符号、空间,不过是虚拟而已。当我们欲求解其画面意义时,看到的却是形而上的意义。"[1]

社稷坛

社稷坛位于天安门西,为明清两代祭祀社、稷神祇的祭坛,其位置是依《周礼·考工记》"左祖右社"的规定,置于皇宫之右。祖与社都是封建政权的象征。社稷是"太社"和"太稷"的合称,社是土地神,稷是五谷神,两者是农业社会最重要的根基。社稷坛全园面积约360余亩,主体建筑有社稷坛、拜殿及附属建筑戟门、神库、神厨、宰牲亭等。

相比较而言,风俗画、人物画可以直接反映社会生活,风景画则次之。画家李秀实认为如果运用得适当,风景画也能表达自己的感受和思想情绪。如果处理得好,在风景画中也可以体现出概括社会生活的某些东西,可以表现出哲理性。"这几年,我到西安、洛阳等地看了一些古迹,看到先人的成就,我有时被感动得满眶热泪,不禁扪心自问,面对我们几千年的文明史,我们这一辈人又应以什么留诸后世呢?"[2]在这样的思考影响下,李秀实笔下的历史建筑形象面貌变化多样,有些画的形象处理和色彩都比较写实,有的则写意性更强些,有时甚至做一些变形的处理,如油画《社稷坛》(图3-32),传达出的是现代人对古代文明的虔诚与崇拜。

帝王庙

历代帝王庙俗称帝王庙,位于北京市西城区阜成门内大街131号。明嘉靖十年(1531)始建,清雍正七年(1729)重修。历代帝王庙是明清两代皇帝崇祀历代开国君主和开国功臣的场所,乾隆几经调

---

[1] 徐恩存主编:《中国美术丛书》第1辑下,北京:新华出版社,2005年,第24页。
[2] 李松涛主编:《中国美术》总第10期,北京,人民美术出版社,1985年,第17页。

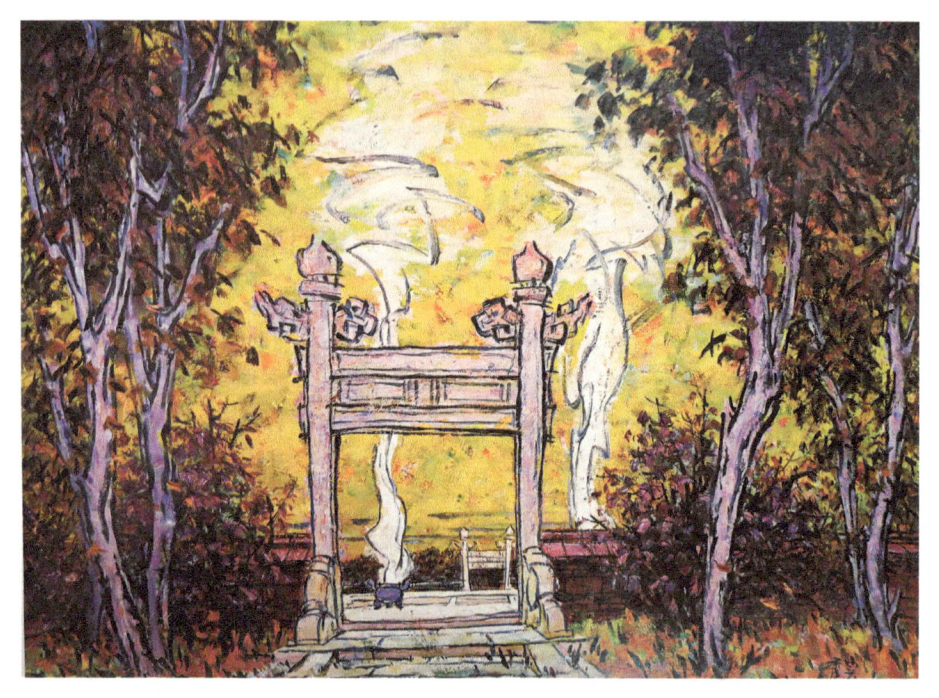

图 3-32 李秀实 油画《社稷坛》

图 3-33 李凯 油画《夕照帝王庙》

整,最后将祭祀的帝王确定为188位。历代帝王庙是中国古建筑宝库中的精品,更是吸引海内外华人祭祖炎黄、颂扬先贤、增强历史自豪感和民族凝聚力的重要文化场所。李凯的油画《夕照帝王庙》(图3-33)中,色彩的光影效果十分强烈,红色的宫墙、葱翠的松柏、黄色琉璃屋顶、碧蓝的牌匾与天空等,明亮的色彩在对比中相映衬,凸显了帝王庙厚重的历史与气魄。

太庙

太庙是明清两代皇帝祭奠祖先的家庙,始建于明永乐十八年(1420),占地200余亩,是根据中国古代"敬天法祖"的传统礼制建造的。由于太庙是皇帝举行祭祖典礼的地方,大殿两侧各有配殿十五间,东配殿供奉着历代的有功皇族神位,西配殿供奉异姓功臣神位。大殿之后的中殿和后殿都是黄琉璃瓦庑殿顶的九间大殿,中殿称寝殿,后殿称祧庙。此外,还有神厨、神库、宰牲亭、治牲房等建筑。1924年太庙辟为和平公园,1950年改为现名"劳动人民文化宫"。陈辉[①]的国画《太庙余晖》(图3-34),在构图上没有直奔主题,而是将曲折的雕栏、繁复的台阶以及重重宫门之后的太庙半边展示出来。画面中黑白灰造型布色,暮气弥漫。历史远去,昔日香火不断的帝王宗庙,仿佛是一张褪色的老旧照片。

图3-34 陈辉 国画《太庙余晖》

[①] 陈辉,1959年生于安徽合肥,1985年毕业于中央工艺美术学院,现为清华大学美术学院教授,博士生导师。

2. 古今寺观与西方教堂

北京地区最早兴建的寺庙是晋代的嘉福寺（俗称潭柘寺）。在辽代以前，中国的文化中心在长安与洛阳，北京只是北方的军事重镇，并没有文化发展上的优势，故而宗教的发展与宗教建筑的数量都远远不及文化发达地区。自辽至金，由于辽统治者对佛教的崇信，燕京又是辽文化最发达的城市，故而随着佛教的发展，寺庙的数量迅速增加。金女真统治者对佛教依然大力扶持，中都地区的寺庙数量继续提升。元灭南宋一统天下之后，大都成为全国的文化中心，蒙古统治者对佛教的扶持力度又超过了辽金，京城寺庙在数量不断增加的同时，其规模之宏大也远远超过了以往任何一个历史时期。此外，元代的大都成为国际化大都会的同时，也变成了世界各主要宗教派别的会聚地。不仅佛教、道教发展繁盛，寺庙、道观的数量迅速增加，而且伊斯兰教普遍传入中原地区，基督教及其旁支派别也在京城有了一定的发展。到了明代，统治者对少数民族文化采取了压制的政策，伊斯兰教的社会影响越来越小，而基督教的踪迹几乎灭绝。与此同时，佛教和道教的发展势头依然很盛，明朝帝王尊崇道教，众多宦官笃信佛教，使得北京的寺庙与道观香火十分旺盛，也使得民间百姓的宗教活动十分活跃。清代中国的封建社会开始由极盛转向衰落，寺庙与道观的数量不断减少。从清末到民国年间，随着北京城市近代化步伐的加快，大量宗教场所皆被民众占据，改为学校等公共设施。随着西方列强的侵略和国门的打开，天主教与基督教输入并有了较大的发展，兴建的教堂数量也在增加。[①]新中国成立后，实行了全新的民族宗教政策，各宗教团体有了长足的发展，昔日的宗教建筑也大多得以保护、修缮和兴建，从而成为艺术创作的重要题材之一。

目前北京遗存的寺观宫庙建筑主要有潭柘寺、红螺寺、云居寺、戒台寺、卧佛寺、大觉寺、白塔寺、碧元寺、法海寺、雍和宫、白云观和东岳庙等，以这些寺观宫庙为题材的当代绘画创作蔚为壮观。

---

① 王岗：《古都北京》，杭州：杭州出版社，2011年，第124页。

寺观宫庙

潭柘寺

位于北京西山的潭柘寺，因有柘树、龙潭而得名。始建于晋代，时称嘉福寺，是北京地区最古老的寺院，故有"先有潭柘，后有幽州"之说。唐代改名龙泉寺，金代通理禅师任寺院住持期间，毁于兵火。明代又对潭柘寺进行了重修、扩建，复名嘉福寺。清代康熙年间又进行了一次大规模的扩建，康熙三十一年（1692），改名岫云寺。潭柘寺有上下两处塔院，共存金、元、明、清各式僧塔72座，是北京著名塔群之一。清代以来，潭柘寺有九龙戏珠、锦屏雪浪、雄峰捧日、层峦架月、千峰拱翠、万壑堆云、飞泉夜雨、殿阁南薰、平原红叶、御亭流杯等十景。[1] 杨延文[2]的国画《春到潭柘寺》（图3-35），运用干笔渴墨的表现手法，在色、墨与线条的碰撞穿插中，显示出画家对色彩、光影流动的情绪性把握。画面色墨并重，相互辉映，呈现出墨彩流溢、纵横恣意的效果。《春到潭柘寺》不拘于传统山水一树一石的细节描绘，而是以纵横的笔墨，表现大自然的氤氲秀丽，墨色交融，线条灵动。[3]

图3-35 杨延文 国画《春到潭柘寺》

---

[1] 李临淮编著：《北京古典园林史》，北京：中国林业出版社，2016年，第158页。

[2] 杨延文（1939—2019），河北省深州市人，毕业于北京艺术学院美术系。生前为北京画院艺术委员会主任、国家一级美术师、中国美术家协会理事等。

[3] 许宏泉主编：《当代画史 名家经典作品集 山水卷》，成都：四川美术出版社，2008年，第34页。

红螺寺

　　红螺寺位于北京市怀柔区城北5公里的红螺山南麓，始建于东晋咸康四年（338）年，原名"大明寺"，后因红螺仙女的美妙传说，俗称"红螺寺"。红螺寺坐北朝南，依山势而建，布局严谨，气势雄伟。它背倚红螺山，南临红螺湖，山环水绕，林木丰茂，古树参天。一年四季红螺寺处于红螺山山前的千亩苍翠的古松林之中，形成一幅"碧波藏古刹"的优美画卷。宋涤[①]的国画《红螺寺》（图3-36），突出了参天大树及其掩映下的古寺、山门、台阶、墙垣，画面深远幽静。同样以红螺寺为题材的创作，还有卢平的《红螺叠翠》等。

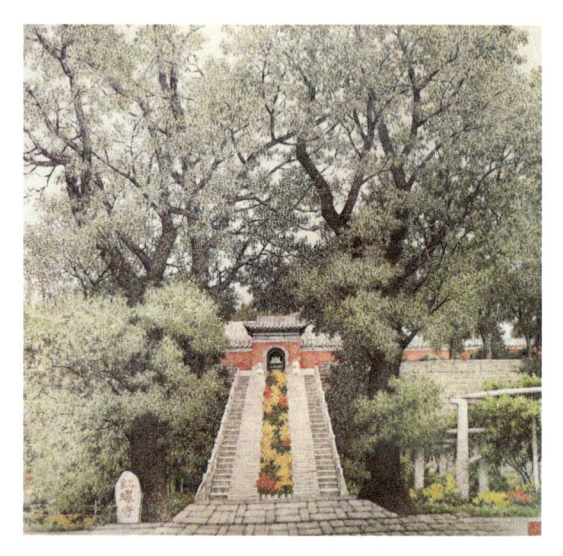

图3-36　宋涤　国画《红螺寺》

云居寺

　　云居寺，位于北京市房山区石经山下大石窝镇水头村，以藏有众多石刻佛经而闻名于世。云居寺始建于隋大业年间（605—618），为隋代高僧静琬法师所建。云居寺坐西朝东，依山而建，中轴线上原有六进殿宇，最高处是大悲殿，与说法堂、藏经阁浑然一体，构成全寺规模最大的殿宇。寺院北部有一座辽代砖塔，名罗汉塔，俗称北塔；南部亦曾有一座砖塔，名压经塔，俗称南塔。云居寺还有多座大小佛塔。隋唐时期，云居寺香火极为旺盛。五代后，寺院几度被火烧毁。辽、金、元时期又多次重修。直至近现代，云居寺被毁程度越来越严

[①] 宋涤，1945年出生于山东省烟台市，1968年毕业于中央工艺美术学院，清华大学美术学院教授。

重，尤其在20世纪三四十年代受到日本侵略者的炮击，仅有山门、北塔及周围四座小塔幸存。新中国成立后的1985年起，重新修建原有大殿，天王殿、释迦牟尼殿、毗卢殿、弥陀殿、大悲殿等相继建成，云居寺又逐渐恢复了原貌。

清代画家邹一桂（1686—1772）就曾以房山为对象，绘制了《房山云居寺图轴》（图3-37），展现了房山云居寺及周边风光。且据画中题记可知，画家

图3-37　清　邹一桂　纸本设色《房山云居寺图轴》

曾"扈从圣驾至此，奉旨作画，感北方烟峦与南方绝异，特意留此副本，作为记录"。当代画家纪清远[1]的国画《云居古寺》（图3-38），

图3-38　纪清远　国画《云居古寺》

---

[1] 纪清远，1954年出生于北京，毕业于首都师大美术系，北京画院艺术委员会顾问、国家一级美术师、中国美术家协会会员。

水墨淡彩,画面清新、有诗意,渗透出平和的氛围。同类题材的还有南海岩的国画《云居寺》、张新武的油画《云居寺》、郭宝君的国画《情寄云居寺》等。

戒台寺

戒台寺位于西郊马鞍山麓,是北京现存最古老的寺院之一。因寺内有宏伟的戒台,又因乾隆亲题"戒台六韵"而得名戒台寺。戒台寺始建于唐代武德五年(622),原名慧聚寺。唐代慧聚寺规模很小,到辽代咸雍六年(1070),法均高僧肇建戒台,开始传戒,四方僧侣纷纷来此受戒,通称戒台寺,自此名声大振。元代月泉法师亦"增修产业,开拓山林"。元末明初,戒台寺毁于兵火。明代宣德九年(1434),皇室重修寺院,奠定了戒台寺院的布局,后经成化、嘉靖、万历诸代大修,使戒台寺更臻完善。清代康熙、乾隆时期对殿宇进行整修扩建,并在寺东建成了塔院。[1]如今戒台寺以古松著名,程大利[2]以此创作了国画《戒台听松》(图3-39),厚重的墨色,古老的塔刹,苍茫的松林,画家在绘画的色彩、形式、笔墨上推究,在境界的表

图3-39 程大利 国画《戒台听松》

---

[1] 李临淮编著:《北京古典园林史》,北京:中国林业出版社,2016年,第158页。
[2] 程大利,1945年生于江苏徐州,曾任中国美术出版社总社总编辑、人民美术出版社总编辑。中国文联第七届、第八届委员,中国美协第五届、第六届理事,中华文化促进会常务理事,现为北京画院院委。

现与塑造中展现其艺术的精神。① 同类题材的还有王文芳的国画《戒台祈福》等。

卧佛寺

卧佛寺位于北京市西山北的寿牛山南麓、香山东侧，始建于唐贞观年间，原名兜率寺，又名寿安寺。以后历代有废有建，寺名也随朝代变易有所更改，清雍正十二年（1734）重修后改名为普觉寺。由于唐代寺内就有檀木雕成的卧佛，后来元代又在寺内铸造了一尊巨大的释迦牟尼佛涅槃铜像，因此，一般人都把这座寺院叫作"卧佛寺"。王晓龙的国画《再访卧佛寺》（图3-40），展现了崇山峻岭掩映中的卧佛寺，红色山门的黄色琉璃的牌坊，在雪后松林的衬托下，使寺院显得更加幽深与静谧。

图3-40 王晓龙 国画《再访卧佛寺》　　图3-41 谢志高 国画《千年古刹大觉寺》

大觉寺

大觉寺建于辽代咸雍四年（1068），位于北京西北郊阳台山上，初名清水院，为辽南京城外负有盛名的寺院之一，明宣德三年（1428）重修后改名大觉寺。清康熙十九年（1680）对其进行大规模扩

---

① 李德仁主编：《苍茫高古卷》，石家庄：河北美术出版社，2007年，第83页。

建，乾隆十二年（1747）又重修。大觉寺依山而建，对称布局，可拾级而上。主要建筑有山门、牌楼、功德池、石桥、钟鼓楼、弥勒殿、正殿、无量寿佛殿等。谢志高[①]的国画《千年古刹大觉寺》（图3-41）的构图，没有像以往将寺庙的山门置于画面正中，而是在画面的前端展示了大觉寺的古树、怪石和白塔，以及休闲的桌椅，将现代人生活的气息融入古老的寺院。笔墨表现丰富，或粗笔横扫山石，或细笔勾勒枝叶，或墨染远山。同类题材还有刘大明的油画《西山大觉寺》等。

白塔寺

妙应寺，俗称白塔寺，位于北京市西城区阜成门内大街171号，是一座藏传佛教格鲁派寺院。该寺始建于元朝，初名"大圣寿万安寺"，寺内建于元朝的白塔是中国现存年代最早、规模最大的喇嘛塔。以白塔寺为题材的，如白羽平的油画《白塔寺远眺》（图3-42），李小可的国画《晴雪》等。《白塔寺远眺》为画家白羽平喜欢的白色系列创作，白雪覆盖下大大小小四合院的屋顶中，高大巍峨的白塔突兀地耸立其间。画面构图简洁又中心突出，色调单纯中又显得肃穆庄严。

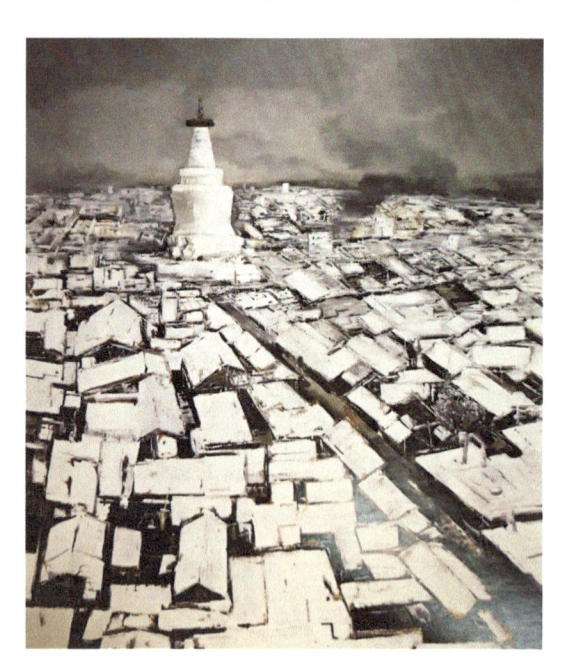

图3-42 白羽平 油画《白塔寺远眺》

---

① 谢志高，1942年生于上海，1958年考入广州美术学院附中。1966年毕业于广州美术学院中国画系。1978年考取中央美术学院中国人物画研究生班，1980年毕业，留于中央美术学院中国画系任教。1988年调入中国国画研究院至今。

碧云寺

碧云寺位于北京海淀区香山公园北侧，西山余脉聚宝山东麓，始建于元至顺二年（1331）。碧云寺相传为耶律楚材后裔耶律阿勒弥舍宅开山而建，始称碧云庵。明正德年间御马监太监于经曾在寺后营建生圹，对寺进行扩建，并改碧云庵为碧云寺，后魏忠贤亦在此营建生圹，重修碧云寺，但二人均获罪未能葬于此地。清乾隆年间，又对寺进行大规模修建，除对原有殿宇重加修葺外，按西僧所贡奉的图样建金刚宝座塔、行宫和罗汉堂等。刘永明[①]的国画《香山碧云寺》（图3-43）中，以细腻的笔法画出近景中遮天蔽日的松林，用概括的手法画出远景中起伏的群山，在雾气弥漫的中景里，金刚宝座塔若隐若现。构图上画面呈现出近景、中景与远景，色调上黑白灰依次展开，节奏层次分明、虚实交替跃动。

图3-43 刘永明 国画《香山碧云寺》

法海寺

法海寺位于北京石景山区模式口翠微山南麓，始建于明正统四年（1439），以寺内保存有大量精美的明代壁画而闻名于世。寺内碑

---

① 刘永明，北京人，曾就读于北京艺术学院、中央工艺美术学院，1980年中央工艺美术学院壁画专业研究生毕业后留校任教，现为清华美院教授。

151

文记载，此寺为明正统四年（1439）太监李童等集资，由工部营缮司所建造，正统八年（1443）建成，由英宗赐名法海禅寺。崔晓东的国画《法海寺瑞雪》（图3-44），画面采用了纵深构图和布局，白雪覆盖下的山路树木与寺庙远山等皆静默肃立。黑白灰的色彩渐变，使得画中的物象极富层次与韵律感。"崔晓东的山水画将中国画传统和现代人的审美意识及时代精神相结合，在继承传统的基础上创造了一种与传统绘画样式具有承续关系，同时又有所开拓和发展的独特的风格样式，形成了一种凝重浑厚、自然清新的山水画风。"[1]

图3-44 崔晓东 国画《法海寺瑞雪》

除了分布在城外及远郊的寺庙外，历史上北京城内的寺庙道观也非常多。现今遗存的有雍和宫、白云观、白塔寺和万寿寺等。

雍和宫

雍和宫位于北京市区东北角，清康熙三十三年（1694）康熙帝在此建造府邸，赐予四子雍亲王，称雍亲王府。雍正三年（1725），改王府为行宫，称雍和宫。雍正十三年（1735），雍正驾崩后，曾于此停放灵柩。乾隆皇帝也诞生于此，雍和宫出了两位皇帝，成了"龙潜福地"，所以殿宇为黄瓦红墙，与紫禁城皇宫一样规格。乾隆九年（1744），雍和宫改作正式的藏传佛教的寺庙，并成为清政

---

[1] 中国美术学院中国画系编：《师心独造》，杭州：中国美术学院出版社，2014年，第110页。

府掌管全国藏传佛教事务的中心。许俊[①]的国画《雍和瑞雪》（图3-45），展现了皇家寺庙的皇家风范，红色墙体、黄色琉璃、蓝色匾额、金色榜题等，在冬雪的映照与衬托下气魄非凡。

白云观

白云观位于北京西城区西便门外白云观街道。始建于唐开元二十六年（738），原名天长观。金明昌三年（1192），重修此观，改名为太极宫，金泰和三年（1203），太极宫毁于火灾。元初道教全真派长春真人丘处机奉元太祖成吉思汗之诏，驻太极宫掌管全国道教，遂更名长春宫，为中国北方道教的中心。金正大四年（1227）丘处机逝世，其弟子尹志平在长春宫东侧建立道院，取名白云观。元代末年，长春宫等建筑毁于兵燹，白云观独存。明洪武二十七年（1394）重建前后二殿和一些附属建筑，正统年间又大规模重建和添建，使观之规制趋于完善。明正统八年（1443），正式赐额"白云观"。明末，白云观毁于火。清康熙四十五年（1706）在原来基础上重新大规模重修与扩建，今白云观的整体布局和主要殿阁规制即形成于此时。以白云观为题材的绘画创作如闫振铎[②]的油

图3-45　许俊　国画《雍和瑞雪》

[①] 许俊，1960年生于北京，1980年考入中央美术学院中国画系，毕业后一直从事中国画及书法、篆刻的研究、教学和创作。曾任中国人民大学艺术学院副院长、教授。现为中国艺术研究院研究生院副院长，中国美术家协会会员等。

[②] 闫振铎，1940年生于河北蓟县，1963年毕业于北京艺术学院美术系，1967年毕业于中央美术学院油画系。现任北京画院一级油画师，油画雕塑创作室主任，兼任中国油画学会副秘书长，中国美术家协会油画艺术委员会委员等。

画《白云观藏经阁》(图3-46)等。

除了以上寺庙道观外，北京绘画中展现的还有郭宝君的国画《东岳庙听雪》、吴庆林的国画《金顶妙峰山图》(图3-47)、王路的油画《颐和园后山神庙》、龙力游的油画《颐和园后山四大部洲雪景》、赵卫的中国画《京西八大处》、金连经的中国画《八大处之夏》、孙成新的国画《银山铁壁》、李凯的油画《月朦胧——燃灯塔》、何大桥的油画《通州燃灯佛舍利塔》等。

西方教堂

基督教曾在唐朝时传入中国，当时被称为"景教"，其宗教建筑十字寺，不仅建于长安，地方府州也有，但目前已无迹可寻，仅遗有唐建中二年（781）的长安义宁坊大秦寺所立的《大秦景教流行中国碑》。蒙元时期基督教再度传入中国，当时被称为"也里可温教"，意大利人蒙特·科维诺来华传教时，曾在大都建了两所教堂，文献中记载"一座可容二百人的礼拜堂，并且有一个

图3-46　闫振铎　油画《白云观藏经阁》

图3-47 吴庆林 国画《金顶妙峰山图》

红十字架高竖屋顶"。但在此后的300年间,随着政治历史的风云变幻,北京的基督教及其教堂建筑的发展跌宕起伏。

北京地区现存的天主教堂多数为明清时期建造的。明万历三十三年(1605)来京传教的利玛窦,在北京的宣武门内建造了礼拜堂,后世称为南堂。清顺治十二年(1655),当时传教士得到准许在王府井建造了教堂,即后来的东堂。康熙三十三年(1694),法国传教士在皇城的西安门内的蚕池口建教堂,即后来的西什库教堂的前身。这些教堂建筑风格有罗马式、哥特式以及兼具巴洛克式和罗马式等风格,其中哥特式风格居多,其量几乎占了总数的一半。

东堂

王府井天主堂俗称东堂,又名圣若瑟堂、八面槽教堂,位于北京市东城区王府井大街74号,是耶稣会士在北京城区继宣武门天主堂之后兴建的第二所教堂。王府井天主堂现存的教堂建筑是一座三层罗马式建筑,在建筑细部的处理上,融入了许多中国传统建筑的元素,整座建筑成功地融合了中西建筑的风格。2000年伴随着王府井大街的改造,投资在教堂前兴建了一座广场,从而使王府井天主堂成为王府井步行街的一处景观，而王府井天主堂也因之成为北京最为市民所熟知，并为画家所关注的一座天主教堂。如司子杰的油画《教堂弄影》（图3-48）、张钦若的油画《东堂晨雾——王府井教堂》（图3-49）等，两幅作品均展现了雾气蒙蒙中的若隐若现的天主教堂，梦幻般的物象在色彩的迷离中，虚虚实实、影影绰绰，增加了画面神秘的气息和氛围。

图3-48 司子杰 油画《教堂弄影》

图3-49 张钦若 油画《东堂晨雾——王府井教堂》

南堂

宣武门教堂坐落于前门西大街141号，因位于北京城的南面，又俗称"南堂"，是北京城内最早建成的教堂。宣武门教堂为明万历三十三年（1605）天主教耶稣会传教士意大利人利玛窦修建，清顺治七年（1650）钦天监监事德国人汤若望重建，康熙五十一年重修。乾隆四十年（1775）毁于火，第二年又重修。光绪二十六年（1900）被义和团彻底焚毁，光绪三十年（1904）用庚子赔款再次重修。宣武门教堂现在是北京主堂，北京天主教爱国协会就设在这里。白羽平的油画《南堂余晖——宣武门教堂》（图3-50），画面整体呈金色基调，色彩辉煌、变化丰富，如落日余晖般炫目。与传统建筑绘画构图不同，画面中的宣武教堂偏居于左下角，且整体建筑及正立面略向左倾斜，与之相对的是画面上部辽阔无垠的苍穹。画风恢宏壮丽，意境深远。

图 3-50　白羽平　油画《南堂余晖——宣武门教堂》

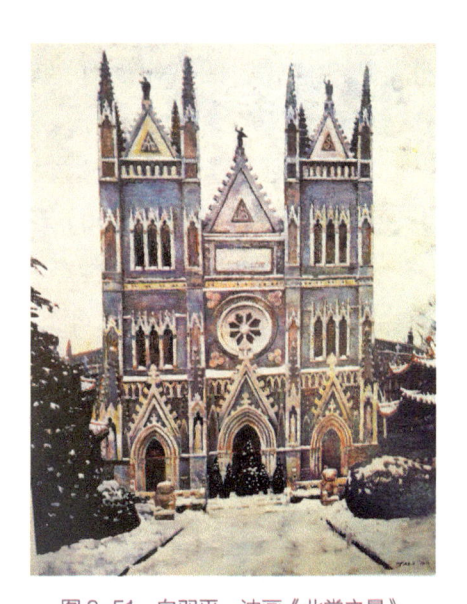

图 3-51　白羽平　油画《北堂之晨》

北堂

西什库教堂，本名救世主教堂，俗称北堂，位于北京市西城区西什库大街33号，1703年开堂，曾经长期作为天主教北京教区的主教座堂，是北京最大和最古老的教堂之一。西什库天主教堂的历史可以追溯到清康熙四十二年（1703），两位天主教教士获赐皇城西安门内蚕池口一块地皮，得以建筑教堂，这所教堂便是今天西什库教堂的前身，名为救世堂。清朝中叶，民间反对天主教的势力与天主教会不断发生摩擦，清政府于道光七年（1827）查封了蚕池口天主教堂，并没收了全部教产。第二次鸦片战争后，清政府向教会归还了教堂的土地，后教堂迁往西什库，光绪十四年（1888）新建筑正式落成。清光绪二十六年（1900）义和团围攻西什库教堂，教徒坚守，八国联军攻陷北京后得以解围，庚子议和后由清政府赔偿出资重修了损毁严重的西什库教堂，形成了如今的西什库教堂的建筑群。白羽平的油画《北堂之晨》（图3-51）中，白雪映照下的西什库教堂，建筑立面呈蓝紫冷色调，与尖顶拱形门窗黄色系形成对比，画面风格极具装饰意味。此外，相同题材的创作还有曹立达的《北堂初雪》等。

珠市口教堂

北京基督教会珠市口教堂，位于广安大街和前门外大街两条繁华路段的接合处，始建于1904年，是1900年以后美国卫理公会开设的八座教堂的第一座。与其他教堂不同的是，珠市口教堂从建堂一开始就由中国牧师主持。1921年该堂进行了扩建，基本形成了今天珠市口教堂三层的建筑格局。新中国成立后，2002年北京市财政局拨款100余万元，对珠市口教堂进行了第三次大规模加固、维修。白羽平的油画《晨光——珠市口教堂》（图3-52）中，火红朝霞辉映下的教堂，突兀地矗立在空旷的街区中，浓重的背光在地面上投下了同样的阴影。画面寂静，时间似乎也凝固了。另外，类似题材的创作还有谭涤夫的油画《基督教教务委员会会址》（图3-53）等。

图3-52　白羽平　油画《晨光——珠市口教堂》

图 3-53　谭涤夫　油画《基督教教务委员会会址》

　　除了基督教外，历史上阿拉伯、波斯等地的穆斯林客商自宋、辽时期，特别是元朝以后纷纷来到北京定居建寺，同样也对北京这座古老的城市产生了重大的影响，且阿拉伯式的建筑以及装饰与中国传统的宫廷式建筑相融合，形成了独具特色的北京伊斯兰教清真寺的建造艺术。

　　北京地区现存的60多座清真寺，城内的清真寺有宣武门外牛街清真寺、教子胡同清真寺，宣武门内安福胡同清真寺、牛肉湾清真寺、手帕胡同清真寺，西单清真寺，阜成门内粉子胡同清真寺，锦什

159

坊街清真寺，西直门内沟沿清真寺，地安门外什刹海清真寺、鼓楼清真寺，安定门内二条清真寺，东直门内南小街清真寺，东四牌楼中剪子巷清真寺，朝阳门内南豆芽菜胡同清真寺，东四牌楼清真寺，朝阳门内禄米仓清真寺，崇文门内苏州胡同清真寺、丁字街清真寺等。这些清真寺绝大多数是明、清时期修建的，尽管它们始建背景不同、大小不一，但每座清真寺都建有最基本的礼拜殿和水房，规模较大的清真寺还建有牌坊、影壁、庭院、垂花门、望月楼、南讲堂、北讲堂、邦克楼、碑亭、石桥、图书馆和埋体房等。礼拜殿是清真寺的主体建筑，是穆斯林礼拜真主的圣殿。礼拜殿内宽敞明亮、陈设简朴，供穆斯林礼拜的大殿地面铺满地毯。北京地区清真寺的礼拜殿多为"凸"字形、长方形、"十"字形和"工"字形等，礼拜殿内吊灯形状千姿百态、十分精美。[1]

牛街清真寺

位于宣武门外的牛街清真寺，是目前北京规模最大、历史最久的一座清真寺。牛街清真寺创建于辽圣宗十三年（994），当时北京柳河村是一片很大的石榴园，榴街因与"牛街"谐音，而被叫成了牛街。后随着大量回民拥入北京城，且多居住于此，牛街逐渐成为回民的聚居区。明正统七年（1442）牛街清真寺重修，且成为明代四大官寺之一。寺内现存主要建筑均于明清时期修筑，是采用汉族传统建筑形式修建的清真寺的典型实例，大殿有五楹三进，可容千人礼拜。殿内拱门仿阿清真寺礼拜大堂阿拉伯式上尖弧形落地，拱门门券上还有堆粉贴金的《古兰经》经文，字体苍劲有力。柱子上饰有番莲图案，红地沥粉贴金，使得殿内金光灿灿，光彩夺目，更显庄严富丽。[2]画家万纪元的油画《牛街清真寺》（图3-54），画面中虽然牛街上车辆行人往来穿梭，但在旭日初升的晨晖映照下，清真寺巨大方正的墙体与圆形穹顶建筑，呈现出色彩斑斓的景象，在嘈杂不断的都市街景中，更显

---

[1] 张宝秀主编：《北京学研究报告 2009》，北京：同心出版社，2009年，第189页。
[2] 肖东发主编，冯化志编著：《玉宇琼楼 分布全国的古建筑群》，北京：现代出版社，2015年，第160页。

肃穆和庄重。

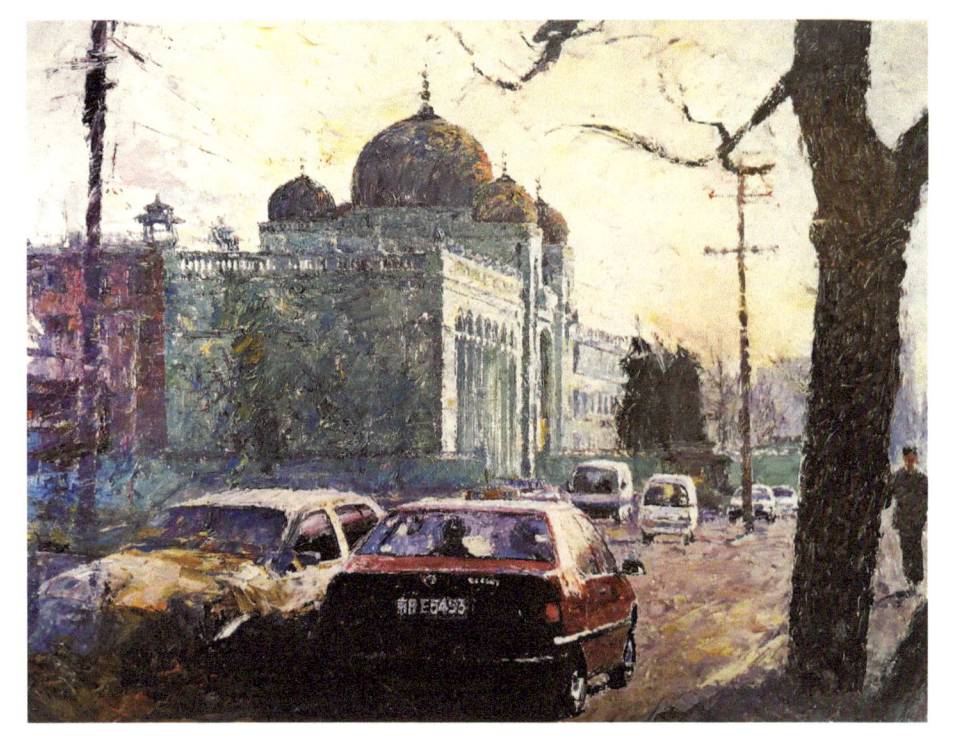

图3-54 万纪元 油画《牛街清真寺》

薛营清真寺

明清以来，北京城郊的清真寺也非常多，如大兴地区的薛营清真寺。薛营清真寺位于北京南部的大兴区庞各庄镇薛营村中央，始建于明万历二年（1574），由礼拜殿、南北讲堂、东房和门楼组成四合布局，为中国伊斯兰式建筑。李呈修的国画《薛营清真寺》（图3-55）中，殿顶由黄、绿琉璃瓦铺饰，殿前廊有明柱两根。前廊北侧有石碑一通，为清宣统年间重修清真寺所立。殿门内横匾书阿文安拉真言，殿内有8根木质白地明柱及木拱门，门楣绘花草图案，沥粉贴金，拱门隔扇上绿彩书写赞主赞圣阿文。[①]院中有一株400多年树龄的古柏，

---

① 程芳编：《北京旅游手册》，北京：京华出版社，2007年，第145页。

见证着薛营清真寺的历史变迁与沧桑。

图 3-55　李呈修　国画《薛营清真寺》

第四篇

绘画中的北京街巷民居

先秦时期中国古代的城市管理实行"闾里制"，在闾里内住宅按等级沿巷或与巷垂直的小巷胡同内建造。巷和小巷是被封闭在里坊内的通道，除地位显要者可以面街开门外，一般居民出入都须经过闾门。汉魏以后"闾里制"进化为"里坊制"，里坊四周筑高墙，坊门悬挂坊名匾牌。坊门由门吏管理，日出开门，日落关闭。里坊内部采取"坊市分离"的管理制度，居民分坊而居。历经隋唐至宋中叶后，里坊制又逐渐过渡到拆除围墙的"坊巷制"，此后为元明清所继承。元代大都的坊巷制中又发展出来北京后来的街巷胡同和四合院，历经明清进一步丰富和完善。至民国时期的北京，历时两三百年的胡同比比皆是，三五百年的胡同数不胜数，六七百年的胡同也并不稀奇，正如民间所传"有名胡同三千六，无名胡同赛牛毛"[1]。在这些大大小小的胡同里，北京传统民居的四合院就置身于其中。目前从明清北京城全貌，到近现代四通八达的长安大街、王府井大街、前门大街、崇文门大街等主干道，从崇贞观大街、幸福大街、西兴隆街、北新华街等小街，再到东交民巷、西交民巷等西式建筑风情街，以及纵横交错的北锣鼓巷、南豆芽胡同、菊儿胡同、逶迤蜿蜒的九道湾胡同等，都被画家以不同的画种及形式呈现出来，直观形象地展示了时代变迁中的北京街巷民居的历史风貌。

---

[1] 墨非编著：《流传在老北京胡同里的趣闻传说》，北京：中国华侨出版社，2015年，第5页。

一、街巷胡同

北京有3000多年建城史和800多年建都史，曾为辽、金、元、明、清五朝帝都，其设计规划体现了中国古代城市发展的最高成就。金中都是在辽南京城的基础上扩建而成的，并参照北宋汴京城的规制，除北城垣未动之外，东、西、南三面均加以扩大，略呈正方形。元在金中都城址的东北侧兴建了元大都，其城市规划恪守《周礼·考工记》中的都城制度，谨遵前朝后市、左祖右社的原则。（图4-1）

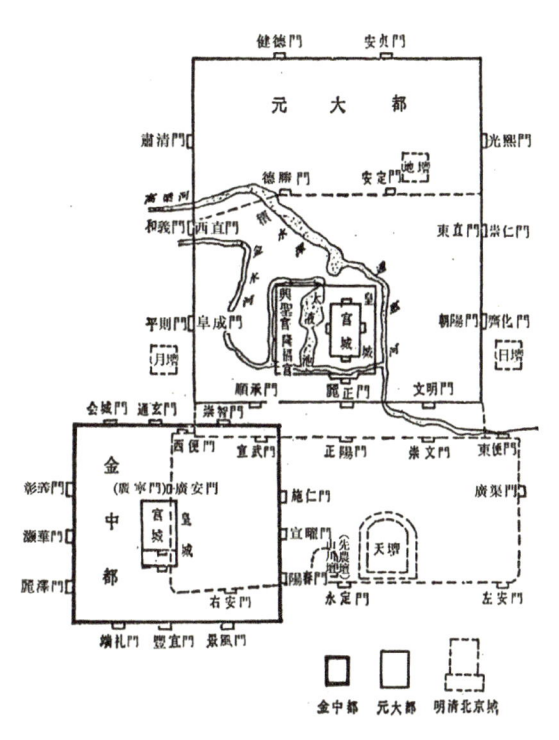

图4-1 金元明清北京城址变迁图（源自王南著《古都北京》）

明清北京城是在元大都的基础上建成的，全城呈"凸"字形，以一条纵贯南北，长达8公里的中轴线为依据进行布置，由内城和外城组成。清朝石版印刷的地图性质的《京城内外首善全图》，不仅展示了当时北京城的内外城的城墙轮廓，甚至街巷胡同名称等也清晰可辨。《京城内外首善全图》（图4-2）为清丰斋刻印本，所绘范围包括京师内外城。整个京城呈"凸"字形，虽然刻版时将全城外形改为竖长方形，使外城部分比例失调，但基本上保留了清嘉庆年间京师城内大小街巷名称与布局。如《京城内外首善全图》中详细画出13座城门区内的主要宫殿衙门、庙宇寺观和街道巷路，中轴线上有正阳门—大清门—外金水桥—天安

165

门—端门—午门—内金水桥—太和门—太和殿—中和殿—保和殿—乾清门—乾清宫—交泰殿—坤宁宫—坤宁门—天一门—银安殿—承光门—顺贞门—神武门—景山门—万春亭—寿皇殿—地安门—鼓楼—钟楼的位置。①此外，还有一幅标为谈梅庆绘制的《京城内外首善全图》，具体绘制年代不详。图中所绘范围仍为13座城门之内的城区，所标地名也极为详尽，且图四周还注各城墙的长度。《京城内外首善全图》宏观地展现了清北京城的街巷胡同形制与布局，从中可知其城市规划的全貌及经济发展的富庶与繁华。

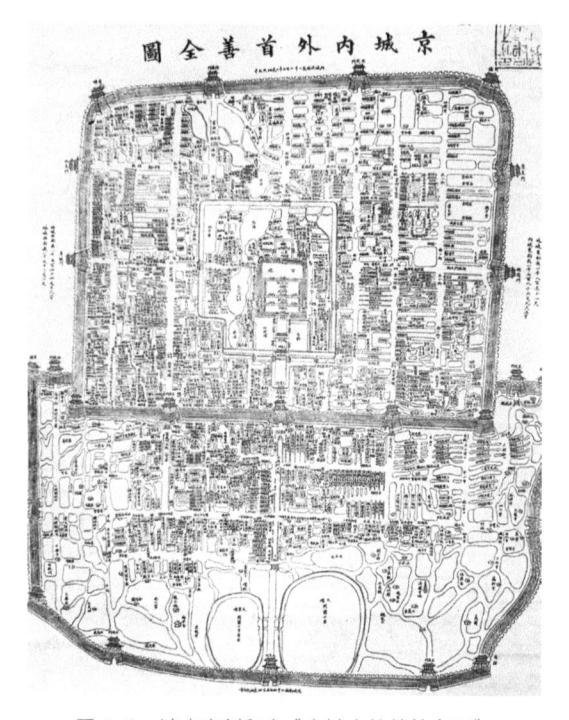

图4-2 清丰斋刻印本《京城内外首善全图》

乾隆朝是清经济发展的鼎盛阶段，兴旺发达的城市商业经济，也是其国家政局稳定，农业、手工业兴盛的一种折射。为了展现其政治的清明和经济的繁荣，乾隆帝曾命宫廷画家创作了多幅反映商业兴盛的作品，以颂扬其太平盛世。②如宫廷画家徐扬绘制《京师生春诗意图》（图4-3），是乾隆三十二年（1767）冬御制生春诗二十首，命大臣徐扬为之绘全图。徐扬，字云亭，吴县（今江苏苏州）人，在清宫廷内如意馆供职达26年之久。受宫廷西洋画师的影响，《京师生春

---

① 北京图书馆善本特藏部舆图组编：《舆图要录》，北京：北京图书馆出版社，1997年，第96页。

② 李湜主编：《清史图典 清朝通史图录》第七册《乾隆朝》下册，北京：紫禁城出版社，2002年，第324页。

诗意图》采用鸟瞰式构图，将中国传统散点透视画法与欧洲焦点透视画法相结合，描绘了雪后初春北京城的全貌。画面左下方由清代北京中轴线上的前门大街珠市口起笔，大街车水马龙，两侧店铺鳞次栉比。右下角隐现柏树丛中的为天坛祈年殿，画面中的前门大街沿左下方向右上方经华丽醒目的正阳门五牌楼，入正阳门、大清门、天安门、端门至紫禁城。正阳门五牌楼与正阳门、大清门、天安门、端

图4-3　清　徐扬　绢本彩绘《京师生春诗意图》

门依次展开，中轴线结束于画面右上方积雪的景山，景山五亭亦清晰可辨。而中轴线两侧，不论前门一带的商铺民宅，抑或大清门至午门之间御街两侧的各部衙署、左祖右社，紫禁城外的皇城建筑群、西苑三海，均描摹得细致入微。《京师生春诗意图》将全部建筑群及山川罩以晶莹的白色，一派银装素裹之意境。[①]

　　需要补充的是，在构图上《京师生春诗意图》还大胆地尝试运用了西洋焦点透视画法，但又不拘泥于外来画法，比如画幅右下角的天坛祈年殿，按焦点透视画法无法纳入画中，但画家却巧妙地将其移入，使画意更加完整。又在一些地方增添了云雾，既节省了不少笔墨，又造成虚实的对比，使画幅在借鉴欧洲画法的同时又保持典雅的

---

① 王南：《古都北京》，北京：清华大学出版社，2012年，第385页。

民族风格,成为欧洲焦点透视画法与传统界画相结合的作品。[1]

1. 纵横交错的大街小街

元大都是元朝统一全国后规划设计的新都,明、清两代统治者均对宫城和皇城大兴土木,而对全城的街道系统未做大的改变,元代的街道因而得以保存。现在北京内城东西长安街以北的街道基本上是元大都的旧街。北京内外城的街道格局,以通向各个城门的街道最宽,为全城的主干道,大都呈东西、南北向。通向各个城门的大街,也多以城门命名,如长安大街、崇文门大街、宣武门大街、西长安街、阜成门街、安定门大街、德胜门街等。被各条大街分割的区域,又有许多街巷,但主要街巷都是南北走向的,典型的胡同都是东西走向,且平行排列的。按照清代的律令,沿街房屋必须连接整齐,不许任意拆卖。晚清以后,旗民需要拆卖房屋济急,才放松了限制,准许拆卖沿街房屋,但必须用墙连接整齐,因而街巷胡同整体面貌规矩齐整。[2]

北京的街巷胡同名称与分布有一定的规律。天安门广场左右两翼的东西长安街——取名于明清宫廷广场的东长安门和西长安门。新中国成立后长安街拓宽并延长,从而形成了一条横贯全城的新轴线,成为北京城仅次于南北中轴线的第二条主线。[3]除了东西长安街与中轴线上的前门大街外,其他街巷胡同多与天地日月山河井池等相关,如天坛路、日坛路等,与方位相关的如东四、西四、前门、左安门、右安门等。[4]与作坊相关的,如琉璃厂、营造库、珠宝市、织染局、打磨厂、弓箭大院等;与衙署府第相关的,如西什库、府学胡同、贡院胡同、兵马司、武定侯胡同等。此外,还有与飞禽走兽、花木果蔬、寺

---

[1] 王朝闻主编:《中国美术史:清代卷》(上册),济南:齐鲁书社,2000年,第216页。

[2] 北京燕山出版社编:《京华古迹寻踪》,北京:北京燕山出版社,1996年,第307页。

[3] 侯仁之:《侯仁之燕园问学集》,上海:上海教育出版社,1991年,第146页。

[4] 杨庆茹主编:《帝都遗韵 走进北京文明》,哈尔滨:黑龙江人民出版社,2006年,第47页。

庙集市等相关的，如虎坊桥、驴市大街、马甸、花园路、芳草地、椿树街、木樨地、羊市胡同、米市胡同、煤市胡同、鲜鱼口、护国寺街、正觉寺胡同、观音寺胡同、方居寺胡同、隆福寺街、宝禅寺街等。[1]随着时代的变迁与北京现代化城市建设的发展，诸多街巷名称已湮没，但绘画中仍可以看到其诸多遗存的图像。

根据《京师五城坊巷胡同集》的统计，早期北京内、外城及附近郊区，共有街巷1264条，其中胡同457条。居民区仍以坊相称，居民住宅就是典型的四合院。自明代以来北京的坊、街、巷、胡同多有变迁和易名，但大体沿袭明代规模并经过民初传承下来。如围绕着中轴线及紫禁城形成了北京几条主要大街，如东西长安街、前门大街、王府井大街、北池子大街以及崇文门大街等。

东西长安街

东西长安街位于天安门前。天安门最早建于明永乐十五年（1417），原名承天门，意为"承天启运，受命于天"，是一座三层重檐的木坊。清顺治八年（1651）重建为宽九楹、深五楹的重檐歇山顶城楼，意为"九五至尊"，清统治者对"安"与"和"的策略非常重视，所以改名为天安门，是帝王颁诏举行庆典的地方。（图4-4）

天安门前原是一个大广场，三面各围以宫墙。东、西、南三面各有一门，南门叫大明门，清朝改称大清门，民国时又改称中华门。东门叫长安左门，西门叫长安右门。大清门除太后、

图4-4 《唐士名胜图绘》中的天安门（源自王南著《古都北京》）

---

[1] 贺海编：《燕京琐谈》，北京：人民日报出版社，1983年，第66页。

皇帝舆驾出入外，只有皇后大婚日由此门进，文武状元传胪后由此门出，其他官员一概不许走这个门。东、西长安门也只供办事的官员行走。这里平时由护军层层把守，严格禁止百姓经过。1911年辛亥革命帝制被推翻，社会大众强烈呼吁开放东、西长安门，以利东、西城的交通；要求开放天安门广场，以便游览集会。北洋政府在公众的压力下，1912年将中华门与东、西长安门的石栏拆撤，清理了道路，安置了路牌。1913年东、西长安门正式开放通行，天安门广场也随之开放，但天安门、中华门还紧闭未开。后来随着城市交通发展的需要，才将东、西长安门拆掉。[1]赵锡山[2]的水彩画《天安门广场鸟瞰图》（图4-5），展现的是20世纪50年代的天安门、东西长安大街及天安门广场，画面中广场南端的中华门仍在。

图4-5　赵锡山　水彩画《天安门广场鸟瞰图》

旧时的长安左门和长安右门位于天安门前，当时的长安街并不宽，只有东西三座门的宽度（图4-6）。天安门至中华门为石板御道，东西两侧有长排的房屋。新中国成立后，为拓宽长安街，1952年开始

---

[1]　蔡磊主编：《中国通史》10，长春：时代文艺出版社，第3839页。
[2]　赵锡山，1942年出生于北京，长期生活于前门附近的鲜鱼口，学生时代喜欢绘画，但高考时阴差阳错读了外语专业，毕业后中学英语教学之余，将自己幼年时对北京城的记忆，通过自学的水彩画的形式展现出来，著有《昨日重现：水彩笔下的老北京》一书。

陆续拆除了长安街上的长安左门、长安右门，后为庆祝新中国成立十周年，天安门广场进行了大规模的扩建。东侧建起了中国革命博物馆和历史博物馆，西侧建起了人民大会堂。至此东西长安门及南边的中华门三座门全部被拆除。

图4-6　赵锡山　水彩画《长安街及东西长安门》

前门大街

明清时期，皇帝出城赴天坛的御路称正阳门大街，俗称前门大街，一直沿用至民国。新中国成立后，1965年正式定名为前门大街。前门大街数百年人气兴旺，商贾云集，寸土寸金，是商家旺地。赵锡山的水彩画《正阳门鸟瞰图》（图4-7），展现的是20世纪50年代初北京前门及周边的景观。中心线从北至南有中华门、正阳门城楼、前门箭楼、正阳桥、五牌楼，东西向有老城墙和护城河。近处是西河沿建筑群，岸边有广告牌，远处有老北京火车站和当时最大的邮政局。正阳门左右两侧各有一座古建牌坊，是当时的兵营，新中国成立后，东边的改作公共汽车前门总站。①

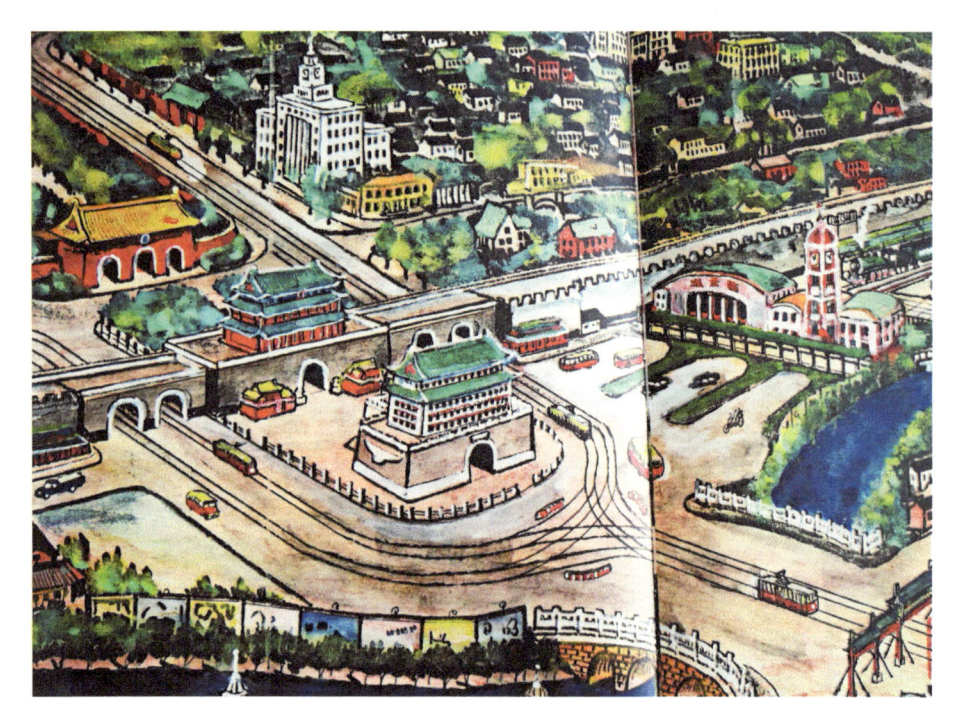

图 4-7　赵锡山　水彩画《正阳门鸟瞰图》

在赵锡山的水彩画《前门南大街》(4-8)与《前门大街夜景》(4-9)中，画家曾在其画册前言中记述道："前门大街南北宽窄不一样，北段宽，到了大栅栏口之后街面就变窄了，宽的地面用来停放小汽车。大栅栏口的对面就是鲜鱼口。图中的电车线东边比较窄，其一侧的商铺有庆林春茶庄和通三益食品店，还有个肉食店，通三益食品店的后面还有50年代建的广和剧场，它不在街边，而是在肉市里头。"②

---

① 赵锡山:《昨日重现：水彩笔下的老北京》，北京：北京日报出版社，2017年，第6页。
② 赵锡山:《昨日重现：水彩笔下的老北京》，北京：北京日报出版社，2017年，第8页。

图 4-8 赵锡山 水彩画《前门南大街》

图 4-9 赵锡山 水彩画《前门大街夜景》

珠市口

　　位于前门外的珠市口，明代是生猪交易市场，后猪市谐音变为珠市。此后这里逐渐商业兴起，形成了一条繁华的商业街。有名的天寿堂饭庄、德寿堂药铺、大和恒粮店、开明戏院、华北戏院、清华池澡堂等都在这条街上。2001年，两广大街拓宽，许多商家迁走了，但德寿堂药铺留下来了。赵锡山的水彩画《珠市口十字路口》（图4-10）中，前门大街和东西珠市口大街的交叉点，是老北京非常繁华的一个商业点。这一片没有高楼大厦，都是小门脸，卖鞋、卖帽子的等应有尽有。据画家文字介绍，图中右侧的水果店旁边，在地上矗立着一个很高大的水泥杆，然后把警察岗楼安在上面，警察是在岗楼里面居高临下地扳动红绿灯，那时候的红绿灯还不是电动的。

图4-10　赵锡山　水彩画《珠市口十字路口》

王府井大街

　　王府井大街，南起东长安街，北至东四西大街。元代称丁字街，明永乐十五年（1417）在街东侧修建了十王府后，改称十王府街或王府街，后因街西有一甜水井，故名王府井。王府井是北京最有名的商业区，明朝时期这里出现了中国最早的商业活动，明清时期东安市场逐渐形成，后来成为北京首屈一指的繁华之地，聚集了东来顺、同升和、盛锡福、全聚德等数十家老字号。从晨光熹微到暮色苍茫，王府井大街总是人头攒动，喧嚣繁华，展现了北京城的另一种韵味。1996年，王府井大街进行改造，成为北京第一条商业步行街，街上不但保留了百货大楼、东安市场、工美大厦等老字号，还新增了东方广场、乐天银泰百货等现代化商场，形成了怀旧与时尚并存，老旧与新潮交替的商业街区。画家庄重[①]的油画《热闹的王府井》（图4-11），画面

图4-11　庄重　油画《热闹的王府井》

[①] 庄重，1972年生于南京。1995年毕业于南京艺术学院，获学士学位。2003年毕业于中央美术学院油画系首届高级研修班。现为北京画院专职画家、国家一级美术师、中国美术家协会会员等。

中现代与传统建筑、中式与西式建筑并峙大街两侧，往来不绝的游人徜徉在大街上。虽然是冬日，但在极具透视感的构图中，大街在两侧建筑暖色调的烘托下，在晴空中蓝天白云的映衬下，厚重的历史中洋溢着新的生机和朝气。

北池子大街

北池子大街位于故宫东侧，北起五四大街，南至南池子大街北端，南北走向，全长921米。元代属宫苑之地，明、清属皇城。清乾隆时称北长街，光绪时称东华门外北长街，俗称北池子，1949年后称北池子大街。明清时期南、北池子大街两侧分布着许多为皇家服务的衙署、机构、仓库，有鹰房、狗房、豆腐坊、御马圈、缎匹库、门神库、武备院等，以及为皇宫祈祷风调雨顺所建的宣仁庙、凝和庙等，现在北池子大街红墙绿树掩映，环境清幽，路两侧的槐树为民国时期栽植，树龄达70多年。[1]况晗[2]的铅笔画《北池子大街》（图4-12），生动地展示了雪后其树木枝丫繁密的景象。画家通过扁宽的铅笔速写线条，来表现建筑、树木、道路和人物等的不同形态与质感。其中不乏素描的结构造型、色彩光感和色阶的变化，笔笔到位，把握精准。黑白灰的画面中有中国水墨画的意境和传统，又有西方写实画风的虚实交融。特有的笔触情绪饱满地描摹胡同景物力道正好，一笔一笔沉稳叠加，如同磨砖对缝的建筑工艺严谨有序，线条交代得清清楚楚、流畅自然，线与面构成的空间感释放出一种奇妙的节奏、律动和张力。[3]

北京的街道布局，有着鲜明的京都特点，围绕紫禁皇城，层层外延，次第为大街、小街、大胡同、小胡同、城墙根，每一种街坊都是一种典型，都具备某种特色。大街往往是府第机关和大商业的集中地，小街则是小商业的麇集处，直接为大胡同和小胡同的居民服务，如东四的米市大街、崇文门大街、朝阳门南小街、烟袋斜街、后海、

---

[1] 东城区文化文物局编：《北京市东城区文化文物志》，第252页。

[2] 况晗，1961年出生于江西宜丰，1989年毕业于南京师范大学美术学院，后分配至北京中国石化出版社任美术编辑，中国美术家协会会员。

[3] 彭俐：《行走京城》，北京：北京日报出版社，2016年，第322页。

三里屯酒吧街等。

图 4-12　况晗　铅笔画《北池子大街》

米市大街

米市大街位于东四南大街南段，也就是金鱼胡同东口至灯市口大街东口一段。米市大街是一条比较古老的街道，早在明清时就是北京商业金融发达之地，有米市、灯市、驴市等，店铺很多，生意兴隆。其中一段因街道两侧以米市居多而称"米市街"，又称"米市大街"，1947年整顿地名时并入东四南大街，此后只留下"米市大街"地名。当代画家王大观的国画《旧京环顾图》（图4-13）中描绘的米市大街，街上车来人往，有轨电车拖着大辫子摇晃着前行。两侧店铺林立，有大明眼镜店、大饭馆、基督教青年会、公懋汽车行、日本扶桑馆，加上西侧的协和医院等，华洋杂处的景观展示了米市大街与众不同的特点。

图 4-13　王大观　国画《旧京环顾图》中的米市大街

崇文门大街

崇文门即文明门，俗称"哈德门""海岱门"。元朝的文明门，在当时又叫哈达门。《日下旧闻考》引《析津志》说："哈达大王府在门内，因名之。"哈达大王为何许人，已不可考。"哈达"又讹传谐音为"哈大""哈德"，直到新中国成立前还有哈德门牌香烟。谭涤夫的油画《华灯初上——崇文门地区的现代景观》（图4-14），展示的是今日崇文门大街的繁华新貌，笔直宽阔的大街，鳞次栉比的高楼，临街还保存有昔日高低错落的民居商铺等。新旧变化中的崇文门大街，已今非昔比。

图 4-14　谭涤夫　油画《华灯初上——崇文门地区的现代景观》

朝阳门南小街

朝阳门南小街位于老东城区的东南部，南起长安街，北到朝阳门内大街，因为地处朝阳门内大街的南侧而得名。早在元朝时南小街为沟渠，明渐成街巷称南小街。南小街的南段在清朝时期属于镶白旗的范围，这一段的东面是贡院，明清时期各地的举人来京应试的时候多住在这里，南小街日趋繁华。如《旧京环顾图》（图4-15）中的朝阳门南小街街景。

图4-15　王大观　国画《旧京环顾图》中的朝阳门南小街

烟袋斜街

东起地安门大街，西到小石碑胡同，它是一条古老的街道，在明朝时代称"打鱼厅"斜街，因当时管理后海捕鱼渔政事务的官衙设在斜街里。清朝初年称鼓楼斜街，清朝末年始称烟袋斜街。斜街里有一家非常显眼的专营烟袋的铺子，在铺前面吊一个木质的三四尺长的大烟袋幌子，因此烟袋成了斜街的名称。后来烟铺、烟袋消失了，但烟袋斜街的名称一直保留到现在。[①]今天的烟袋斜街以其遗存的旧日风貌，不仅吸引了众多游客的关注，也成为艺术创作表现的题材之一。如王路的油画《冬夜——烟袋斜街》（图4-16），虽然是隆冬时节，夜色下的烟袋斜街仍灯火通明、游人不断。古色古香的建筑，穿行于街巷的黄包车，仿佛时光倒流、昔日重现。

---

① 方砚著绘：《回望古城》，北京：东方出版社，2012年，第73页。

图4-16 王路 油画《冬夜——烟袋斜街》

三里屯街

三里屯因明清时期距内城三里而得名,广义范围泛指左家庄、朝外大街、呼家楼、麦子店周边地域。自20世纪60年代起,开始在该地域内建设使馆区和外交公寓群,这里逐渐发展成为驻华外交人员聚居、购物和外事活动的重要区域。其中的三里屯酒吧街,是北京最早形成的酒吧街,是北京夜生活主要场所之一,现在已经成为国内外知名度颇高的饮食文化特色街。三里屯酒吧街,紧邻70多家驻华使馆和多个国际机构、外国商社及涉外酒店等,同时还地处燕莎商业区、东二环商务带和CBD商务中心三大商圈的范围。张武的油画《三里屯之夜》（图4-17），展现夜色中酒吧街上都市一族的休闲与惬意。

图4-17　张武　油画《三里屯之夜》

2. 规整变化的巷陌胡同

在北京城众多的街巷胡同中，有一些非常著名且极具特色的巷陌及其胡同，如鼓楼大街及其胡同、锣鼓巷与菊儿胡同、南豆芽胡同、礼士胡同、崇贞观大街与大施兴胡同、西兴隆街和南深沟胡同，以及北京拐弯最大的九道湾胡同和最长的胡同东交民巷等。

鼓楼大街及其胡同

钟鼓楼起源于汉代，史籍记载汉代已有"天明击鼓催人起，入夜鸣钟催人息"的晨鼓暮钟制度。到了唐代，"晨钟暮鼓"作为一项制度正式固定下来。位于北京南北中轴线最北端的钟鼓楼拥有700多年历史，这里曾经是元、明、清三代的报时中心。鼓楼大街包括旧鼓楼大街、鼓楼西大街和鼓楼东大街。其中前二者是刘秉忠奉忽必烈之命规划大都时，按照《周礼·考工记》中"左祖右社，前朝后市"原则设计的遗存。元代鼓楼名"齐政楼"，曾坐落旧鼓楼大街的南端，后塌毁。明代把鼓楼建在了元代鼓楼的东侧。清末因明代鼓楼已是旧鼓楼，其所在位置的大街故称旧鼓楼大街。而鼓楼附近的什刹海自西北向东南斜卧在元大都大内的北部，顺着水域漕运的走势，当时被规划成的斜街，即现在的鼓楼西大街，与鼓楼前后的市场连成一片，成为前朝后市中的后市。[①]（图4-18）

图4-18　况晗　铅笔画　鼓楼大街

在鼓楼两条老街之间遗存着诸多的庙宇胡同等，如况晗的铅笔画中的大小石桥胡同、张旺胡同（图4-19）、国旺胡同（图4-20）、豆腐池胡同（图4-21）、铸钟胡同（图4-22）等。

[①] 陈溥、陈晴编著：《皇城遗韵：西城》，北京：中国社会出版社，2009年，第1页。

图4-19　况晗　铅笔画　张旺胡同

图4-20　况晗　铅笔画　国旺胡同

图4-21　况晗　铅笔画　豆腐池胡同

图4-22　况晗　铅笔画　铸钟胡同

钟楼位于中轴线的最北端,和它南边的北京鼓楼相距100米。这是古都北京现存的一处著名的古建筑。北京钟楼兴修于明成祖永乐十八年(1420),是在元大都钟楼的旧址上重建的。建成后不久,这座钟楼就在一次大火中被毁了,直到清乾隆十年(1745),才用两年的时间重修了钟楼,这就是遗存今天雄伟壮观的古建筑钟楼。钟楼上悬挂的大铜钟,铸于明代永乐年间,同时兼作报时、报警的工具。在过去尚无高大建筑物的北京城中,钟楼的钟声可以传播数十里。[1]与鼓楼一样,钟楼附近同样也密布着大大小小的街巷胡同等,如谢永增的国画《钟楼旁边的胡同》(图4-23)等。

图4-23　谢永增　国画《钟楼旁边的胡同》

锣鼓巷及其胡同等

　　锣鼓巷位于北京的中轴线东侧的交道口处,它北起鼓楼东大街,南至平安大街,全长786米。锣鼓巷可以说是北京城最古老的街区之

---

[1] 谢宇主编:《结构奇巧的楼阁建筑》,天津:天津科学技术出版社,2012年,第22页。

185

一，它与元大都同期建成，距今已有700多年的历史。因为它地势中间高，南北低，像一个驼背的人，因此在旧时又叫罗锅巷，直到清乾隆十五年（1750）清政府在绘制《京城全图》时，才将其改名为锣鼓巷，锣鼓巷以南北划分为南锣鼓巷（图4-24）与北锣鼓巷（图4-25）。

图4-24　况晗　铅笔画　南锣鼓巷

图4-25　况晗　铅笔画　北锣鼓巷

遵循"左祖右社，前朝后市"的城市格局修建的南锣鼓巷，是元大都"后市"的主要组成部分，一度非常繁华。南锣鼓巷西侧的8条胡同分别是福祥胡同、蓑衣胡同、雨儿胡同、帽儿胡同、景阳胡同、沙井胡同、黑芝麻胡同、前鼓楼苑胡同；东侧的8条胡同分别是炒豆胡同、板厂胡同、东棉花胡同、北兵马司胡同、秦老胡同、前圆恩寺胡同、后圆恩寺胡同、菊儿胡同。在这些胡同里有王府贵地，亦有名人故居，如炒豆胡同的77号院是清代僧格林沁王府的一部分，棉花胡同是中华民国代理国务总理靳云鹏的旧宅，雨儿胡同13号院曾居住过中国一代画坛巨匠齐白石，后圆恩寺胡同13号则是大文豪茅盾的故居，后圆恩寺胡同7号曾经是清代庆亲王次子载扶的府第，后来又是蒋介石来北京的落脚处。正是因为这些胡同和胡同里居住过的名人，让这一条看似简单而又古老的街区，曾一度被称为老北京城的"富人区"[①]。况晗的铅笔画中的《东棉花胡同》（图4-26）描绘的便是昔日富贵景象。

图4-26 况晗 铅笔画《东棉花胡同》

今非昔比的菊儿胡同，东起交道口南大街，西至南锣鼓巷，全长

[①] 刘啸编著：《老北京记忆》，北京：当代世界出版社，2017年，第242页。

图4-27 徐光聚 国画《菊儿胡同》

438米。菊儿胡同在明朝时称局儿胡同，清朝时属镶黄旗，在乾隆年间又叫"桔儿胡同"或"橘儿胡同"，宣统时改为现名。菊儿胡同的3号、5号、7号院是清直隶总督大学士荣禄的府第，后来的7号院还曾做过阿富汗的大使馆。从1978年开始，由吴良镛先生领导的清华城市规划教研组对北京市旧城整治开展了一系列的研究，菊儿胡同41号院作为试点，根据"有机更新"的城市规划理论，保留了有历史和文化价值的建筑，拆除破旧危房，逐步过渡，既延续历史文脉，又形成有机的整体环境，由此突破了北京传统四合院的全封闭结构。院落掩映在保留的原有树木之间，结合新添的绿化小品，构成良好的公共"户外客厅"，可以说菊儿胡同改造工程对北京四合院住宅的有机更新是一次成功的尝试。1992年菊儿胡同改造工程一举夺得亚洲建筑协会的"亚洲建筑金奖"等。如今改造后的景象也出现在画家徐光聚国画《菊儿胡同》（图4-27）中。

九道湾胡同

九道湾胡同顾名思义，以拐弯多著称，胡同位于西城区东部，东口与铺陈市胡同相连，西口从校尉营胡同通出，全长约390米，是目前北京拐弯最多的胡同。从东到西的300多米的长度里，直弯、急弯、斜弯、缓弯比比皆是，可谓弯连弯、弯套弯。九道湾胡同的名称来自胡同有9个90度的拐弯，其实按地砖线划分，从东西数有9个直弯，4个斜弯、缓弯，其他细小的微弯忽略不计，共13个弯。[①]九道湾胡同给生于斯长于斯的人们留下了难以忘怀的记忆，如画家金连经的国画《九道湾留下多少童年的欢乐》（图4-28）。

图4-28　金连经　国画《九道湾留下多少童年的欢乐》

---

① 马兰主编：《老北京的传说　耀世典藏版》，天津：天津人民出版社，2015年，第180页。

南豆芽胡同

　　位于北京市东城区朝阳门内大街北侧的南豆芽胡同，明代属思诚坊管界，清代属正白旗辖区。南豆芽胡同旧称南豆芽菜胡同，清《京师坊巷志稿》记载，南豆芽菜胡同周边还有北豆芽菜胡同、豆瓣胡同、豆身胡同。乾隆十五年（1750）《京师全图》标注这一带还有中豆芽菜胡同、豆须胡同、豆嘴胡同。这么多的胡同名称都与"豆"有关，因此有人推测这一带早年应有多家生产豆腐和豆芽的作坊。作家金庸先生曾将南豆芽胡同写入武侠小说《鹿鼎记》，小说第十三回写道"请天地会青木堂香主韦小宝，率同天地会众位英雄同去赴宴，就是今晚，是在朝阳门内南豆芽胡同"[①]。南豆芽胡同如今已被拆除，昔日旧影还能在画家况晗的铅笔画《南豆芽胡同》（图4-29）中找到。

图4-29　况晗　铅笔画《南豆芽胡同》

[①] 张立宪主编：《读库》，北京：新星出版社，2008年，第106页。

190

礼士胡同

　　遗有刘墉故居的礼士胡同，位于东城区东南部。胡同东起朝阳门南小街，西至东四南大街，南有支巷通演乐胡同、灯草胡同，北有支巷通前拐棒胡同，属朝阳门街道办事处管辖。礼士胡同是京都小有名气的里巷，"礼士"二字让人想起"礼贤下士"这个成语，是很文雅的名称，其实，在明清时代，这里是贩卖驴骡的市场，叫"驴市胡同"，后依谐音改称之"礼士胡同"。礼士胡同的刘墉故居，在清末为军机大臣世续宅第的一部分，他家的前门在灯草胡同，后门在礼士胡同。[①]如况晗铅笔画《礼士胡同》（图4-30）中昔日的风貌与景象。

图4-30　况晗　铅笔画《礼士胡同》

崇贞观大街与大施兴胡同等

　　崇贞观大街是鲜鱼口大街中偏东的一段，西起当时的梯子胡同，

[①] 北京市政协文史资料委员会编：《北京文史资料》第六十三辑，北京：北京出版社，2001年，第274页。

191

东接西兴隆街,长约150米。这里虽然不如鲜鱼口热闹,却是商住相融的宜居地段。此段街道北侧商铺较多,从西数起,有四条食品店、粮店、面馆、绸布店、铁铺等,其中二层小楼曾为水果店。偏西路北是一座庙,为崇真观,这也是此街的名称来源。此街的交叉胡同,北有小观胡同、大施兴胡同,南有高庙胡同,远处还有小施兴胡同、高井胡同、南扁担胡同等,如此多的胡同,可在赵锡山的水彩画《崇贞观大街和大施兴胡同鸟瞰图》(图4-31)中鸟瞰欣赏。

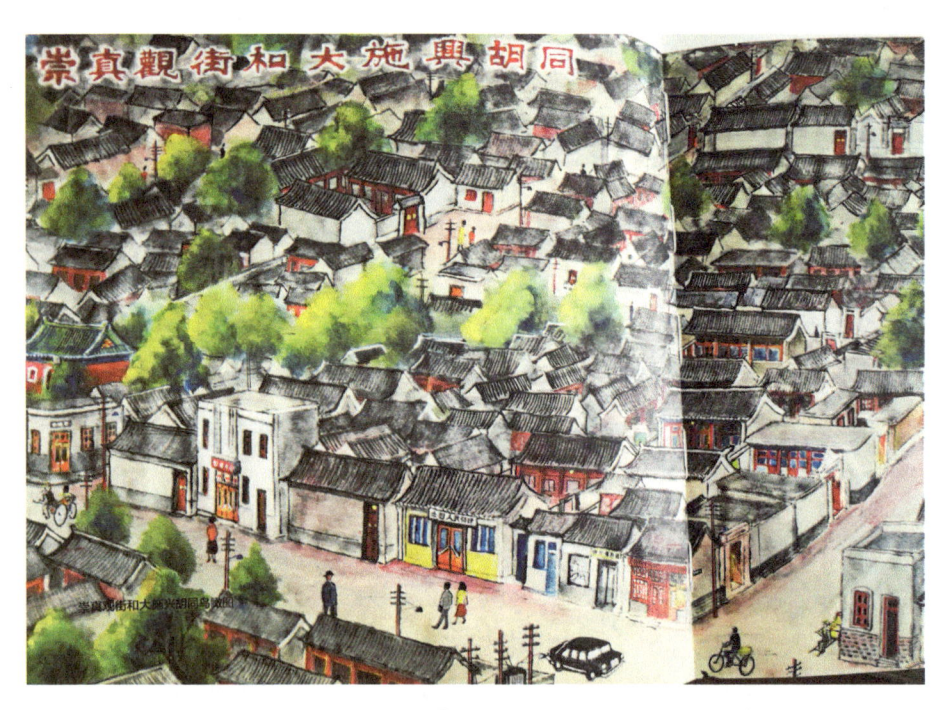

图4-31 赵锡山 水彩画《崇贞观大街和大施兴胡同鸟瞰图》

赵锡山水彩画《西兴隆街和南深沟胡同》(图4-32)为《崇贞观大街和大施兴胡同鸟瞰图》的姊妹篇。这是一处丁字街,向右为西兴隆街,向上为南深沟胡同,向左则属崇真观街,东北角是一座教堂,一层为大厅,二层为住所,教堂门上有"救世军"字样。图中较大的楼房,是新中国成立后兴建的北京市第十五中女子中学,之后改为前门区第二中心小学分校,后又改为北京市第十五中学分校。南深沟南段多为民居，北段西侧有几家饭馆。

图4-32　赵锡山　水彩画《西兴隆街和南深沟胡同》

东交民巷

东交民巷与长安街平行相望，东临崇文门大街，西接北新华街，全长6.5里，只比长安街短1.5里，是北京城最长的街巷。东交民巷在明代时叫作东西江米巷，当时江南的粮米通过河道运输至都城，卸下的粮食都在此地储存，故而这条巷子叫作江米巷。后来为了建设棋盘界，江米巷被划分为两部分，即东江米巷和西江米巷。随着时间的推移，江米巷逐渐演化成了交民巷，东、西江米巷就变成了东交民巷和西交民巷。明清两代的"五府六部"都设在东交民巷，巷内建有接待外国人的四夷馆和会同馆等。到20世纪70年代，东交民巷一直是中国的使馆区，如画家马冰的油画《昔日的东交民巷》（图4-33）。西交民巷是北京城晚清之后100年以来最著名的金融街，巷内两侧曾建有众多商号、银行，如中央银行的北平支行、中国农业银行以及北洋保商银行等的旧址均在此地。[①]谭涤夫的油画《西交民巷》（图4-34）中，今日仍然能看到西交民巷民国时期的建筑遗存。

图4-33　马冰　油画《昔日的东交民巷》　　　　图4-34　谭涤夫　油画《西交民巷》

[①] 墨非编著：《流传在老北京胡同里的趣闻传说》，北京：中国华侨出版社，2015年，第10页。

二、府第民居

四合院是北京建筑的灵魂。四合院作为老北京主要的民居样式，其历史最早可以追溯到元代，元大都的城市格局和纵横的道路网格组成的城市"里坊"式的居住区体系，奠定了北京四合院民居发展的基础。至明、清时期，北京民居建筑又有了新的发展。在北京城有大量百姓居住的四合院建筑，逐渐构成城市住宅建筑的主体，其中包括官商府第式的大宅门和平民百姓的小院落。新中国成立后，20世纪60年代中期随着"变消费城市为生产城市"的首都经济发展指导方针，北京在郊区大规模地建设现代化工业基地，带来了大量人口的迁进和住房压力。至20世纪80年代人口与居住矛盾已达到难以调和的地步，出现了民居中在房间里打隔断、在院子中搭自建房的情况，大量昔日齐整的四合院，慢慢地蜕变为后来拥挤的大杂院。[1]

1. 府门宅第与民居院落

北京传统民居中的四合院，一般是由北面正房、南面倒座、东西厢房四面合围，再用卡子墙连接起来的封闭式院落。大到独门独户的"大宅门"，小到"大杂院"，即便是富丽巍峨的紫禁城，皆为一座座四面围拢的四合院。民居中四合院的建筑严格遵照封建"礼制"，从明代起，便根据主人地位身份的尊卑建造大小不同的院落，有官商府邸的大宅门如恭王府，也有平民百姓的小院落等。

恭王府

恭王府位于什刹海北岸，是60余座清代王府中保存最完整的一个。恭王府原为清乾隆年间的大学士和珅的宅第。嘉庆初年，和珅获罪，其宅大部被抄没，赐予庆王永璘。咸丰年间，咸丰帝又将此宅赐

---

[1] 潘秀明、周宏磊、韩煊：《老旧核心城区地铁建造技术》，北京：中国铁道出版社，2014年，第86页。

予恭亲王奕䜣，奕䜣请造园高手对花园进行了大规模改建，终成一代名园。恭王府分为平行的东、中、西三路，中路的3座建筑是府第的主体，一是大殿，二是后殿，三是延楼。延楼东西长160米，有40余间房屋。东路和西路各有3个院落，和中路遥相呼应。王府的最后部分是花园，20多个景区各不相同。花园的正门，由汉白玉石雕砌，形制仿圆明园中大法海园门所建，西洋拱式风格，如何扬与吴茜的国画《恭王府花园西洋门》（图4-35）。需要说明的是，民国时期恭王府曾被辅仁大学收购后改建为校舍。新中国成立后辅仁大学并入北京师范大学，恭王府成为师大女院。1956年，在北京师范大学音乐系、美术系基础上，通过与相关院校专业拆分、合并等，先后成立北京艺术师范学院、北京艺术学院、中国音乐学院等。发展至20世纪80年代初，恭王府已俨然一座大杂院，府第内有中国音乐学院、中国音乐学院附中、中国艺术研究所、中国文联等单位；花园有公安部宿舍、国管局幼儿园、北京市冷风机厂、天主教爱国会等部门，此外府第花园

图4-35　何扬　吴茜　国画《恭王府花园西洋门》

还住了200多户居民。后在中央领导的关怀下，府内所有单位机构与居民等全部腾退搬出，修复后恭王府作为国家文物古建保护遗址，正式向社会开放参观。

除了恭王府外，其他见诸画端的还有京城艺术家郑希成的钢笔画《京城民居宅院》中的大宅院。这些画不是以建筑师的眼光来作的，也不是建筑实测图，画家通过实地调查，根据历史照片或图像，尽量恢复院落和建筑物的原来风貌。如清绵宜宅第、冯公度故居、梁启超故居、马连良大师故居与赵紫宸等名人的故居等。

清绵宜宅第

清绵宜宅第位于东四四条胡同，该胡同东西走向，东起朝阳门北小街，西止东四北大街，往南可通东四三条，往北可通东四五条。明朝属思诚坊，称四条胡同。清朝属正白旗，沿用四条胡同。《燕都丛考》载《顺天府志》载，东四四条1号、3号、5号院原为清宗室绵宜的宅第。绵宜号达斋，是道光皇帝的本家，曾于同治年间任礼部侍郎，其后代姓金。因系宗室辈分较尊贵，故当地百姓称这里为"皇帝的叔叔家"[1]。郑希成的钢笔画《绵宜宅》（图4-36）中，绵宜宅院坐北朝南，古槐参天，三进院落，非常讲究。西三路，中路即3号院，为三进四合院。一进院内有大门及倒座房数间，东西有小门直入东西小跨院，从垂花门可进入二进院内。有正厅五间，东厢

图4-36 郑希成 钢笔画《绵宜宅》

---

[1] 刘秋霖等：《老北京胡同里的传说》，北京：中国文联出版社，2008年，第82页。

房三间，原来从此处可入东路院花园；第三进院为正房院，北房高大，前出廊后带厦，全院由抄手廊相连，从东厢房廊转角处可入东院，从西厢房廊转角处入西跨院，并通西路院。西路院保存最好，为三进四合院，进门有影壁，过屏门后为四间倒座房，过垂花门，见三面屏门。东西屏门连接抄手廊，将全院连接起来。进二进院有正房三间，带耳房；东西厢房各三间。正房内有硬木落地隔扇。后进院为后罩房六间。[1]

冯公度故居

羊肉胡同73号是冯公度（1867—1948）故居，该宅原为清同治朝状元、光绪朝吏部尚书、宣统朝东阁大学士、曾做过末代皇帝溥仪师父的陆润庠居所。1920年冯公度收购此宅，一直居住到1948年去世。冯公度名恕，字公度，曾任清政府海军部军枢司司长、海军协都统，后创办京师华商第一家电灯股份有限公司，并长期任公司经理。冯公度书法十分有名，当时北京曾有"无匾不恕"之说，留传至今的张一元茶庄、同和居饭庄的牌匾就是冯公度所题，其中"同和居"三个字是他的代表作。[2]郑希成的钢笔画《冯公度宅邸》（图4-37）中，整个建筑坐北朝南，大门外有影壁、上马石和石狮。五进院落，东部前为花园，中为祠堂，后为菜地，西北角为马号，原有房屋130间。建筑多为硬山合瓦顶。现大门已拆除，花园、菜地、马号等处均已建房。祠堂院有垂花门一间，祠堂三间，前带抱厦，东西耳房各一间，东西厢房各三间。西院有倒座房五间，北房三间及东西耳房各二间。后院有垂花门一间，东厢房三间，门道一间，共31间。[3]

---

[1] 北京市社会科学院编：《今日北京·历史、名胜卷》（下卷），北京：北京燕山出版社，1991年，第479页。

[2] 西城区地方志办公室：《北京西城胡同》，北京：方志出版社，2006年，第147页。

[3] 刘季人编撰：《北京西城文物史迹 第一辑》下册，北京：北京燕山出版社，2011年，第164页。

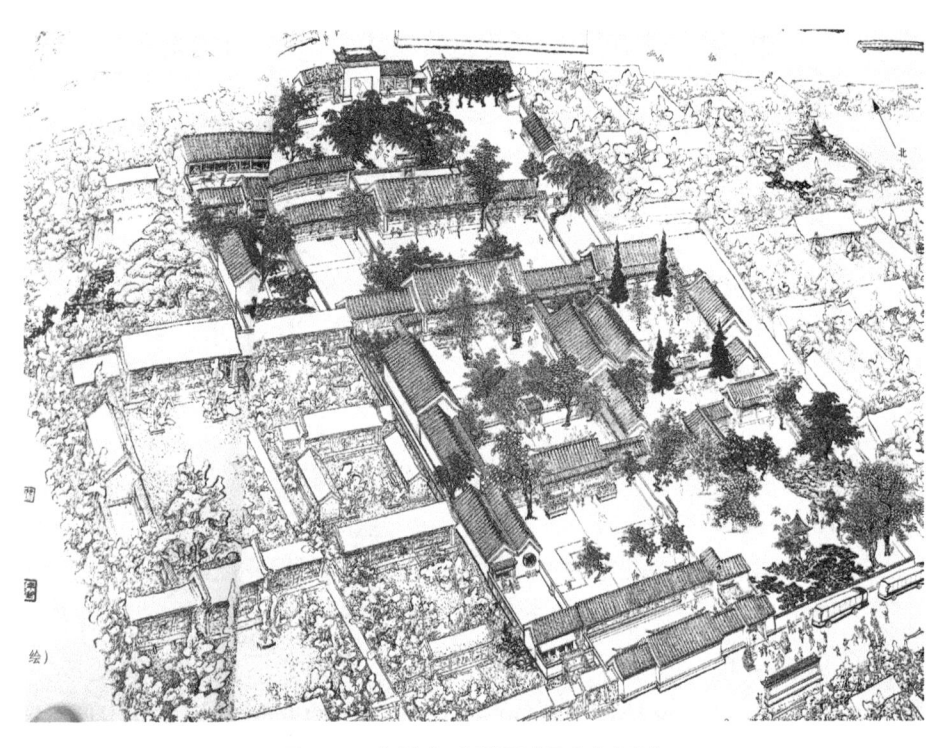

图 4-37　郑希成　钢笔画《冯公度宅邸》

梁启超故居

梁启超在北京的故居位于现在的东城区北沟沿胡同 23 号，为坐西朝东的三进四合院（图 4-38）。大门朝东，院内原有影壁、垂花门及正房、花厅等建筑，均坐北朝南。院内各屋由走廊相连，西部是花园，有土山、花厅和山石。[①]

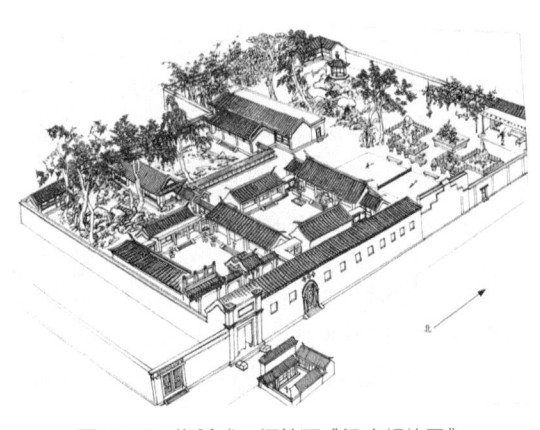

图 4-38　郑希成　钢笔画《梁启超故居》

类似的名人故居还有西城区南宽街 13 号马连良大师故居（图

---

① 郑小英主编：《寻梦古都北京》，北京：中国地图出版社，2007 年，第 85 页。

199

4–39)、东城区美术馆后街22号的赵紫宸故居（图4–40）等。

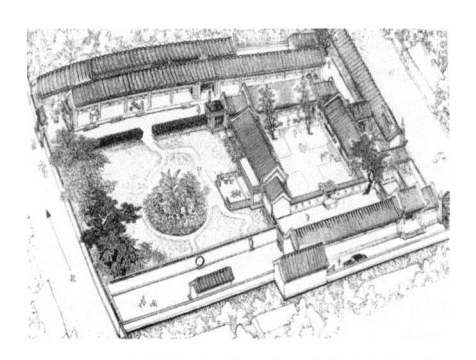

图4–39　郑希成　钢笔画《马连良大师故居》　　　图4–40　郑希成　钢笔画《赵紫宸故居》

  遗憾的是，昔日的宅院经过历史的变迁，许多逐渐演变成大杂院。早先的王府府第或民居宅院多为独门独户的四合院、三合院，院落所居者从单一血统、一个家族、一个家庭，后来逐渐演变成大杂院的多血统、多家族、多家庭的杂居。这种变化的根本原因是历史发展使然，从清顺治皇帝入关以来，北京一直实行满汉分城居住的政策。满族人住内城，汉族人住外城，其住宅多为独门独户，自守一隅，这种居住政策一直持续260多年。1911年辛亥革命后，失去俸禄的旗人为了生活，不得不将自己的房屋出租他人，从最早住一个家庭逐渐发展到了住两家、三家、四家，这些家庭家族疏远，关系复杂。此外，新中国成立以后，随着城市建设及人口急剧膨胀，大杂院的私搭乱建尤甚。[1]昔日宁静平和的宅院，在当今钢筋混凝土的城市森林中，已越来越珍贵和难得，如白羽平的油画《胡同与院落》（图4–41）。

  此后，随着人口的不断增长，生活在大杂院中的住户为了增加居住空间，往往在门檐下、廊道里、天井中搭建各式各样的设施，有的住人，有的储物，有的用作厨房等，从而使得原本齐整的四方院落，变得支离破碎、拥挤不堪。即便是在这样的环境下，也难掩人们对美

---

[1]　常林、白鹤群编著：《趣闻北京》，北京：旅游教育出版社，2007年，第202页。

图 4-41　白羽平　油画《胡同与院落》

好生活的向往，在窗前、檐下外及有限的空间，或盆栽或留出一小方土地来种植各种树木花草，随着四节的变化，风景各有不同，这些都让沉闷的大杂院有了些许生机，如王明明的国画《幽居唐马蕉花小院》（图4-42）。酷夏来临时，在绿荫下赏花、看鸟、拉家常，都是老北京的日常。此外，类似的场景还有李宝善的钢笔速写《打磨厂213号院》（图4-43）。

图 4-42　王明明　国画《幽居唐马蕉花小院》

图 4-43　李宝善　钢笔速写《打磨厂213号院》

2. 西式洋楼与平房高楼

西式小洋楼多为民国时期新派官商住宅，或教会及其大学、医院等为教职员所建的宿舍校舍等。现在遗存的有北京大学燕南园小洋楼、朝阳门内大街81号院，以及早期的一些洋门面的临街商铺建筑等。遗憾的是，目前笔者还未找到绘画中的北大燕南园小洋楼及朝阳门内大街81号院的画作，这里先将其建筑的大致情况予以介绍。

北京大学燕南园小洋楼

燕京大学建校后，由于在城中的校舍局促狭窄，其校长司徒雷登曾亲自勘察，在西郊购置新的校址，开始了大规模的建设。1925年，新校园初具规模，燕京大学迁入新址，但校舍的建设还在持续进行着，先后又购入周边的蔚秀园、镜春园、朗润园等，使校界不断扩大。在燕大的初期建设中，教职员的宿舍区受到重视。燕南园共有16幢住宅，自建成后在这里居住过的，都是历史上有名的人物，如历史学家洪煨莲、翦伯赞，物理学家周培源、饶毓泰，经济学家马寅初、陈岱孙，哲学家冯友兰、汤用彤、冯定，化学家黄子卿，美学家朱光潜，语言学家王力，历史地理学家侯仁之等。[1]

81号院

北京朝阳门内大街81号院有两栋建于20世纪20年代的小洋楼，81号院占地面积约有半个足球场大小，院内东、西两侧各有一座漂亮的三层西洋式建筑。这两座砖石结构小楼，均采用典型的20世纪欧美折中主义风格，地上三层带地下室，顶层有阁楼，覆以法国"蒙萨"式双折屋顶和拱形装饰窗。遗憾的是由于年久失修，目前楼体上长满了密密麻麻的爬山虎。

除了单纯居住使用的小洋楼外，还有临街商铺小洋楼，主要分布在商业繁华的街市两侧，如南城的前门大街、珠市口大街，东城区东四北大街等。如东城区东四四条86号（图4-44）、东城区东四北大街

---

[1] 陈光中：《风景——京城名人故居与轶事》（8），北京：新世界出版社，2003年，第3页。

499号（图4-45）等。这些小洋楼虽然屋顶沿用了传统的样式，但整体造型及门窗等，多使用西式结构及券顶、壁柱等装饰。

图4-44　郑希成　钢笔画《京城民居宅院》中的东城区东四四条86号

图4-45　郑希成　钢笔画《京城民居宅院》中的东城区东四北大街499号

与这些小洋楼形成对比的，是新中国成立后的北京主体民居平房及后来的楼房。其中平房特别是百姓自建平房，所用建筑材料并不统一。有的房子用的是好砖好瓦，有的是碎砖烂瓦，有的用青砖砌成，有的用红砖砌成，甚至二环附近的平房有用当时拆城墙剩下的旧城砖建成。房顶材料差异也很大，好一点的用水泥预制板，差一点的用石棉瓦、水泥瓦，更差一点的用油毡、沥青。[1]回望这些自力更生、因地制宜建造的家园，在时间的流逝中，仍承载着诸多居民对家的幸福感和梦想，如白羽平的油画《静静的胡同》（图4-46）。

随着时代的发展和人口的激增，北京新型的住宅及居住区建设也经历了由低到高，由小到大，由稀到密，生活服务设施从无到有的逐步配套完善的过程。除了大力改造老旧四合院外，兴建了一批应急的平房区外，当时小的住宅楼也纷纷涌现，层数一般为3层和4层。自20世纪50年代到60年代后，层数相应地提高到4层和5层。发展至20世纪60年代至70年代，住宅层数提高到6层，如油画《从住宅区

---

[1] 潘秀明、周宏磊、韩煊：《老旧核心城区地铁建造技术》，北京：中国铁道出版社，2014年，第98页。

图 4-46 白羽平 油画《静静的胡同》

图 4-47 许俊 国画《老北京新民居》

眺望火神庙》（图4-48）中早期居民住宅楼的景象。进入20世纪80年代后，新的住宅楼层数已提高到6层到十几层，当前已普遍达到了20层以上。与此同时，为居民生活服务的设施日益配套。新中国成立初期一般只设托儿所、幼儿园、中小学和副食、百货商店。现在3万人以上的居住区，北京就有公共服务设施60多项，1万人左右的小区，也配备了各项公共服务设施30多项。小至自行车棚、公共厕所，大到影院、儿童乐园、百货公司，居民不出居住区即可满足各种基本生活需要。[①]（图4-49）

天通苑住宅区

在改革的浪潮中，20世纪末至21世纪初，随着北京经济的飞速发展，为

图4-48　油画《从住宅区眺望火神庙》

图4-49　吴银杉　油画《亦庄瀛海名居——小区乐园》

解决城市中心人口快速增长所带来的住宅需求的压力，在城市中心外的通州、大兴亦庄、昌平回龙观与天通苑，以及朝阳望京等，还建有多个超大型的住宅区。如1999年北京市启动了全国乃至亚洲最大的

[①] 北京建设史书编辑委员会编：《建国以来的北京城市建设》，1986年，第171页。

205

经济适用房项目，在昌平区建设能够容纳30万人的回龙观社区。据2010年人口普查数据，回龙观社区全镇现有居住户数12.4万，居住人口32.5万，覆盖40多个社区。[①]与回龙观相邻的天通苑小区，则是北京市第二大经济适用房社区，仅2004年就已入住11万多人口，两个小区的规模化带动了周边商品房的开发，从而形成了以社区为圆心的方圆数公里的辐射居住区，但交通拥堵、上学难、看病难、治安混乱等问题一直困扰着这里的居民。其中2013年的《北京交通发展研究报告》中提到因天通苑出行道路狭窄和有限，导致20万人早晚高峰出门困难。万纪元的油画《天通苑的清晨》（图4-50），展示的是天通苑地铁轻轨开通后，天通苑社区交通出行改善后的新面貌。

图 4-50　万纪元　油画《天通苑的清晨》

望京社区

朝阳区的望京社区由花家地、南湖渠、望京三大居住区组成，共有17个居民小区，地区总人口大约15万。该社区是一个名副其实的

---

① 周敏：《中国城市社区媒体研究》，北京：中国传媒大学出版社，2016年，第139页。

涉外区。据不完全统计，该地区总人口大约15万，韩国人占到近三分之一。在号称"韩国城"的望京地区，有近5万韩国朋友在此生活、工作、经商、居住。韩国人主要聚居在望京西园四区和三区，在此居住的韩国人总数有8000多人，大约能够占到该区内总人口数的80%。[1]如孙纲的油画《都市之光》（图4-51），现代风格的画面，展示了望京新型社区高层住宅破土而出、拔地而起的壮观景象。

图4-51　孙纲　油画《都市之光》

---

[1]　薛岩松、邱法宗主编：《公共管理：案例解读与分析》，北京：中国纺织出版社，2006年，第219页。

第五篇

绘画中的北京市井人物

历史上的北京，曾用名"蓟""燕都""幽都""燕京""南京""中都""大都"等。早在战国时期，地处华北平原北端的燕国都邑蓟，就是通往东北、西北和中原地区的交通要道，商品经济得到了相应发展。秦汉时期，广阳郡治所蓟城为北方重镇，也是这一地区的商品交易中心。隋唐时期幽州城的"幽州市"，发展为商品输入和输出的集散地。辽金时期民族政权分别在北京建都，由于北京地位的提升，来自北方游牧地区的商品和南方中原地区的商品都在这里集聚和扩散。至元代陆路和水运的空前畅通，使得元大都成为中西方贸易的交汇处。明清时期北京的全国中心地位，带动了都市商业繁华，贸易集市日益增多，增建的外城也逐渐形成新的商业区。当时的历史情况，可以从遗存至今的明清绘画《皇都积胜图》与《万寿盛典图》中看出，二者都是反映当时京城商业繁荣、市井人物景象的鸿篇巨制。民国时期北京成为近代铁路交通枢纽，新的商业区街也进一步发展起来，出现了西单、王府井及前门大栅栏地区等商业中心，人群往来熙熙攘攘，车水马龙川流不息，这些都出现在当代画家王大观的《旧京环顾图》和刘洪宽的《天衢丹阙》国画长卷中，这两部长卷还被誉为新时代的"清明上河图"。新中国成立后，随着社会主义经济建设的发展和人民购买力的逐步提高，北京商品流通与市场交易等日趋繁荣，整个社会百业兴旺，百姓安居乐业。[1]北京市民精神面貌、健身娱乐与过去相比，也发生了重大的变化，充满了新时代的自信、活力与朝气。

---

[1] 北京市地方志编纂委员会编：《北京志·商业卷·日用工业品商业志》，北京：北京出版社，2006年，第13页。

一、百业市景

明佚名画家绘制的《皇都积胜图》(图5-1),画面以北京承天门内外的商业活动为主线,描绘了正阳门与大明门之间,最繁华的棋盘街闹市区的景象,到处布篷高张,地摊杂陈,游人如织。行人三两相伴,有执扇文士,有持香贵妇,边走边看,神态各异。除此之外,画面中还展现了京城各阶层的人物和景象,如农夫工匠、行商坐贾、士子艺人、医卜星相、官宦隶卒、边军内侍等,生动地再现了明代皇都北京城的盛况。正如跋文所言"五方辏集,万货波荐",行人车骑则"应接不暇,往来缤纷"。不仅京城内各行各业一一毕现,画面还展

图5-1 明 佚名 绢本设色《皇都积胜图》局部

现了京城的近郊，有很多供各地商人存放货物的货栈和召歇客商的客店。在通往城区的大道上，行人车辆络绎不绝，形成一条肩挑手提、车载马驮的运输线，各种货物被源源不断地运往城区。

描绘北京城整体市井风貌的，还有清宫廷画家宋骏业、冷枚、王原祁等绘、朱圭刻制的《万寿盛典图》，该图是《万寿盛典》一书中的插图。《万寿盛典》主要是记录康熙万寿盛典的文献，全书120卷，书中的第四十一、四十二两卷，全部是插图，展开后形成一幅极为宏伟的长卷。画卷中人物众多，布局有致，镂刻了京城几百个人物与各种热闹的场景，除去皇家的卤簿仪仗外，也把当时北京城内城外的社会生活、形形色色的民间活动和风土人情等，都画了进去。如《万寿盛典图》局部图中所展现的西四大街的商业景象，有街巷、胡同、市场、店铺、商旅、茶楼、酒肆、寺庙、行人、小贩、水井、饮马槽、桥梁、河道、民居等，皆为当时百姓百业生活面貌（图5-2）。其余大的图景

图5-2 清 宋骏业、冷枚、王原祁等绘 朱圭刻制《万寿盛典图》局部

如"慈云寺供奉万寿经""江南十三府戏台""福建等六省灯楼""畅春园大市街"等，人物配景、点缀极为繁华。《万寿盛典图》的整体构图布局虽不能尽合于科学透视的原理，但在传统的俯瞰透视法的基础上，已经更进一步地运用自如。①

1. 传统商铺店肆鳞次栉比

从古至今北京商业繁荣发展与其全国政治文化中心的地位密不可分。乾隆九年的史料记载当时典当、银号、盐店遍布京城，仅当铺就达六七百家。②在南城的前门大街西侧西河沿至大栅栏的商业区，各类商铺、银行、钱庄、饭店、戏院、电影院、住宅、澡堂、茶室等聚集，涌现出众多知名商号，如同仁堂药店、马聚源帽店、瑞蚨祥绸布店、内联陞鞋店和张一元茶庄等。同样，城北地安门外大街、鼓楼大街等，也是商铺林立，商旅兴旺。这些繁荣的景象，都被画家用笔再现了出来。

在被誉为20世纪的"清明上河图"，即刘洪宽③创作的巨型长卷《天衢丹阙》中，画家以宏观的视野和细腻的笔触，生动再现了20世纪三四十年代北京中轴线两侧的市井风貌。其中绘制的前门大街、地安门外大街与鼓楼大街街景中（图5-3），出现的老字号商铺中享有盛名的如瑞蚨祥绸布店、同仁堂中药店、张一元茶庄、内联陞鞋店、马聚源帽店、都一处烧卖馆、亿兆棉织百货商店、全聚德烤鸭店、一条龙羊肉馆、谦祥益绸布店、华北楼饭店、劝业商场、中和戏院、永昌铁匠铺、顺义工具铺、正阳德果品店、南纸店、福云楼酱肉店、通三益食品店等，既有日用百货类，又有餐饮副食类，更多的是各种传统行业铺面，在画卷中鳞次栉比、纷至沓来，令人目不暇接。

---

① 郭味蕖著，张烨导读：《中国版画史略》，上海：上海书画出版社，2016年，第182页。

② 韩忆萍、崔墨卿：《新风旧俗话北京》，北京：光明日报出版社，2007年，第83页。

③ 刘洪宽，1938年出生于河北玉田县。早年在中国画院学习传统绘画，师从吴光宇先生、刘凌沧先生，擅长传统人物画及界画，现为北京美术家协会会员。

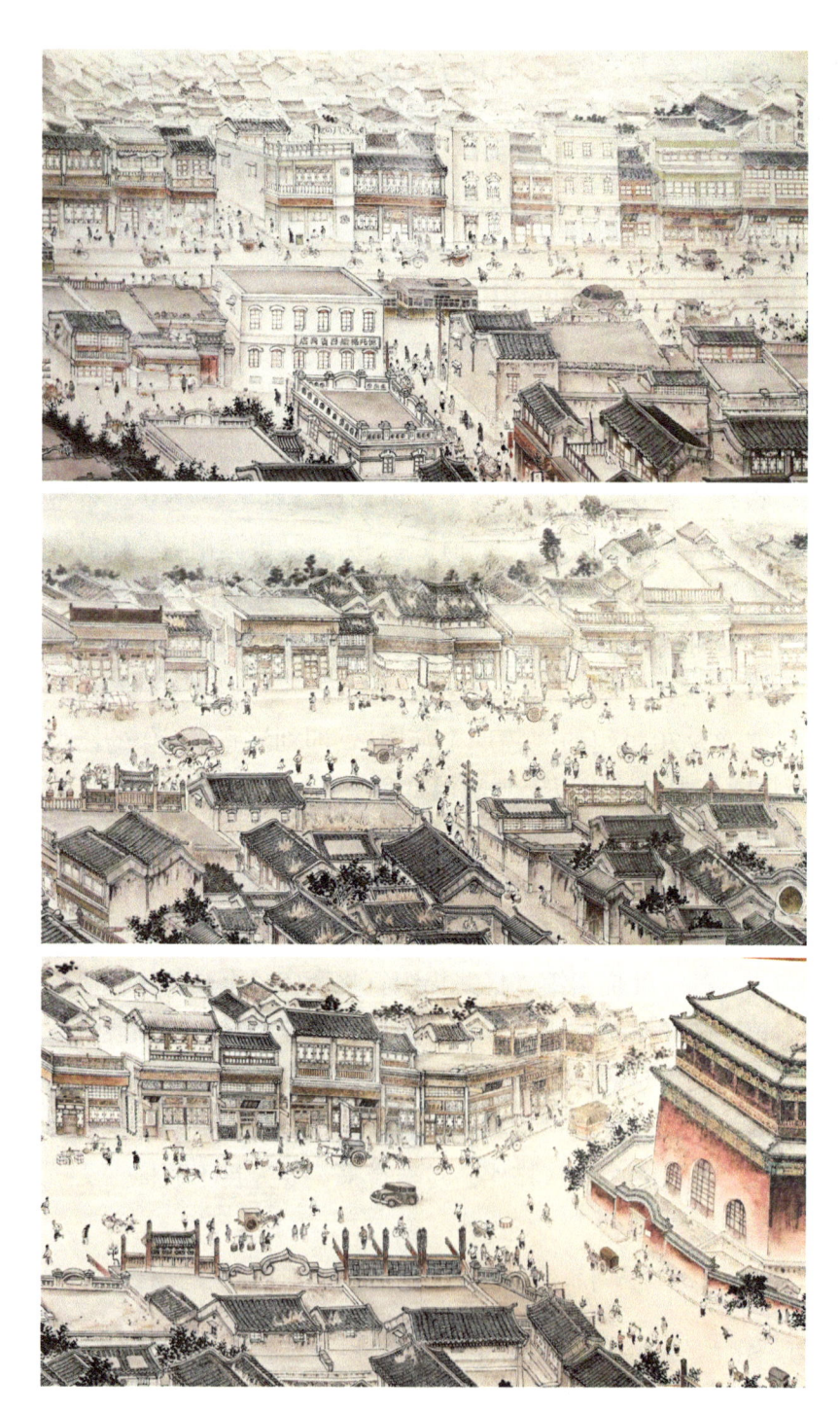

图 5-3 刘洪宽 国画《天衢丹阙》局部

从古至今，北京前门大街一带最繁荣的数商业。在清乾隆年间，前门大街一带，店铺林立，顾客游人车水马龙。到了民国时期，尤其是1937年北平沦陷后，这一带的商业普遍衰败。1949年北平解放后，商铺买卖开始得到复苏。20世纪50年代前门大街店铺东面从北往南有：大北照相馆、正阳德果局、正阳德食品店、永义合乐器店、前门百货商场、庆林春茶叶庄、天盛号酱肉铺、前门修鞋铺、通三益海味店、庆颐堂药铺、力力川菜餐厅、天成斋鞋店、都一处饭馆、正明斋饽饽铺、便宜坊烤鸭店、老正兴上海餐馆、普兰德洗染店、红星度量衡门市部、亿兆棉织百货商店、耀华诊所、前门五金商店等。西面从北往南有：协合祥鲜果店、月盛斋酱牛羊铺、宝兴钟表店、恒泰五金商店、中原照相馆、万昌铜锡铺、振兴诊所、华孚钟表店、庆颐堂药店、恒盛毓瓷铁店、盛锡福帽店、红光理发馆、德义公服装店、大通食品店、谦祥胶鞋店、祥聚公饽饽铺、同益兴鞋帽皮货店、金鱼花木店、前门大街麻绳店、春华泰细瓷店、前门百货店、洪盛兴竹柳瓷铁店等。[①]清人绘《北京店铺图册》与今人赵锡山《昨日重现：水彩笔下的老北京》、刘洪宽的长卷《天衢丹阙》中，展现的百货类店铺有王麻子刀剪铺、布铺、亿兆棉织百货商店、五洲（震寰）帽店、田老泉百货店，以及老字号谦祥益丝绸等。

王麻子刀剪铺和兴发号面铺

清人绘制的《北京店铺图册》中，老字号王麻子刀剪铺和兴发号面铺门脸相连，装修风格一致（图5-4、图5-5）。王麻子刀剪铺是享誉国内的一家老字号店铺。清顺治八年（1651），在北京菜市口出现了一家以经营剪刀火镰为主的店铺，主人姓王，脸上长有麻子，人称王麻子，他专门收购民间打制的剪刀，而且每次都是亲自挑选，严把质量关，坚持看外观，看刃口，看剪轴，试剪刃，试手感。只有经过他检验合格的剪刀，才能拿到柜台上出售。因而这家剪铺很快便以其质量上乘而闻名，各地的客人也纷纷慕名前来购

[①] 王永斌：《话说前门》，北京：北京燕山出版社，1996年，第39页。

买，人们都称这家的刀剪为"王麻子刀剪"，于是这家店也被称为"王麻子刀剪铺"了。[1]

图 5-4 清人绘《北京店铺图册》中的王麻子刀剪铺

图 5-5 清人绘《北京店铺图册》中的兴发号面铺

亿兆棉织百货商店

绘画长卷《天衢丹阙》中的前门大街，还再现了亿兆棉织百货商店（图5-6）的图景等。亿兆棉织是当时前门大街上最大的百货商店，于1935年开店，以经营上海货和日本货为主。其创始人为鲜鱼口内长春堂药铺掌柜的张子余，为扩大经营，他重金聘请了两位经理，并在前门大街路东买下了十几间铺面房，开办了亿兆百货。从上海直接进墨菊牌和狼狗牌线袜、三花牌毛巾、双妹牌雪花膏等，从日本进口爽美人雪花膏、丽德雪花膏、狮子牙粉等，这些品牌北京市只有亿兆一家经销和批发，在当时形成了一种百货市场的垄断，使得亿兆日进斗金。此外，亿兆还将前门众多手工织袜子、毛巾等小作坊收编，为其加工产品。

---

[1] 杨英梅著：《北京老字号活化策略研究》，北京：中国轻工业出版社，2014年，第109页。

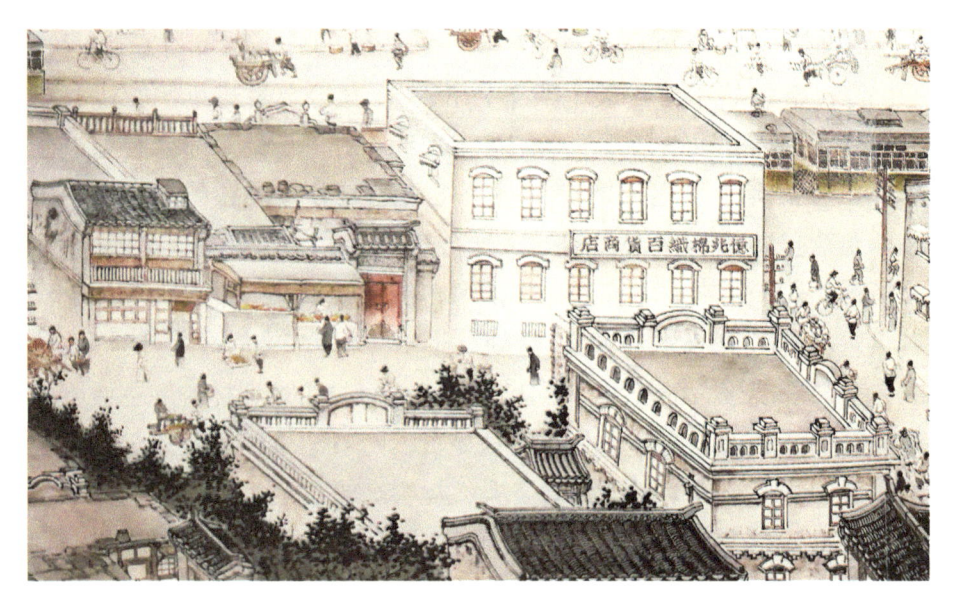

图 5-6　刘洪宽　《天衢丹阙》中的亿兆棉织百货商店

五洲帽店和田老泉百货店

五洲帽店和田老泉百货店位于鲜鱼口西南侧，由于鲜鱼口食品店为前门大街临街房，所以这两家是鲜鱼口街的第一家和第二家商铺。五洲（震寰）帽店专营高档皮帽，田老泉（老黑猴）和杨少泉（少黑猴，在北侧）在当时的民间很有名气，统称为"黑猴"，主要卖四季帽子，也卖百货。两店的面貌在赵锡山的水彩画《昔日重现——水彩画笔下的北京》（图5-7）中可以清晰地看到。

图5-7　赵锡山　《昔日重现——水彩画笔下的北京》中的五洲（震寰）帽店和田老泉百货店

217

谦祥益

　　谦祥益创始于清嘉庆十四年（1809），其经营者秉承儒家以和为贵、以德为美、以谦为范、以诚为本的经营理念，铸就了谦祥益这个品牌。1821年，更名后的谦祥益，将第一家分号设在了北京前门瓮城外东荷包巷内。清末民初，谦祥益达到鼎盛，除北京3家商店、1家织布厂外，还在周村、任丘、上海、济南、天津、烟台、苏州、汉口、青岛等地开设绸布店20余处，形成了一个庞大的谦祥益系统，成为全国规模最大的丝绸布匹店。晚清时期，北京谦祥益的主要服务对象是王公贵族、八旗子弟、达官显贵。随着清王朝的衰落，消费对象变为一些清末的遗老、政党要人、社会名流、新兴的民族资本家和农村的富户。社会名人叶盛章、余叔岩、萧长华、马连良等京剧大师，都曾是谦祥益的常客。①

图5-8　李宝善　《李宝善胡同速写》中的前门老字号谦祥益

---

　　① 韩凝春主编：《商道循之　中华老字号辑录》，北京：中国经济出版社，2016年，第163页。

大明眼镜公司

除了前门大街外，北京的其他大街也有众多各色各样的店铺，大明眼镜公司是1937年由上海亨得利钟表眼镜公司、上海大明眼镜公司等多家集股创办的。店址位于北京王府井大街，在崇文门内大街和东四北大街设有分店。大明眼镜公司不同于当时北京专营茶、墨、水晶石的旧式眼镜店，它主要经营科学镜片的眼镜，销售柜经营的商品有墨托力克、克罗克斯等平光和近视镜片，深受当时的学生、新潮青年、知识分子和商业精英阶层的喜爱。北平解放后，1956年大明眼镜公司参加了公私合营，1958年将王府大街的孙琢良、昌眼，东安市场里的激石、振华、秀峰等眼镜行和亨得利、慎昌等钟表店的眼镜部都并入大明眼镜公司里，统称"大明眼镜公司"。[1]王大观的国画《旧京回顾图》中，就再现了当时大明眼镜公司的办公楼外貌，整个建筑为四层高的临街店铺楼，其楼顶突出地展示着一副巨大的黑色边框眼镜，其创意与众不同，应是巨幅的实物广告，让顾客远在几条街巷胡同中都能看得到。

图5-9 王大观 国画《旧京回顾图》中的大明眼镜公司

---

[1] 王永斌：《北京的商业街和老字号》，北京：北京燕山出版社，1999年，第137页。

便宜坊

"便宜坊"创办于明永乐十四年(1416),至今已有近600年的历史。当时有一位王姓南方人来到京城,在宣武门外米市胡同开了一个经营鸡鸭的小作坊。店铺虽小,但经营的生鸭、生鸡干净,烤鸭、桶子鸡的味道好,加上售价比其他店便宜,人们便把这个售价便宜的小作坊,称作"便宜坊"。"便宜坊"生意兴隆,招来了众多的同业仿效者,一时间京城出现了很多经营焖炉烤鸭的"便宜坊"。为了强调正宗,到光绪年间,米市胡同便宜坊在店名前加一个"老"字,即"老便宜坊"。咸丰五年(1855),一个姓王的古玩商,从老便宜坊拉出一位姓刘的伙计,在前门鲜鱼口路北投资开了一家"便意坊",后改"便宜坊",即鲜鱼口便宜坊。得到米市胡同"老便宜坊"真传的鲜鱼口便宜坊开业后,生意兴隆、客源不断。[①]

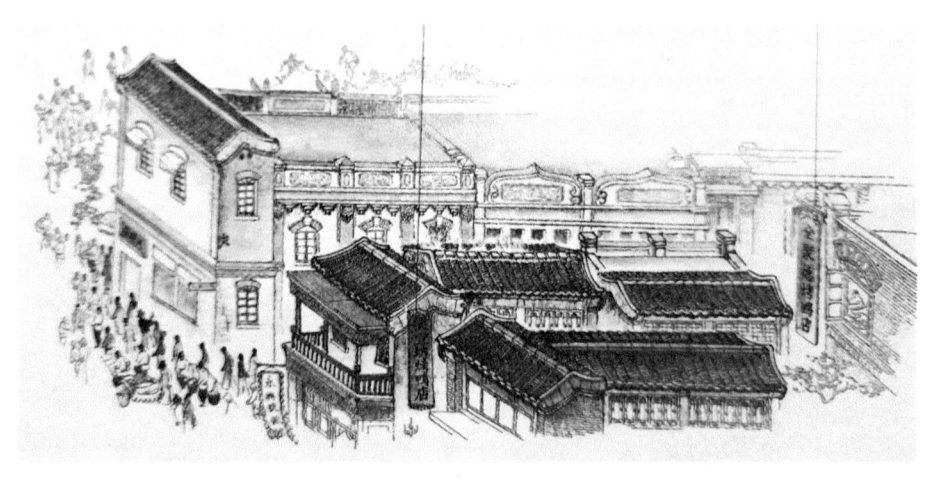

图 5-10　刘洪宽　国画《天衢丹阙》中的便宜坊(左下)与全聚德(右侧)

全聚德

全聚德烤鸭店始建于清同治三年(1864),迄今为止已有近160年历史,是"全聚德"的起源店,以经营传统挂炉烤鸭蜚声海内外。当

---

① 张勇:《大前门:聊聊过往那些事儿》,哈尔滨:黑龙江教育出版社,2014年,第116页。

年，位于老北京前门的一家"德聚全"干鲜果铺濒于倒闭，以贩卖活鸡活鸭为业的杨全仁买下了这家店，将旧字号三个字颠倒，立新字号为"全聚德"，并特聘名厨孙老师傅掌炉，将宫廷御膳"挂炉烤鸭"这一名肴引入民间。经过不断发展完善，"全聚德"烤鸭外形美观，丰盈饱满，鲜美酥香，有"京师美馔，莫妙于鸭"之说。传统风味菜"全鸭席""鸭胗系列"及百余种创新特色菜也深受欢迎，素有"天下第一楼"的美誉。[1]《天衢丹阙》中当然也少不了便宜坊与全聚德的影子（图5-10）。

都一处

坐落在前门外大街的都一处，以制作烧卖闻名中外。它的烧卖用精白粉烫面为皮，包以三鲜馅或水打猪肉馅。味美馅嫩，洁白如霜，形似石榴，色、香、味、形俱佳。据说都一处名气大，还与清朝乾隆皇帝有关。这家饭馆开业于乾隆三年（1738），原是一家无名小饭馆，有一次乾隆便服私访，进门饱餐一顿，吃得高兴，回宫后，亲笔题写了"都一处"三字，并刻在虎头匾上，命太监送到铺里。店主人诚惶诚恐，将乾隆皇帝坐过的椅子和虎头匾作为圣物供奉起来，成为招徕顾客的"广告"。由此，这个小店身价百倍，生意兴隆，历200年不衰。新中国成立后，扩建了店堂，仍然保持着传统风味。[2]如《天衢丹阙》中画面后方的都一处（图5-11）。

图5-11 刘洪宽 国画《天衢丹阙》局部中的都一处

---

[1] 李乡状主编：《北京天津行》，长春：吉林文史出版社，2005年，第42页。
[2] 林红：《北京风物志》，北京：北京旅游教育出版社，1985年，第294页。

221

六必居

六必居酱园坐落在前门外粮食店街路两侧，它是全国闻名的老字号，不仅它的咸甜适口、味美的小菜人人称赞，而且店堂内挂着的横匾"六必居"三个大字，相传是明朝大奸臣兼书法家严嵩书写的，其结构匀称、苍劲有力，如绘画长卷《天衢丹阙》局部中的六必居的匾额（图5-12）。六必居是

图5-12 刘洪宽 国画《天衢丹阙》局部中的六必居

山西临汾赵姓人于明嘉靖九年（1530）创办的。由于赵姓会经营管理，且六必居所处的地理位置好，所以开张后，生意很兴隆，后来又扩充了门面，由原来的两间小店堂，前面扩为四间门面，后边又增设宽阔的后厂，买卖越做越大。六必居的名声很快传遍北京城，来买东西的越来越多。后来由于酱菜卖得快，以后就专营酱菜了。[1]

鸿庆楼饭庄

鸿庆楼饭庄（图5-13）位于鲜鱼口抄手胡同东侧，在新中国成立前是一个较大且有名气的饭庄。饭庄为两层楼的灰砖建筑，中设门店，进门后为庭院，其余分割的小房间用于客人用餐。新中国成立后饭庄停业，改为民居。改革开放后，随着城市建设的飞速发展，2006年前后北京市对其所住居民进行了外迁，并对该楼做了修缮，类似的还有宝兴隆饭馆（图5-14）等。

北京其他知名的老字号还有东来顺、月盛斋、稻香村、信远斋和

---

[1] 杨建峰主编：《细说趣说万事万物由来》，西安：西安电子科技大学出版社，2015年，第160页。

天福号等。

图 5-13 赵锡山 《昔日重现——水彩画笔下的北京》中的鸿庆楼饭庄

图 5-14 赵锡山 《昔日重现——水彩画笔下的北京》中的宝兴隆饭馆

东来顺

  方砚[1]著绘《追忆百业》中的东来顺（图5-15）为北京历史老店，位于王府井大街东风市场北门。清光绪二十九年（1913）开业，创始人丁子清最初在清宫养马场（现东风市场）北侧摆食摊。1914年，东来顺增添了爆、烤、涮羊肉和炒菜，同时更名为东来顺羊肉馆。到20世纪三四十年代，东来顺的涮羊肉已驰名京城，并一直享誉到现在。[2]

图5-15　方砚　《追忆百业》中的东来顺

---

  ① 方砚，民俗画家，自幼随父母生活在京津两地，少年时曾拜国画大师刘子久、刘奎龄学习国画；后又师从傅乃琳、沈毅、郭燕先生学习素描、连环画。20世纪六七十年代曾是连环画多产画家。曾创作了长卷画《九河下梢天津卫》《儒林外史》《古都遗韵》和《中轴龙脉图卷》等作品。

  ② 曼姝编著：《千古食趣　说说吃的那些事儿》，北京：中国华侨出版社，2014年，第50页。

月盛斋

月盛斋制作的酱牛羊肉闻名京城,它位于前门外大街正阳门西南侧,五牌楼旁边。月盛斋开业于清乾隆四十年(1775),至今已有200多年历史。其创始人叫马庆瑞,家住牛街,在他18岁那年经人介绍到礼部去当差。每当礼部举办祭祀典礼时便派他去照看祭品,祭祀结束之后,所有的祭品除了官员分吃之外,也分发给差役一些。一次马庆瑞分得一只全羊,一家人吃不完就挑到街上去卖,还挣了些钱。从此他便向其他差役甚至官员低价收购这些曾用于祭品的熟肉食品,然后到前门出售。后来他自己支锅做酱肉,深受老北京人欢迎。马庆瑞赚了钱,于乾隆四十年正式创办了月盛斋马家老铺。清朝道光年间的《道咸以来朝野杂记》中写道:"正阳门内户部街路东月盛斋,所制五香酱羊肉为北京第一,外埠所销甚广,价之昂也无比。"[1] 画家方砚著绘的《追忆百业》中,展现了老字号月盛斋(图5-16)昔日的店铺门面。

图5-16　方砚　《追忆百业》中的月盛斋

---

[1] 方砚著绘:《古都遗韵·追忆百业》,北京:东方出版社,2013年,第21页。

225

稻香村

　　方砚著绘《追忆百业》中的稻香村（图5-17），始建于清光绪二十一年（1895），位于前门外观音寺，时称"稻香村南货店"，是京城第一家自产自销南方风味食品的商号。它制作经销的月饼、元宵深受老北京人的欢迎，鲁迅先生也经常光顾。香港《文汇报》曾以"四季茶食风味清雅，稻香村糕点如稻香"为题介绍稻香村的悠久历史和130多种传统糕点品目，外加60多个时令精品。稻香村的糕点除了具有一般南方苏式糕点所具特色外，更为凸显本店独有特点的是稻香村的食品应时鲜灵，外形内味并重，经营诚信、取信于众。①

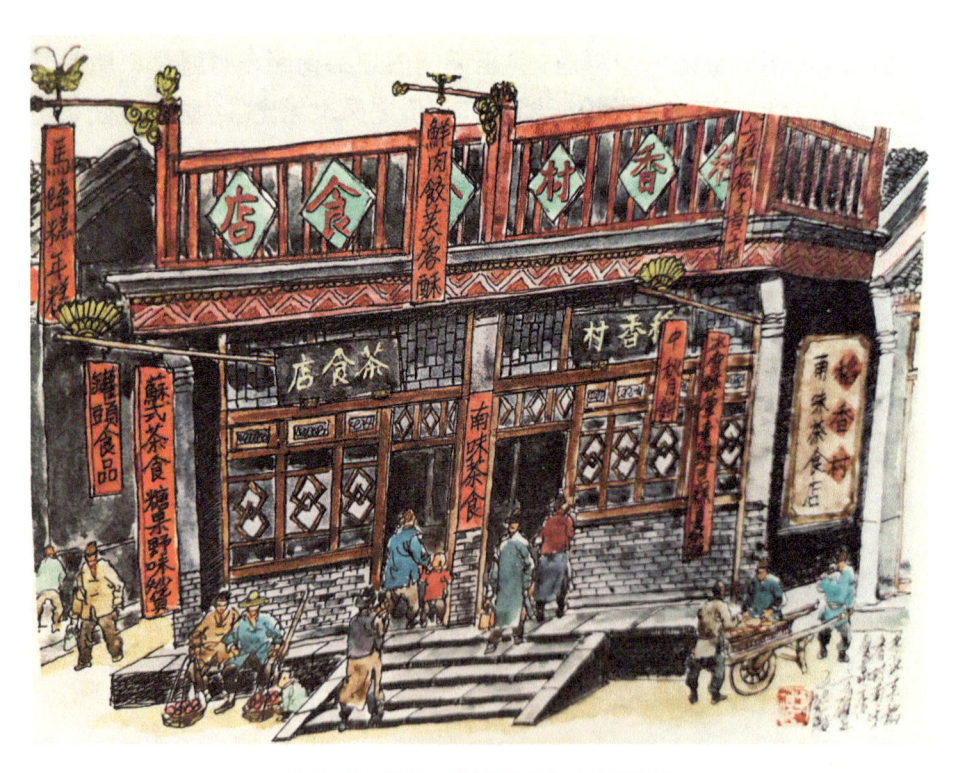

图5-17　方砚　《追忆百业》中的稻香村

---

① 方砚著绘：《古都遗韵·追忆百业》，北京：东方出版社，2013年，第18页。

信远斋

　　信远斋原址位于东琉璃厂西口路南,是经营北京传统饮料、蜜饯的蜜果店。在清乾隆年间,一位刘姓小贩在前门外大栅栏摆饯果摊,据传其人有亲戚是宫里的太监,把宫内配制饮料的配方和制作方法,传给这位卖饯果的刘姓小贩,他便仿照制作清宫桂花酸梅汤出售,没想到非常受欢迎,很快誉满京城。清咸丰年间刘姓老板在东琉璃厂开了店铺,取名信远斋。其经营方式为前店后厂,所经营食品有桃脯、杏脯、梨脯、苹果脯、金丝蜜枣等多种果脯,还有蜜饯、酸梅汤、酸梅糕、酸梅卤、止咳秋梨膏等六七十种食品。[①]如方砚著绘《追忆百业》中的信远斋(图5-18)。

图5-18　方砚　《追忆百业》中的信远斋

---

① 方砚著绘:《古都遗韵·追忆百业》,北京:东方出版社,2013年,第20页。

2. 新兴剧院茶楼花样翻新

20世纪前后，北京的戏剧演出场所不称剧场、剧院，而是称为"茶园""茶楼"。如历明清而至今犹存的广和剧场在20世纪30年代以前，一直高悬"广和茶楼"的匾额。剧场、剧院称为"茶园""茶楼"的原因是戏曲演出始兴于茶楼、酒肆。早期专业剧场不但形成得较晚，而且也不普及，故民间艺人主要的表演场所也就是在"茶楼""茶园"之中。久而久之也就出现了喧宾夺主的现象，一些"茶园""茶楼"的茶馆、饭馆的功能逐渐弱化，表演的功能越来越突出，演化成了民间艺人的固定表演场所，成了早期的剧场、剧院。[1]

清末民初，北京城知名的戏院、剧场有广和、中和、三庆、庆乐、大亨、庆和、庆春、广德、广兴等几十家。发展至20世纪30年代，以1937年为例，前门外以东有两家，一家是在肉市的广和楼，一家是在鲜鱼口内的华乐。在前门外以西，仅大栅栏一带就有广德楼、三庆戏院和庆乐戏院，在粮食店街有中和戏院，在西珠市口有第一舞台。此外，还有开明戏院和华北戏院。东城的东安市场有吉祥戏院，西城的西单有哈尔飞戏院。西长安街西口盖了长安大戏院，又在它以西盖了新新戏院等。[2]

当时戏园子的建筑形式大体是相同的，一般是门外有一个高大的单门牌坊，上面横书戏园的名称。入内是一个院子，摆设一些当日演出剧目所用的简单的"切末"（道具）。通过院子则进入剧场，剧场是一座四方形的楼，一面是舞台，其他三面则是座位，座位多是长条大板凳，凳前设长条白茬的大木案，供放置茶壶、茶碗以及瓜子等食物之用，桌凳与舞台垂直摆放，因此观众多是侧身看舞台。观众入园后由看座的服务员为人们找座，入座后就有人送上一壶热茶来。由于观众都有茶可喝，所以当时剧场另有"茶园"或"茶楼"的名称。

---

[1] 方彪编著：《北京的茶馆会馆 书院学堂》，北京：光明日报出版社，2004年，第24页。

[2] 徐城北：《中国京剧》，北京：五洲传播出版社，2016年，第26页。

在戏未上演之前，园内托盘叫卖瓜子、糖果等食品的小贩此来彼往，也有为茶壶添开水的以及空中飞来飞去的"手巾把儿"等（图5-19）。手巾把儿是旧时戏园子为观众送热毛巾擦脸的服务项目，名为扔手巾把儿，但并非直接扔给观众，由观众自接，而是从业者甲由远距离或楼上楼下扔给从业者乙，然后由乙分送观众。

图5-19 李滨声 《燕京画旧全编》中的"手巾把儿"

新中国成立后新剧场蓬勃兴起，对旧的剧场也逐步进行改建完善。如前门外的大众剧场、广和剧场、前门小剧场，内城的吉祥、长安、西单剧场都是在原址上改建或修缮的。新建的大型剧场则有虎坊桥的工人俱乐部、护国寺的人民剧场、王府井大街的首都剧场、天桥的天桥剧场、中山公园的音乐堂、北京展览馆剧场以及各区县的影剧院、俱乐部，以上影剧院，与旧日不可同日而语了。[①]

广和楼

广和楼是北京最早最有名的戏院，位于前门大街北段东侧肉市街内，为明代巨室查氏所建，至今约有360年的历史，曾被称为"查楼""查家楼""查园""查家茶楼"等。查氏家族历代为官，至礼部侍郎查嗣庭于清雍正五年（1727）遭文字狱案后，查楼被清廷充公归内务府所辖，后向民间出租，虽几易其手但均为股份制，曾

[①] 北京燕山出版社编：《古都艺海撷英》，北京：北京燕山出版社，1996年，第127页。

名金陵楼、广和戏园、广和茶楼、广和楼等称谓，但人们始终称它为广和楼。广和楼原有两扇黑漆大门，门口有座牌坊，上挂陈心培于戊申中秋所书"广和楼"匾额。（图5-20）广和楼内可容纳观众1200余人，广和楼生意一直兴隆，当年诸多戏曲名家均曾在此献艺，如谭鑫培、王瑶卿、杨小楼等。1904年梅兰芳首次登台在此演出昆曲《长生殿》戏中戏"鹊桥密誓"。1917年富连成社与广和楼主人王善堂谈妥由广德楼移此演出，长达20年之久。但发展至民国中后期，因时局关系业务萧条，后经营不善被查封拍卖，直至北平解放后方得重建，改名"广和剧场"。1972年再次改建，广和楼除演戏曲外，亦演杂技、电影。[1]

图5-20 刘洪宽 国画《天衢丹阙》中的广和楼

中和戏院

中和戏院位于粮食店街，建于清乾隆年间，时称中和园。为两

---

[1] 刘嵩昆：《崇文梨园史料》，北京群众艺术馆，第161页。

层砖木结构,建筑面积1400多平方米,有1000多个座位。清乾隆五十五年(1790),"四大徽班"进京,首先在中和园、正乙祠戏楼、广德楼戏园演出。同治、光绪年间,谭鑫培、王瑶卿、王长林三位京剧名家曾在中和园合演《打渔杀家》,时称"珠联璧合之绝唱"。民国初期坤伶刘喜奎、金刚钻、小香水在此演出河北梆子。梅兰芳新排剧目《凤还巢》于1928年在中和园首演。此外,中和园曾为程砚秋、俞振飞、王少楼、哈宝山等的固定演出场所。1949年改名中和戏院。京剧演员谭富英、杨宝森、李万春,河北梆子演员李桂云,评剧演员小白玉霜等定期在中和戏院活动。1979年中和戏院重修后属北京京剧院。[①]如《天衢丹阙》中描绘的中和戏院(图5-21)。

图5-21 刘洪宽 国画《天衢丹阙》中的中和戏院

开明戏院

开明戏院位于前门外珠市口西大街路南28号,建于1921年,为沈理源设计,是座典雅的罗马式三层建筑。因戏院地处珠市口闹市区,门面狭窄,设计者巧妙地借鉴文艺复兴时期某些公共建筑转角入口的构图手法,把门面处理为外凸的弧形。门面高二层,底层开三道拱门,墙面作基座处理,无装饰。二层设外廊,以爱奥尼柱式和拱门装饰。柱廊两端的外凸与中间完整的弧面形成对比,极富变化。外廊后的主体墙面上开一大套三小的券门,在深一层的平面上强化了立体

---

① 北京百科全书编辑委员会编:《北京百科全书 宣武卷》北京:奥林匹克出版社,2002年,第394页。

造型。总之，整体设计能在一个狭小的位置空间及立面上，用古典风格的手法处理立面，使之体量不大但形象丰富，气势较大，这在北京近代建筑中实属少见。[1]如画家李宝善[2]的画册《抹不去的记忆 李宝善胡同速写》中的开明戏院（图5-22）。

图5-22 李宝善 《抹不去的记忆 李宝善胡同速写》中的开明戏院

大众剧场

大众剧场是新中国成立后建起的一处中型剧场，主要演出评剧，曾经十分红火，后来演出逐渐衰败，改作他用，于2005年被拆除。画中的大众剧场是两层现代风格的临街建筑，外立面的正中红色字

---

[1] 杨秉德编：《中国近代城市与建筑（1840—1949）》，北京：中国建筑工业出版社，1993年，第423页。

[2] 李宝善，北京人，多年来从事油画创作，同时擅长用速写的形式表现老北京的风貌、风情。出版有《老北京胡同速写》等。

体"大众剧场"名上，还有一个红色的五角星，极具时代气息。这在赵锡山《昔日重现——水彩画笔下的北京》中被清晰地展现出来（图5-23）。

图 5-23 赵锡山 《昔日重现——水彩画笔下的北京》中的大众剧场

光陆电影院

民国时期，受西方涌入的娱乐文化的影响，中国沿海及内地城市，纷纷建起了大大小小的影院。据统计，民国时期北京各城区具有代表性的电影院，有位于崇文门大街的光陆电影院、灯市口的飞仙电影院、东安门大街的真光电影院、地安门外的钟楼民众影院、北新华街的中央电影院、西单商场的光明电影院、大栅栏的大观楼电影院、前门箭楼的国货陈列馆电影院、东长安街的平安电影院等。其中平安、光陆两家电影院为最佳，真光、中央两家电影院居中，中天电影院排在五大影院的末位，其他北京电影院的综合情况则多在中天以

233

下。①《旧京回顾图》中不仅展现了崇文门大街上鳞次栉比的商铺、往来的行人、吊着"大辫子"的有轨电车,还描绘了两层西式建筑风格的光陆电影院外景,以及散场时观影客人鱼贯而出,众多等着的拉洋车街面上蜂拥而上抢客的情景。(图5-24)

图5-24 王大观 国画《旧京回顾图》中的光陆电影院

除了新兴的影院外,供北京人喝茶、聊天、谈生意、听戏剧、看杂耍等于一体的要数各种类型的茶馆、茶楼了。茶馆最早出现在元朝,明清迅速发展。旧北京的茶馆很多,这需要两个条件:一要爱喝茶的人多,二要有闲的人多,恰好的是这两个条件北京都具备。北京人喝茶的风气很盛,上至达官贵人,下至平头百姓,都有每天喝茶的习惯。穷人如拉黄包车者,日暮收工时也要买一包茶带回。不少北京

---

① 张一玮:《空间与记忆:中国影院文化研究》,北京:中国传媒大学出版社,2015年,第74页。

人早晨起来的第一件事就是泡茶喝茶,茶喝够了才吃早饭。①

北京的茶馆是由茶摊、茶棚逐渐发展起来的。清朝时期茶馆的种类也很多,城内有喝盖碗茶的"大茶馆",也有设在荒郊之外的"野茶馆"。到了民国,北京九门八条大街的店铺鳞次栉比,尤以茶馆居多。"大茶馆"一般都在门口立有两根柱子,在上面中间有一横搭呈"门"形,就像一个单牌楼,上有茶馆名称的牌匾。根据茶馆的服务功能、形式与地理位置等的不同,北京茶馆有清茶馆、书茶馆、大鼓园子、茶园、野茶馆、茶酒馆、棋茶馆、茶社等,从中也可看出北京茶馆之兴盛。老舍先生还写出了著名文学作品《茶馆》。②与茶馆的店铺经营不同,路边街角或集市上,常有大大小小的茶摊,叫卖各种大碗茶和茶汤等,方便来往的行人。

坤书馆

茶馆中常有说书唱戏的表演,其中"坤书馆"(图5-25)中说唱的是一色女演员,都坐在小小的台上,观众可以点某一演员唱某一个段子,打钱的时候他得给头一份。但在茶馆、茶园喝茶听戏的大多都是有闲有钱的人,一般拉车的、赶路的普通百姓多数是在路边摊喝大碗茶。路边卖大碗茶的也都是贫苦百姓。在路边摆一个小矮桌,上面放上几个大碗和一泡茶用的外面包着棉套的大绿茶壶。瓷壶内预先泡好茶水,再把茶水倒在大碗内,

图5-25 李滨声 《燕京画旧全编》中的坤书馆

---

① 曼姝编著:《千古食趣 说说吃的那些事儿》,北京:中国华侨出版社,2014年,第322页。

② 于观亭、爱群:《中国茶道简明读本》,北京:新华出版社,2013年,第154页。

放在小桌上凉着。一枚铜钱能买五碗茶水，因用的是大碗，故名卖大碗茶的。如何大齐的《老北京民俗风情画》中的大碗茶（图5-26）。

图5-26 何大齐 《老北京民俗风情画》中的大碗茶

图5-27 马海方 《京华市井风情百图集》中的茶汤摊

茶汤摊

在庙会或道边还设有卖茶汤的。一把高大的红铜水壶，醒目地摆在桌上。壶高大约二尺有余，壶中有空膛，可烧木炭或煤。把水烧开，备有茶汤面和油炒面。根据顾客的要求，配以红糖、白糖、玫瑰、苜蓿等。从大铜壶中冲出滚烫的开水到碗中，堪称一绝技。如《京华市井风情百图集》中的茶汤摊（5-27）。

茶馆

现如今生活水平提高之后，在快节奏生活的驱使之下，北京的很多茶馆也开始推陈出新，希望能够吸引更多的眼球。很多喝茶的人还特别注重茶馆的环境，一些茶馆往往会营造独特的装修风格，譬如江南水乡风格，剔透的湖石、栏杆尽显玲珑之秀气；也可以摆上红木桌椅，彰显古典氛围；而有的茶馆，甚至还为前来喝茶的顾客准备了宽带，方便客人随时上网。当然，为了吸引更多的年轻人，很多茶馆还有珍珠奶茶、柠檬茶等，满足不同年龄、不同顾客的需求。有的茶馆，还会不定期举办茶艺培训班，铸造了"一把壶、一杯茶，壶中天地宽，茶社学问大"的休闲氛围。[①]如韩学中[②]的国画《茶馆》（图5-28），展现了新式茶馆的景象，里面不仅有传统唱大鼓的，卖糖葫芦、大碗茶的，还有讲究茶艺茶道的品茗的小壶、小杯，听书吃的茶点、干果等。顾客有老有少，有男有女。有专程来听书喝茶的，有路过口渴带孩子喝茶的，有独自出行或一二结伴的，也有三两好友一起光临的等。

图 5-28　韩学中　国画《茶馆》

[①]　王晶、汪富亮编著：《幽处满茶烟》上册，北京：东方出版社，2012年，第192页。
[②]　韩学中，1961年出生于河南，1982年毕业于河南大学美术系，获文学学士学位。1998年结业于由蒋彩萍先生主持的文化部首届重彩画高级研究班，2001年结业于中央美术学院中国画系硕士研究生主要课程班。

二、人物春秋

民风民俗是一种社会传统，是特定社会文化区域内历代人们共同遵守的行为模式。从古至今，风俗画最能反映普通大众的社会生活、市井百态，如古代的风俗画的代表北宋张择端的《清明上河图》。民国著名画家陈师曾也以漫画的形式创作了一系列反映北京下层社会百态的《人物风俗图》，完全不同于过去文人为艺的传统，其不仅记录了当时社会生活中的现实，也反映了画坛中以陈师曾为代表的新艺术创作方向的变化。除此之外，还有当代漫画大家李滨声，其《燕京画旧》同样也是反映民国北京风俗的漫画代表作，但与前者不同的是，其中既有旧北京的百态人生，又有新北京的市民新貌。此外，类似创作还有当代书画家何大齐的《老北京民俗风情画》等。

1. 旧北京百态人生图景

自辽金始北京就开始了建都的历史，发展至元明清三代，作为全国政治中心的北京，南北东西风物辐辏北京，四面八方人才会聚北京。发展至民国时期，随着新文化运动的高涨，北京除了土著百姓、旧学文人、官僚政客外，一些具有新思想曾留学海外的文化名人也济济一堂，如鲁迅、李毅士、卫天霖、徐悲鸿等。绘画领域中与现代派艺术相对峙，维护传统、号召革故鼎新的京派画家，如陈师曾、王梦白、金城、陈半丁、齐白石等，而这些京派画家又与当时新兴的文化商业中心，即上海的海派领袖吴昌硕等，有着直接或间接的师承关系。其中曾留学法、英等国的画家吴法鼎、李毅士，以及本土自学成才画家蒋兆和等，还为京城各社会阶层人物留下了风采各异的肖像画。

旗装妇女

吴法鼎又名吴新吾，1883年出生于河南，早先在北京考进"译学馆"研习经济，1911年由河南省选派赴法国学习法律，后改学绘画，是我国最早留法学习美术者之一。回国后他任教于北京艺术专科学校及上海美术专科学校，曾任北京大学画法研究会油画导师。[①]他于1920年绘制的油画《旗装妇女》，展示了民国北京旗人妇女的形象。头戴旗人高大的黑色大拉翅，鬓角簪花，身着锦缎长袍，腕上戴着银饰。肌肉松弛的脸上眼睛微眯，斜视中露出些许严苛与冷傲的神色。（图5-29）

图5-29　吴法鼎　油画《旗装妇女》　　图5-30　蒋兆和　国画《缝穷》

缝穷

与吴法鼎刻画的上层社会的《旗装妇女》不同，蒋兆和的《缝穷》描绘的是下层社会的妇女形象。蒋兆和，本名万绥，1904年生

[①] 郎绍君、蔡星仪等主编：《中国书画鉴赏辞典》，北京：中国青年出版社，1988年，第976页。

239

于四川泸州,早年流徙上海自学绘画,以画肖像谋生。20世纪30年代居北平,任职于北平艺术专科学校等,擅画人物、肖像。1936年蒋兆和创作了中国画《缝穷》(图5-30)。缝穷是北方话语,南方则直接呼为"补衣服的",指一些专门为穷人缝补衣裳的贫苦妇人。缝穷是旧时京城的一个行当,从事缝穷的一般都是些中老年妇女,多因家中生活困难,无法维持生计,才选择缝穷行当。缝穷的妇女们带着一只装了剪刀、针线和零布等东西的竹篮子,走街串巷,有时会选择坐在人家店铺门口,有时会摆在街头角落边。当年北京的大小店铺、小作坊里的伙计、学徒,大多来自外地,在北京没有家口。此外,久居北京的卖糖果梨桃、拉人力车、卖苦力的人,虽然在北京有家,但没有结婚,没有妻子。这些人的衣裳破了,没钱去找裁缝铺,只能找缝穷的补补,有的将破的衣袜放下,缝补好了再来取。有的没有多余衣裳换穿,只能当时在身上缝补。因为缝穷的和来缝补衣服的都是穷人,所以当时社会称之为"缝穷的"。北京在20世纪二三十年代,在花市大街、前门大街、东四、西单等处,都有缝穷的。[1]蒋兆和的《缝穷》,以西洋素描结合传统国画的笔墨,勾线擦面,画风朴质,将新中国成立前北京街头年事已高仍在讨生活的缝穷老人形象地再现出来。

王梦白像与陈师曾像

1917年蔡元培又出任北京大学校长,着力推行美育工作,同年11月便在北大发起建立画法研究会,邀请陈师曾[2]作为顾问。在陈师曾的建议下,蔡元培又聘请国画、西画、美术史及理论三方面的导

---

[1] 王永斌:《老北京五十年》,北京:华艺出版社,2012年,第188页。
[2] 陈师曾(1876—1923),原名衡恪,字师曾,号朽道人、槐堂,江西义宁(今江西省修水县)人。出身书香门第,1902年东渡日本留学,1909年回国,任江西教育司司长。1911年受南通张謇之邀,至通州师范学校(今南通师范学校)任教,专授博物课程。1913年又赴长沙第一师范任课,后至北京任编审员之职。先后兼任北京女子高等师范学校、北京高等师范学校、北京美术专门学校教授。

师对学生分科授课，其中李毅士①便在此列。1920年，李毅士与陈师曾已相识共事三四年，李毅士为陈师曾绘制的油画《陈师曾像》（图5-31）中，陈师曾身着棕黄色长袍，手执折扇，端坐于一把高背椅上，人物形象的刻画和神态的把握极为精准。画中人物背景的墙面张挂着大幅的汉画像石拓片，画面中的拓片并不单纯是基于写实的背景图像，而与陈师曾所着的传统服饰一样，承载着辅助塑造人物精神气质的作用。此外，李毅士还绘制了《王梦白像》（图5-32），传统派画家王梦白身着灰色长袍，头戴黑色瓜皮小帽，双手环抱交叉于胸前，左手夹着燃烧的香烟，虽面带笑意，但眼神犀利。据记载，王梦白长期受痔疮病痛之苦，但其骄傲易怒的个性与过人的天资，导致他

图5-31 李毅士 油画《陈师曾像》　　图5-32 李毅士 油画《王梦白像》

---

① 李毅士（1886—1942），原名李祖鸿，江苏武进人。1903年赴日本留学，次年转赴英国，1907年考入格拉斯哥美术学院，毕业时取得优异成绩。于1912年又接受了理工科留学生公费，进格拉斯哥大学物理系深造。1916年李毅士回国后在北京执教。

好争斗，李毅士的画作对其个性的刻画十分到位。[1]

民国时期，除了新兴的油画外，外来的绘画中还有一种形式内容通俗易懂的漫画。漫画常使用钢笔、毛笔或其他工具，以线条勾画为主，绘成一种简练生动、有强烈讽刺性和幽默性的图画。1915年陈师曾创作的《北京风俗人物画》，最先以速写漫画的形式，绘出了当时不为常人所关注的社会底层的民间生活，后被称为中国漫画的开创者。其手法之新奇、意境之独特，可谓前所未有。[2]周作人在《陈师曾的风俗画》一文中曾说：陈师曾的画世上已有定评，我们外行没有什么意见可说。在时间上他的画是上承吴昌硕，下接齐白石，却比二人似乎要高一等，因为是有书卷气。[3]此外，还有人评《北京风俗人物画》"以写实手法，着墨不多，神态毕肖，极具感染力；取材广泛，民初北京世态众生相，借此以传"[4]。

《北京风俗人物画》

《北京风俗人物画》为册页小品，共17页，每页绘有两图，计34图。所画皆为当时北京街头巷尾常见的风俗人情，有敲小鼓者、泼水夫、跑旱龙船者、老西儿、墙有耳、算命、磨剪刀抢菜刀、人力车夫、糖葫芦、橐驼、坤书大鼓、切年糕车、喇嘛僧、菊花担儿、卖水果担儿、淘粪工人、马车、旗装女、话匣子、山背子、二弦师、夫赶驴、烤白薯、品茶客、玩鸟人、乞丐妇等，三教九流，无所不有。

从事体力劳动的社会下层百姓如拉骆驼（图5-33）、拉洋车（图5-34）、搬家人（图3-35），靠技艺的如唱大鼓（图3-36）、烤白薯的（图5-37）、乞讨的（图5-38）等。其中乞讨的老年妇女蓬头垢面、衣衫褴褛，正手执骨板，一边唱吉祥，一边跟在洋车的后面，向坐在

---

[1] 陈琳：《两幅肖像 一段交情——李毅士、陈师曾、王梦白之间的画艺往来》，《艺术品》2017年第12期。

[2] 管继平：《纸上性情 民国文人书法》上册，上海：上海辞书出版社，2011年，第93页。

[3] 管继平：《梅花知己 民国文人印章》，上海：上海辞书出版社，2014年，第20页。

[4] 石继昌：《春明旧事》，北京：北京出版社，1996年，第25页。

车上的人乞讨。车上的人头戴礼帽，回头却面无表情。二者形成了鲜明的对比。

图 5-33 陈师曾 《北京风俗人物画》中拉骆驼

图 5-34 陈师曾 《北京风俗人物画》中拉洋车

图 5-35 陈师曾 《北京风俗人物画》中搬家人

图 5-36 陈师曾 《北京风俗人物画》中坤书大鼓

图 5-37 陈师曾 《北京风俗人物画》中烤白薯

图 5-38 陈师曾 《北京风俗人物画》中乞讨婆

243

从事红白喜事特殊行业的有轿杠夫（图5-39）、执旗人（图5-40）、算命人（图5-41）、诵番经（图5-42）、殓婴骸（图5-43）、敲丧门鼓（图5-44）等。

图5-39　陈师曾　《北京风俗人物画》中轿杠夫

图5-40　陈师曾　《北京风俗人物画》中执旗人

图5-41　陈师曾　《北京风俗人物画》中算命人

图5-42　陈师曾　《北京风俗人物画》中诵番经

图5-43　陈师曾　《北京风俗人物画》中殓婴骸

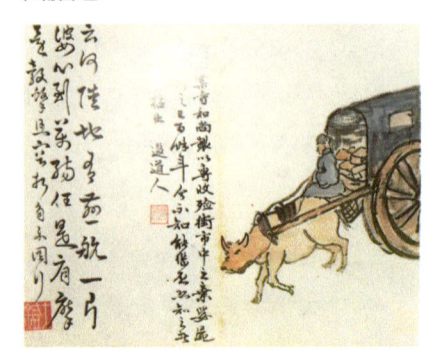

图5-44　陈师曾　《北京风俗人物画》中敲丧门鼓

244

《北京风俗图》所展示的淘粪工人、压轿嬷嬷、乞讨婆、泼水夫、赶车人、轿杠夫、品茶客、磨刀人、打鼓人、货郎、山背子、话匣子、算命先生、二弦师、烤白薯的、拉洋车的、捡破烂的等都是北京街头社会底层的小人物。中国的文人画历来都追求一种遗世独立、不食人间烟火的格调，而陈师曾却能把眼光与笔触投向底层人物，投向最平凡、最琐碎、最悲苦的人间，如果没有一种普世的情怀，一种无言的大爱，显然是做不到这一点的。[1]

与社会底层辛苦谋生形成鲜明对比的，是上层社会喝茶品茶、提笼架鸟、遛狗消食的悠闲生活。《北京风俗图》中展现上层阶级生活的如墙有耳（图5-45）、遛鸟人（图5-46）、品茶客（图5-47）、旗装妇（图5-48）等。当一般大众为了每日衣食奔波劳苦的时候，这些相对富裕的有钱人多无所事事，或茶馆看戏、听书，或熬鹰、遛鸟、玩蝈蝈等。有的在无聊中，还充当了细作和告密者的角色，如"墙有耳"中，茶馆酒肆本是人们品茗休息之所，而在此画面上，门外墙边站着两个游手好闲、无所事事的"包打听"，使人很自然地联想到老舍《茶馆》中的"康二爷"。为此，民国初年北京的茶馆酒肆中都贴着"莫谈国事"的红布条提示，以避免招致麻烦。"遛鸟人"中的有闲人遛的不是笼子里的鸟，而是养在"架"上的鸟。所谓架就是一截树杈，养这类鸟主要乐趣是训练鸟"打弹"，养鸟人把一个弹丸扔在空中，鸟会飞上去接住，有的一次飞起能接连接住两个，架养的鸟一般体大嘴硬，如锡嘴和交嘴雀。所以，北京过去形容有闲阶级有"提笼架鸟"之说。[2]其每日的生活正如画面中的题诗所言"昔日斗鸡今日斗雀，在我掌中亦殊不恶"。此类悠闲人的生活还有"品茶客"中的题诗"头戴鼠皮帽，低首行街途。我是品茶客，漫呼大茶壶"。"旗装妇"中的题诗"一套新衣费剪量，淡红衫子内家妆。金铃小犬随侬走，饭罢衔烟逛市场"等。

---

[1] 潘剑冰：《最艺术，最民国》，南宁：广西人民出版社，2014年，第119页。
[2] 陈晓辉、一路花开主编：《静候花开》，福州：福建教育出版社，2013年，第232页。

图 5-45　陈师曾　《北京风俗人物画》中墙有耳

图 5-46　陈师曾　《北京风俗人物画》中遛鸟人

图 5-47　陈师曾　《北京风俗人物画》中品茶客

图 5-48　陈师曾　《北京风俗人物画》中旗装妇

《燕京画旧全编》

　　同样以漫画形式创作北京市井人物的还有当代画家李滨声[①]的《燕京画旧全编》。《燕京画旧全编》是以民国时期的老北京为创作对象的民俗画作，反映的也是旧京风貌人情，展开了一幅幅老北京世相民俗的精彩画卷。其中有从事小买卖的、干手艺的、卖艺的等，如打大鼓卖炭的（图5-49），卖炭的报君知为大鼓，鼓径过尺，其声沉闷，

---

　　① 李滨声，1925年出生于哈尔滨，原籍辽宁本溪。1946年迁北京，插班考入中国大学政治系，1949年毕业后，又入华北大学三部美术科学习。同年9月毕业，分配到北京市委文委美术组任干事。1951年6月至1952年先后任《北京工人》《北京日报》美术编辑等，所作新闻漫画常以组画形式在报纸上发表。

246

每击只嘣嘣两声。收东西的有挑挑和夹包之分，前者收衣物杂项，后者夹包打小鼓（图5-50），只收价值较高的物品，上至珠宝文玩等。相传磨刀业始于清末民初，磨刀人多由清兵转业，故其报君知为打甲叶或吹号角，后发展为吹洋号（图5-51）。20世纪30年代钢针留声机

图5-49 李滨声 《燕京画旧全编》中卖炭的

图5-50 李滨声 《燕京画旧全编》中收东西的

图5-51 李滨声 《燕京画旧全编》中磨刀的

图5-52 李滨声 《燕京画旧全编》中背话匣子的

取代了宝石针话匣子，其价跌落，应运而生了背话匣子的，走街串巷租放唱片（图5-52），此外还有支炉瓦的（5-53）、剃头的（5-54）以及耍熊、耍猴、耍耗子的等。

图5-53　李滨声　《燕京画旧全编》中支炉瓦的

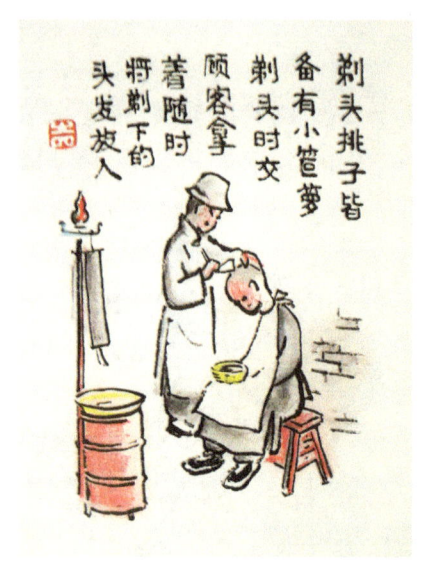

图5-54　李滨声　《燕京画旧全编》中剃头的

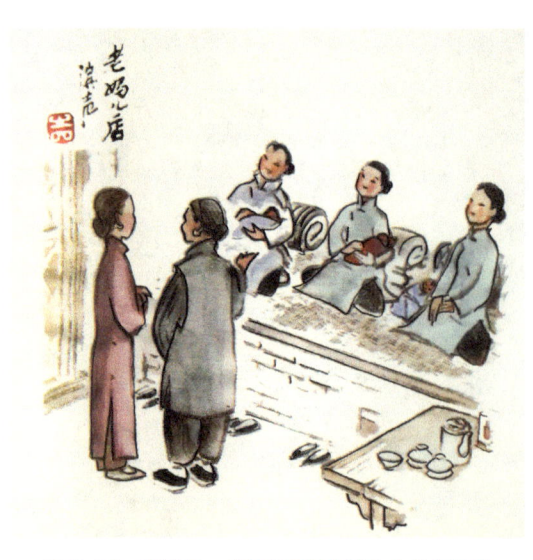

图5-55　李滨声　《燕京画旧全编》中的老妈店

还有一类人，专门给人做保姆、奶妈、厨娘等的，如"老妈店"（图5-55）里的人物。老妈店是俗称，正名叫作"荐店"，实际就是"工作介绍所"。老妈店虽然各有字号，不过一般都是以店主人的姓氏为标志，姓赵的开的就叫"赵家店"，姓钱的开的就叫"钱家店"。有大有小，不论大小只接待找工作的妇女,一般都没有男伙计,店里一切事都由内外掌柜的自己照料。住老妈店找工作分为四种,即奶妈、老妈、厨娘和"陪嫁"。"陪嫁"相当于合同工,是富有人家嫁闺女临时招聘一名年轻妇女作为小姐随身女仆(相当于古代的丫鬟)。时间长短不定,有几个月的,也有几年的,甚至长久做下去的。工资是须预先一次付清或先付到一定阶段。住老妈店找工作的年轻妇女,都是穿着整洁,盘腿坐在炕上各自做带在身边的针线活计,奶妈还带着自己未舍奶的孩子,一旦来了雇主讲好了活,便捎信回家叫人来把孩子抱回去。[1]

《老北京民俗风情画》

与李滨声的《燕京画旧全编》一样,何大齐[2]的《老北京民俗风情画》中,同样也展现了旧京人物万相。如捡破烂的、卖甜水的、打骨板的、卖风筝的、卖兔儿爷的、敲小鼓的、熬鹰的、遛鸟的等。

捡破烂的都是上了年纪的老人。他们为生活所迫,背个大筐,手握竹竿,竿头上拴了个针头。他们眼睛看着脚下的烂纸、布头和一切可以换钱的东西,用竹竿点地,扎在针头上,一反手就扔到筐内。捡到一筐,卖给豆纸作坊或废品收购的换几个钱,维持惨淡的生活。(图5-56)

北京的水井有名的多水味甘洌,往往只为达官贵族垄断。对于更多的水井,也就是老百姓用的水井而言,其中的水以咸苦著称。早在明代的北京老百姓生活用水大都预备三种,一般来说甜水用来喝茶,苦水用来洗衣服,"二性子水"用来做饭。所谓二性子水是说水具有两重性,即水的味道甜中带有苦涩味。由于京城只有少数水井的水清凉甘甜,口感好,这也催生了许多靠卖甜水为生的卖水人。旧日北京夏天的胡同里,水夫们走街串巷,一声"甜水"的吆喝。[3](图5-57)

---

[1] 北京燕山出版社编:《旧京人物与风情》,北京:北京燕山出版社,1996年,第468页。

[2] 何大齐,1940年生于北京,毕业于北京师范学院中文系,现在任北京教育学院石景山分院教科所科研员。为北京美术教育理事、中国美术教育学会会员、人民美术出版社美术教育参考书副总编辑等。

[3] 孟春明、郝中实、肖雯慧编:《万物搜索》下,北京:北京日报出版社,2016年,第484页。

图5-56 何大齐 《老北京民俗风情画》中捡破烂的

图5-57 何大齐 《老北京民俗风情画》中卖甜水的

另据金受申在《老北京的生活》中介绍："早年挑水的山东人，聚处为'井窝子'，能得一二性子水，就能发财。一般人家准备两缸，一贮苦水，一贮二性子。中等人家，则另备一小坛，以贮甜水。大户人家则摒弃苦水不要。"

打骨板的，又叫数来宝的，是两手拿着的牛胯骨又叫"合扇"，边走边打、边走边唱，以此来乞讨或卖艺的。一般骨板上扇缀有红绒球，称"龙头"，下扇系着丝绦称"龙尾"。"合扇"还拴着13颗小铃铛，俗称"十三太保"。打骨板的人将两扇生胯骨打得呱呱山响，边打边唱，唱词通俗易懂，像后来的快板书（图5-58）。这种街头文艺，旧北京人也称之为"数来宝"。唱词有："哎，打骨板，迈大步，眼前来到切面铺，切面铺，手艺高，帘子棍儿改面条。""哎，

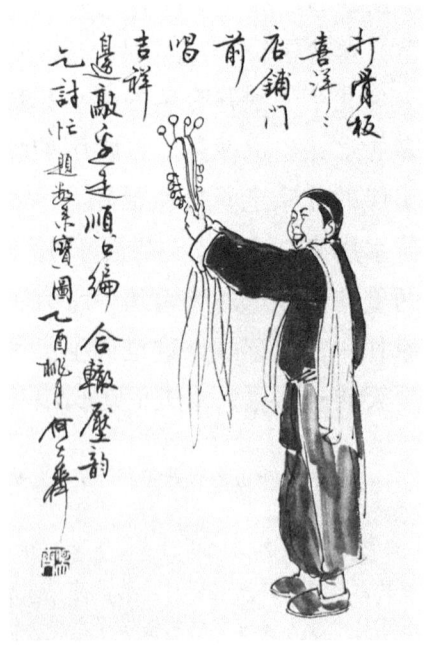

图5-58 何大齐 《老北京民俗风情画》中打骨板的

打骨板，喜洋洋，听我说说几大祥，瑞蚨祥、瑞林祥、谦祥益、合义祥、和兴祥、丽来祥，专卖绫罗与绸缎，卖得千百现大洋，买卖兴隆通四海，财源茂盛达三江"等。①

清末民初，中国社会发生了历史巨变，以往衣食无忧的八旗子弟，随着清王朝的结束生活从此改变，开始了各种各样的谋生方式。社会下层的普通百姓，穷人依旧贫穷，各种旧京的职业行当在民国依然存在。而这些从当时画家笔下描绘的不同人物肖像中，可清晰地捕捉到。

2. 新北京市民生活风貌

21世纪随着2008年申奥成功及奥运会场馆建设的展开，在北京的文化宣传方面，提出了新北京新奥运的理念。奥运会结束后，在建设北京国际化大都市的新征程上，北京市政府又号召广大北京市民，积极投身到新的北京建设的活动中，创建全国政治中心、文化中心、国际交往中心和科技创新中心等，为京津冀协同发展的重大国家战略添砖加瓦。在新征程新目标下的北京，除了各行各业老北京老土著外，还有更多来自五湖四海的建设者、"北漂"白领群体和在京就读的各类院校学生等。他们的衣食住行、工作学习、文化娱乐、休闲养生等，所呈现的精神风貌，无一不是新北京的新风景、新气象的展示。

提笼遛鸟等

北京人养的鸟，大鸟主要是画眉和百灵，小鸟主要是红子、黄鸟等。养鸟本是清朝八旗子弟和太监们的爱好，"提笼架鸟"在过去是对游手好闲、不事生产的人的一种贬词。后来，这种爱好才传到一些辛苦忙碌的人中间，使他们在劳作之余能得到一些休息和安慰。当下的北京，遛鸟的人成为繁忙都市生活中的一道亮丽的风景。养鸟为听鸟叫，但鸟不遛不叫。为了遛鸟，北京人里头起得最早的一拨就是遛

---

① 王隐菊、田光远、金应元编：《旧都三百六十行》，北京：北京旅游教育出版社，1986年，第161页。

鸟人，一大早北京的许多公园及郊外的一些地方空旷、林木繁茂的去处，就已经有很多人在遛鸟了。养鸟的人以上岁数的较多，大都是50岁到80岁的人，大部分已退休，在职的稍少。他们手里提着鸟笼，笼外罩着布罩，慢慢地散步，随时轻轻地把鸟笼前后摇晃着，这就是"遛鸟"。他们有的是步行来的，更多的是骑自行车来的。他们带来的鸟有的是两笼，多的可至八笼。[1] 以鸟会友，以鸟会鸟，这些都是遛鸟人自得其乐的原因。如马海方[2]的国画《四季》（图5-59），无论春夏秋冬，无论寒来暑往，遛鸟人也遛鸟不止、乐在其中。

图5-59　马海方　国画《四季》

---

[1]　陈晓辉、一路开花主编：《静候花开》，福州：福建教育出版社，2013年，第230页。

[2]　马海方，1956年出生于北京大兴，1981年毕业于中央美院中国画系，师从卢沉、姚有多、刘渤舒诸先生。任中国美协会员，荣宝斋画院教授，荣宝斋签约画家，北京文史馆馆员，文化部国韵文华书画院艺术委员会副主席等。

太极气功等

除了遛鸟外，老北京的健身活动也多种多样，如打太极、练气功、抖空竹、甩长鞭等。其中打太极的除了一般的业余健身爱好外，还出现了专业的培训和辅导，如1983年北京成立了陈氏太极拳研究会以来，陈氏太极拳得到进一步发展。陈氏太极拳研究会先后在天坛、地坛、日坛、月坛、紫竹院、宣武公园、陶然亭、会城门、北海、工人体育馆、清河、沙河等地成立了陈氏太极拳辅导站、活动站，以灵活多变的教学方法，使陈氏太极拳得到广泛的传播，研究会会员在十多年前就已达到近700人，[1]极大地带动了北京市民太极健身的热情与积极性。现在在大大小小的公园及广场，经常能见到练太极的人，如张道兴[2]的国画《松风太极》（图5-60），画风自然古朴中巧拙相间，娴雅含蓄中方直刚硬并存。除此之外，北京街头巷尾，还有三三两两、自弹自唱、自娱自乐的老北京，所唱内容有各地戏曲、各种通俗流行歌曲等。虽然难掩岁月沧桑，难改乡土乡音，

图5-60　张道兴　国画《松风太极》

图5-61　任惠中　国画《乐在其中》

---

[1] 北京市武术运动协会编纂：《北京市武术运动协会档案》，北京：人民体育出版社，2007年，第460页。

[2] 张道兴，1935年出生于河北沧州，曾任海军政治部创作室专职画家，解放军美术书法研究院副院长、中国美术家协会中国画艺术委员会副主任等。

但自信开怀、忘我投入，如任惠中[①]的国画《自得其乐》（图5-61）。

网球单车等

与老北京的日常不同，新成长起来的北京年轻人，健身娱乐不再是熬鹰、遛鸟、练太极，而是打网球、滑滑板、骑单车、徒步、攀岩、户外探险等，这些在青年画家王冠军[②]的现代工笔人物画《我们的空间》（图5-62）中被生动地展现出来，画家立足于当代社会，从实际需求出发，将传统技法关注与现代审美相结合，对年轻人的形体到精神风貌、生活状态等各方面都予以关注的同时，并找到了恰当的艺术语言将其呈现。同样以都市青年为题材的现代工笔人物画家宋彦军[③]，其创作的《早班车》（图5-63）追求恬静的艺术风格，用线、用

图5-62　王冠军　国画《我们的空间》　　　　　图5-63　宋彦军　国画《早班车》

---

①　任惠中，1958年出生于烟台，1977年入伍，1984年调任兰州军区文艺创作室美术创作员，1987年考入解放军艺术学院美术系国画专业，1989年毕业留校任教。

②　王冠军，1976年生，黑龙江人。1998年考入中央美术学院中国画系，2002年本科毕业获学士学位。2006年研究生毕业获硕士学位，现为北京画院画家，中国美术家协会会员，中国工笔画学会专家委员会委员、常务理事。

③　宋彦军，1976年出生于河南，1993—1997年就读于天津美术学院国画系，主攻工笔人物。中国美术家协会会员。

色都极其雅典，对色彩度的把握也非常精准，处处都有一种鲜活感，生动地表现了北京都市女性的独立自主，虽然步履匆匆，但长发仔裤、坤包长靴的个性装扮，透露出时尚与自信、朝气与活力。

骑士乐园

近年来，随着人们精神文化生活需求的提升，作为体育比赛马术及与之相关的主题文化休闲活动，也逐渐越来越受社会大众的重视，每年各地都有数次地方政府、马术协会组织、企业赞助参与的比赛，甚至一些马术俱乐部也自发组织各种马术及以马为主题的文化活动。马术赛事及以马术为主题的文化休闲活动，正在逐渐发展为一个新的朝阳文化产业。

位于北京大兴区黄村西南15公里的北臧乡的骑士公园，有着训练和举办马术赛事得天独厚的条件，公园跑马场外西侧的万亩沙漠所形成的天然赛马场，为参与者提供了自由驰骋的广阔天地。如画家汪港清的油画《忙中争得作闲人——大兴骑士公园驯马师》中英姿矫健的骑者与兴趣高涨的观众等（图5-64）。

图5-64　汪港清　油画《忙中争得作闲人——大兴骑士公园驯马师》

大学生村官

随着城镇化步伐加快，广大农村工作缺乏人才支撑，导致基层治理危机。为解决这一系列问题，1995年江苏省率先开始招聘大学生担任农村基层干部，此后海南省、浙江宁波、广州市天河区、河南省鹤壁市、河北省邢台市都纷纷试点。2006年国家八部委下发通知，联合组织开展高校毕业生到农村基层从事支教、支农、支医和扶贫工作，此后大学生村官工作进入大范围试验阶段。从2005年起北京地区也启动大学生村官计划，既带动了农村各项工作的展开，又锻炼了大学生社会实践的能力。周天浩的油画《西庄的大学生村官》（图5-65），展现的就是敢直面挑战、不惧困难的大学生村官形象。

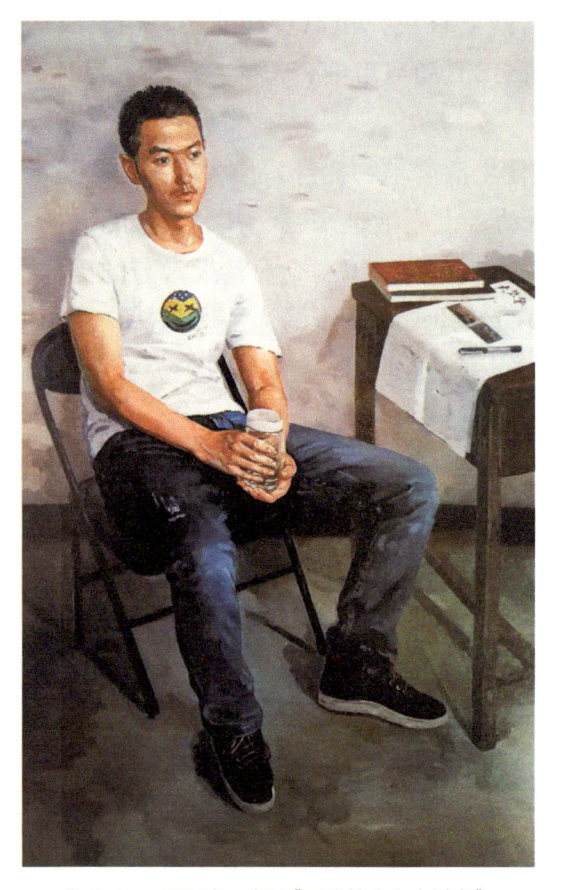

图5-65　周天浩　油画《西庄的大学生村官》

公交出行

随着城市的快速发展，过去北京"单中心"的规划布局、"分散组团式"的结构模式、"环形加放射"的路网格局，使得现在的北京不得不面对诸多难以解决的城市问题。北京城六区普遍存在人口拥挤、交通拥堵、公共资源紧张、大气污染严重和地下水超采等问题，这些无不影响着北京全体市民的日常生活，如张建豹的油画《我在大兴》（图5-66）中所表现的交通早高峰拥挤的站台上，都市人焦灼、无助又期盼的状态。为解决这些问题，2004年北京提出"两轴—两带—多中心"的城市空间新格局，实现有机疏散旧城，分流中心城区功能。规划提出构筑以城市中心与副中心相结合，市区与多个新城相联系的新城市形态。为了提高首都国际机场的客流运载力及空港物流的国际竞争力，适应民用航空事业发展的要求，推进京津冀一体化的发展，2015年开工建设北京大兴国际机场。为此，北京掀起了新的建设高潮，全国四面八方的建设者共同投入到北京的建设中。画家王善满的油画《大兴建设者》（图5-67）与谢志高的油画《五彩缤纷》（图5-68）中，展现了众多充满激情和热情的北京建设者的形象，他们是新时代生活在北京的新市民群体之一。

图5-66 张建豹 油画《我在大兴》

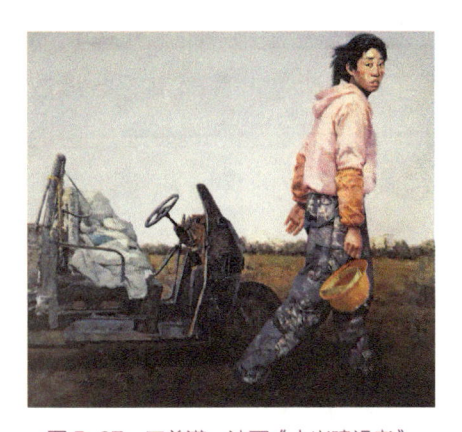

图5-67 王善满 油画《大兴建设者》

图5-68 谢志高 油画《五彩缤纷》

林果产业

除了城市建设外，在北京的农村产业方面，规划了"大城市小农业""大京郊小城区"等远景。在其引导下，2018—2022年的《北京市乡村振兴战略规划》中提出，坚持人口资源环境相均衡、经济社会生态效益相统一，统筹考虑生产、生活、生态三类空间，按照乡村的区位条件、功能定位等发展方向发展。调整农业结构，鼓励发展特色林果、休闲旅游、健康养生、创意手工等绿色产业等。其中瓜果方面，如门头沟京白梨、密云黄土坎鸭梨、门头沟樱桃、平谷大桃、大兴西瓜、房山磨盘柿、门头沟核桃等特色产业，不断挖掘地方品牌水果的生产潜力，在质量上上档次。所有这些举措，让昔日的北京农民在经济上，不仅有了翻天覆地的变化，在形象风貌上也展示出满满的自足、自信、自豪和朝气。

历史上，民国初年北京香瓜就有"白羊犄角蜜"、"苹果青"、"早三白"、"蛤蟆酥"、"青犄角"、"面猴"（即"老头乐"）等好几个品种。入夏后小贩挽筐挑担上市，几枚铜板就能买几个。香瓜比西瓜便宜，抛在井水中，浸凉以后，剖而尝之，甜爽可口。现在仅仅过去几十年，香瓜已经不多见了，有时在郊区农户院圃中偶能发现，只有外乡东北等地的摊市上还在卖着香瓜。[1]随着种植技术的发展，现在的北京生产的瓜果不仅有香瓜，而且还有西瓜、梨、葡萄、板栗等。西瓜方面，据记载大兴区从辽代就开始种植西瓜，到明清大兴西瓜作为贡品进奉皇宫，让帝皇享用。现在，大兴每年西瓜产量占首都市场西瓜数量的一半，还涌现出众多西瓜种植专业户，如高文建[2]的油画《老庞家的西瓜棚》（图5-69）与苏玉明[3]的国画《丰收的喜悦》（图5-70）

---

[1] 北京市政协文史资料委员会编：《叶祖孚文史散文集》，北京：北京出版社，2002年，第576页。

[2] 高文建，1955年出生于北京。1989年毕业于中央工艺美术学院（现清华美院）展览设计专业。2008年毕业于中国艺术研究院油画创作研究生班。

[3] 苏玉明，出生于重庆，现定居北京。中国工笔画学会会员，重庆市美术家协会会员，中国公共关系协会文化艺术委员会会员。

等，都不约而同地展示了大兴瓜农丰收后的激动与喜悦。有数据显示，北京大兴的庞各庄西瓜，在种植方面创造了三个全国之最：一是种植的西瓜品种最多，瓜农与国内和韩国、日本以及中国台湾地区西瓜、甜瓜协会的专家合作，建立了西瓜新品种试验基地，全国各地的西瓜种植专家也都来大兴一显身手。二是实现了西瓜四季生产，三季有瓜。北京最早上市的西瓜在3月，最晚上市的西瓜在元旦。[①]西瓜成为大兴及庞各庄的对外宣传名片，瓜农也是今日新北京郊区众多富裕起来的新农民形象的突出代表。

图 5-69　高文建　油画《老庞家的西瓜棚》

图 5-70　苏玉明　国画《丰收的喜悦》

[①] 李文祺：《京城纪事　李文祺新闻作品集》，上海：上海三联书店，2006年，第325页。

第六篇

绘画中的北京市集节庆

北京800多年的建都进程中，社会发展既有农牧生活方式，又有内外商贸往来的交流。其中商贸交易场所当时有街市与庙市之分，人们日常的生产、生活无一不有赖于这些商业活动。此外，由于北京地处北方少数民族与中原汉族生活区域的交界位置，除了汉族外，境内外及周边还有诸多少数民族往来和杂居，各民族习俗都在北京汇集交融，这些不同特色也都反映在岁时节令等方面，形式多样、丰富多彩。与此同时，辽金及元明清政权在北京建都，极大地促进了都市商业的繁荣，亦推动了市民文化的发展，其阶层性的体现如清末民初以来琉璃厂以"雅"为特色，天桥则是典型的平民市场，所有这些商贸生产生活及民族风俗、市民文化等，也都在历代的绘画作品中被生动地展现了出来。

一、庙市杂艺

北京地区的庙会起源于辽代,当时被称为"上巳春游"。春、秋两季是北京最好的季节,寺庙大多在城外青山秀水之间,赴郊外寺庙祭祀还可与踏青春游相结合,因而赴会者甚众。元明时北京的庙会普遍发展,庙会上逐渐形成庙市,吃穿用等商品无所不有。其中明代北京城最为繁华的城隍庙庙会,在清初逐渐被广安门里的报国寺庙会取代,此后琉璃厂庙会市场又兴起。发展至清雍正时期,地处内城的东四牌楼附近的隆福寺庙会、西四牌楼附近的护国寺庙会,因交通方便而后来居上,逐渐形成了隆福寺、护国寺、白塔寺、土地庙、火神庙五大著名庙会。这一时期庙会上除了商品交易的庙市外,清庙会还有"迎神赛会"等各种歌舞技艺表演。如位于西郊的妙峰山朝顶庙会,会期在每年农历四月初一至十五,长达半个月。这期间有各种民间组织演出大鼓、秧歌、高跷、中幡等,香客登山朝顶,观者如潮。发展至民国时期,北京各大庙会宗教祭祀活动氛围日渐式微,庙会已蜕变为纯粹的商业贸易集市,百货杂陈,游人如织。[①]所有这些,大多能在明清以来的绘画作品中发现其踪迹。

1. 繁华热闹的庙会集市

新中国成立前北京城里庙宇鳞次栉比,设有庙市的占半数。其中,有一年里开市一次的,有一年开多次庙市的。正月开庙市的有大钟寺、白云观、火神庙、黄寺、财神庙、雍和宫、东岳庙;二月开庙市的有太阳宫;三月开庙市的有南城隍庙、蟠桃宫;四月的有万寿寺、北顶;五月的有卧佛寺、都城隍庙、南顶;六月的有善果寺、中顶等。此外,还有一个月内开几次庙市的,如土地庙、白塔寺、护国寺、隆福寺等。民国时若按寺庙及庙会市场的面积统计,以宣武门外

[①] 周简段:《京华感旧录》,长春:吉林出版集团有限责任公司,2011年,第70页。

的土地庙的庙会为最大。若就热闹的程度而言，当数城中心的隆福寺和护国寺，这两大庙会与老北京日常生活关系最密切。①发展至今北京城内的庙会多在春节期间举办，地点也不全在寺庙附近，而多是选择在公园内，如龙潭湖公园、地坛公园、朝阳公园、天坛公园、莲花池公园等，且年年春节都会举办庙会。②城外郊区县依旧保持往昔的庙会传统，著名的如门头沟九龙山庙会、门头沟妙峰山庙会、平谷丫髻山庙会、密云白龙潭的开潭庙会、门头沟戒台寺的晾经庙会和百花山庙会等。③绘画中展现北京城郊庙会，有以西北郊妙峰山庙会为代表的远郊区庙会，如中国国家博物馆藏清人绘《妙峰山庙进香图》、首都博物馆藏《妙峰山进香图》和民国画家陈师曾双面山水人物《妙峰山》扇面等。城内庙会有著名的厂甸庙会和白云观庙会等，绘画作品如天津杨柳青年画《新正逛厂甸》和当代漫画家李滨声的《赶庙会》等。

妙峰山庙会

妙峰山位于北京西北郊门头沟区涧沟村附近，距京城约35公里。山中寺庙甚多，素被北京、天津一带居民视为进香圣地。清曼殊、震钧《天咫偶闻》卷九称"京北妙峰山香火之盛闻天下"。妙峰山碧霞元君庙自明代始兴，在有清一代香火盛，富察敦崇《燕京岁时记》载：妙峰山"每届四自初一开庙半月，香火极盛。人烟辐辏，车马喧夜间灯火之繁，灿如列宿。以各路之人计之，共约数万。以金钱计之，亦约有数十万。香火之盛，实可甲天下"。难怪有人认为当时的政治中心虽在城内，而宗教中心在妙峰山。④妙峰山的道教宫观里，供奉着被妇女视为至高无上的碧霞元君，故到妙峰山进香者以妇女为多。每年的春季即农历四月初一至十五日和秋季即农历七月十五日至

---

① 朱祖希、袁家方编著：《中国导游十万个为什么 北京》3，北京：中国旅游出版社，2013年，第168页。

② 张维维、宇琦编著：《老北京带你游遍大北京》，广州：广东旅游出版社，2013年，第118页。

③ 李梅、高畅编著：《美丽北京之魅力乡村》，北京：中国农业出版社，2015年，第38页。

④ 门头沟文化丛书编委会编：《门头沟文物史料 民俗篇》，北京：中国文联出版社，第176页。

八月初一两次香火会,其中以春香为盛。妙峰山庙会在明代就已经存在,发展到清代达到鼎盛,如今的妙峰山庙会不仅保留了华北地区以民间信仰为特点的传统民间吉祥文化,还保留下来许多香会组织,传承了许多民间体育竞技活动和民间手工艺等。[①]

中国国家博物馆收藏的清人绘《妙峰山进香图》(图6-1),纸本设色,无款,纵205.5厘米、横114.6厘米。全图采用工笔淡彩,细腻生动地描绘了人们前往妙峰山进香的盛况。画面首先扑入眼帘的是妙峰山丘壑崇峻,从山脚下涧沟村通向山顶的进香山路,如蛇一般顺着山势逶迤盘旋而上。进香的群众主要来自京城内外,城里的香客一般从宣武门、阜成门、西直门、德胜门等地出发,或途经大觉寺,或北安河,或三家店,或聂各庄等分岔路,于山下涧沟村会集后登山。由于山道崎岖,路途遥远,进香赶路必须昼夜兼行,通常往来需要3天左右。

图6-1 清 无名氏绘《妙峰山进香图》

[①] 齐心编著:《中国庙会》,沈阳:辽宁人民出版社,2014年,第119页。

位于妙峰山下的涧沟村，又名三岔涧，由于它居北道、中道、南道三条进香路线的交会点，南来北往进香赶会的人很多。涧沟村人头攒动，有许多临时性的大棚帐篷。村内还有一条以东西大街为主要干线的街道，街道东部主要是进香、还香、回香等各种香客往来的通道，商贩、商摊也多云集于此，商品多样，叫卖不停。街道北部是行商坐贾的铺面商户及食品小摊，卖水售物，待客前来。有的行商者还多击鼓敲锣来招揽生意。在街道南入口处，有一座"人"字木结构的高大戏台，台上的演员们穿红戴绿，在锣鼓声中表演。

通往山顶的进香山路两旁，散布稀疏的村落及各式的茶棚、商摊、店肆等，香客有的一步一揖、三步一叩首向前行进。有的还以背鞍、滚砖、耳箭、悬灯等方式进香以示虔诚。各种民间香会边走边练、幡旗飘扬、鼓磬齐鸣、观者如潮。沿途中还有诸多休息歇脚的茶棚、店肆和村舍等。清佚名画中展现了庙会中心地涧沟村的各种娱乐景象，以及进香时的盛大场面。（图6-1-1）

从涧沟村通向山顶的崎岖山路上，香客络绎不绝。在人流中还有许多形态各异的举旗、撑幡、敲鼓、打锣、吹号等列队道驾的结社组

图6-1-1 清 佚名绘 《妙峰山进香图》局部1

织,他们走一段吹打一阵,以示助威,为进香者开道。在这些香客中以乡民装束居多,另外也有一些官吏、侍从等。他们中间许多人是肩置褡袋,腋夹衣包,有的还挑担而来,手举炷香。还有许多携儿带女,扶老挽幼的善男信女,其中年老体弱者则手持木杖艰难而行。与此同时山道上还有许多身着破衣,手拿食器的乞丐,沿途向进香者乞讨。据说乞讨的也有讲究,只向下山人乞讨,不向上山人乞讨。[1]

在进香途中,通往山顶通道的两侧平地上,还有许多各种类型的民间文化娱乐活动。其中有各式戏班歌舞圣会,箫鼓、弦乐的民间弹唱,武艺杂耍和撑竿等生动精彩的民间艺术表演。这些前来争相赶会的献艺者,为进香活动增添了节日的气氛。到达山顶后,在碧霞元君庙中进行一系列参拜祭祀仪式后,还必到峰顶上的回香阁,拈香酬山后方才下山。(图6-1-2)清佚名画中手执木杖、头戴红花者,则为下山者。大凡香客进山,焚香朝顶毕,必在庙门口买桃木杖及纸花、纸蝴蝶插戴头上,下山回家,花名"福儿",口中还要唱着"带福还家"等。

首都博物馆收藏的清佚名《妙峰山进香图》(6-2)中妙峰山进

图6-1-2 清 佚名 《妙峰山进香图》局部2

---

[1] 李露露:《清代〈妙峰山进香图〉》,《中国国家博物馆馆刊》1989年第5期。

山路主要有三条，其中南道三家店路，中道大觉寺路，北道北安河路。画面中描绘的正是中道香客进香途经大觉寺门前的情景。画面中各路走会尤为显眼。其中有秧歌会、叉子会、五虎棍会，各会的箱笼上均插小旗，为本会标志。其中能辨认的有"开路老会""秧歌老会"等。道路两旁是各种的摊棚，如茶棚、粥棚等。香客有乘马车的、有坐轿子的、有夫妇背着孩子的，男香客多背一香袋，袋上写着"朝顶进香""朝贺进香"等。其中一香袋上写着"丁亥年制"，疑为作画年款。妇女多手捧香烛，其中以老年者为多，亦有头戴纸花、手执木杖者，画面中还有两个乞讨的。有的香客身背竹篓，香烛俱全，似为远途而来的香客。大觉寺后就是进香的山路，山道及途中所经之地皆有表现，如"立子台""寨尔峪""萝芭地"等，一直到最险远处碧霞元君庙则仅以旗杆为识。[1]

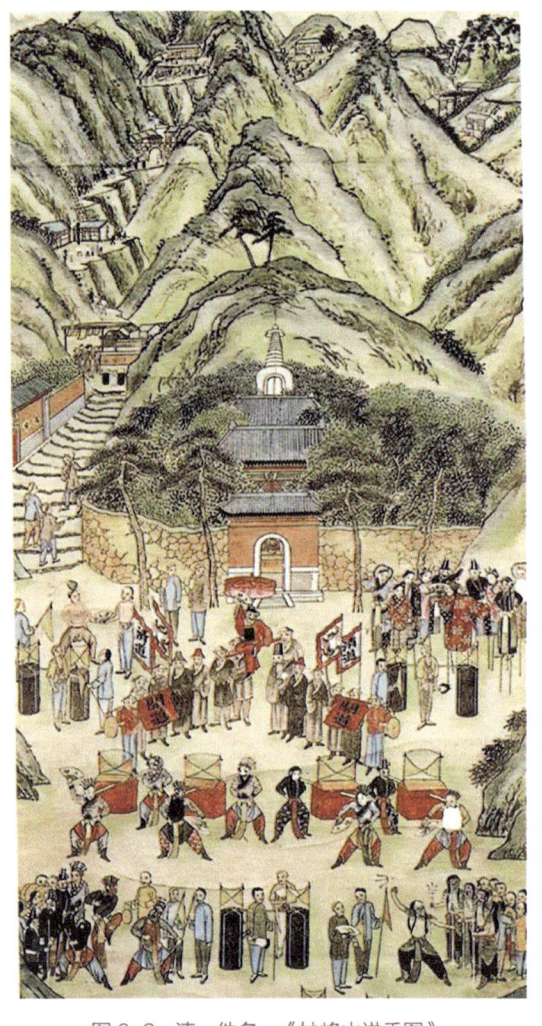

图6-2 清 佚名 《妙峰山进香图》

---

[1] 门头沟文化丛书编委会编：《门头沟文物史料 民俗篇》，北京：中国文联出版社，2004年，第177页。

图6-2-1 清 佚名 《妙峰山进香图》局部1

　　1920年画家陈师曾赴北京妙峰山，当时妙峰山下商贩聚集、人群熙攘，陈师曾见状，归来画一扇面《妙峰山》（图6-3）。在小小的扇面上商贩插满旗子的担子、漠然的坐轿子的人、满身补丁的女乞丐、休息的路边艺人、路边简陋的茶社和饭馆都一一在列。[1]与清人所绘妙峰山全景图不同，擅长花鸟、人物、山水等题材的陈师曾，只刻画了进香人群的局部形象，但却将传统山水与人物，在意笔勾勒中形象地展现出来，人物直接从生活中取材，带有速写和漫画的特点。树石简率，山水高古，风格清峻。后人评"陈师曾重视文人画，以为文人画之要素，第一人品，第二学问，第三才情，第四思想。画妙峰山进香图，林壑间熙熙攘攘，香火盛况宛然在目"[2]。

---

[1] 周蓉：《越只青山　吴唯芳草——陈师曾山水作品研究》，《荣宝斋》2017年第12期。

[2] 石继昌：《春明旧事》，北京：北京出版社，1996年，第25页。

图6-3 陈师曾 山水人物扇面《妙峰山》(正、反面)

白云观庙会

北京白云观庙会是北京传统的庙会之一,白云观位于复兴门外白云路之东,是北京最大的道观,号称"全真第一丛林"。早在元代熊梦祥的《析津志辑佚》中便有记载,"至十九日,都城人谓之燕九节。倾城士女曳竹杖,俱往南城长春宫、白云观宫观,葳扬法事,烧香,纵情宴玩,以为盛节,犹有昔日风纪"。白云观庙会最初是以法事、烧香为主,但又正好恰逢春节,庙会上有供游人休息的茶棚、小吃摊等,于是庙会也就变成了人们游逛的场所。白云观正月开庙的主

要活动有"会神仙""顺星""打金钱眼""摸石猴"等。传说正月十九日丘处机要降临人间超度有缘者，因此庙会期间以出售香烛纸箔神像最多，其次是各种食品、儿童玩具等。会期还有各处民间花会狮子、高跷、旱船都来竞相表演，锣鼓不断，热闹异常。过去逛白云观要骑驴，"对槽"由宣武门

图6-4 李滨声 《燕京画旧全编》中白云观庙会赶会场景

始发，老太太骑驴，赶驴的"二哥"牵驴走在一旁；年轻妇女骑驴，赶驴的"二哥"走在驴前；小伙子骑驴，赶驴的"二哥"跟在后面，或不跟（驴认往返对槽）。如李滨声漫画《燕京画旧全编》中白云观庙会赶会（图6-4）的场景。

东岳庙会

除了白云观外，北京还有一处重要的道教场所东岳庙。东岳庙位于朝阳门外，是祭祀东岳大帝的庙宇。东岳大帝为道教所奉的泰山神，传说泰山神掌管人间生死，古代封建皇帝多祭祀泰山。唐玄宗时期泰山神被封为"天齐王"，元世祖时期泰山神被称为"东岳天齐大生仁皇帝"，简称"东岳天齐大帝"或"东岳大帝"。新中国成立前全国各地多建有东岳庙，每年夏历三月二十八日为祭祀日，祭祀活动展开的同时也有庙会举办，庙市一般就设在寺庙内或其附近。北京朝阳门外东岳庙的庙会除每月初一、十五外，每当三月，自十五日起开庙半月，士女游人云集，至二十八日尤盛，俗称掸尘会，进香还愿者如过江之鲫。庙内庙外，人山人海遂成闹市。

东岳庙会兴盛的原因与其地位有关，清代皇帝祈祭东陵时，必至东岳庙拈香用膳，且东岳庙内的泥塑多出自名家高手，庙内的天

271

师神道碑是元代书画大家赵文敏手书。王大观绘制的长卷《旧京环顾图》（图6-5）中，生动地再现了东岳庙会的热闹场景。画中说唱艺人卖力表演锣鼓聒耳，拉洋片的大声吆喝生意红火。庙前广场上耍杂技的，有壮汉顶起三丈高的中幡，拉硬弓的被围得水泄不通，耍双石叠罗汉的赞声一片（图6-5-1）。庙外人来人往、熙熙攘攘，殿前香火袅袅、经乐飘飘。东岳庙前琉璃牌楼旁的茶馆里正有人在说书，路边戏台在演京剧《捉放曹》。沿街的杂货摊各色商品琳琅满目，行人边走边看，边挑边选。小吃摊前热气腾腾，食客或坐或

图6-5　王大观　《旧京环顾图》中东岳庙庙会与庙市

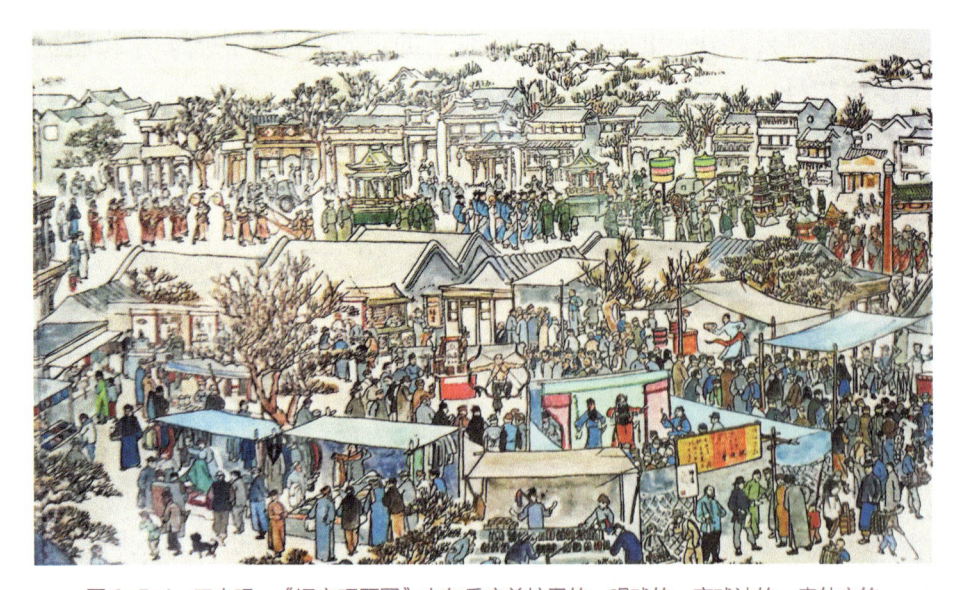

图6-5-1　王大观　《旧京环顾图》中东岳庙前拉弓的、唱戏的、变戏法的、卖估衣的

站人头攒动（图6-5-2）。

厂甸庙会

北京规模最大、京味最浓、最闻名遐迩的庙会是厂甸庙会。厂甸庙会与南京夫子庙、上海城隍庙、成都青羊宫的庙会并称为中国四大庙会。厂甸位于前门大栅栏西，辽代名为"海王村"，金代改称"海王庄"，明代在这儿集中设立官办琉璃窑，得名琉璃厂。清代窑厂被迁到西山，琉璃厂地名却保留下来。厂甸庙会每年春节正月初一至初五这个时间段举行。厂甸庙会所依托的是位于西城区南新华街一带的火神庙、吕祖祠和土地祠三座小庙。全盛时的厂甸庙会北起和平门，南抵梁家园，西到南北柳巷，东至延寿寺街。厂甸庙会的文化气息非常浓郁，经营文物字画、新旧图书、珠宝首饰等，有文化市场之称。厂甸庙会上除了固定店铺、摊位的商贩外，还有流动小贩，挑担的、挎篮的、背包的，大都是些卖风味小吃或儿童玩具、民间工艺等的，如捏面人、吹糖人、做风车、草编、风筝、空竹、微雕、剪纸等。

图6-5-2 王大观 《旧京环顾图》中东岳庙前的小吃摊、卖风筝的、卖大山楂串的、卖元宵的

清代杨柳青木版年画中有一幅表现厂甸庙会的《新正逛厂甸》（图6-6），再现了当年春节厂甸庙会的场景。来来往往赶庙会的人，红男绿女或步行，或骑驴，或乘人力车，庙会摊位琳琅满目，其中一个玩具摊子，经营空竹和地轴，货架上挂满了双轮的空竹，货摊是一个长方形的木盘，主人正在方盘上"放地轴"，地轴已经直立盘中旋转。主人右手执"竹尺"，左手提绳索，凝神注视。货摊外是一位妇女，正手指定地轴，似有言说（图6-6-1）。这样的情景应是清代厂甸玩具货摊的真实写照。[①]与文人绘画不同，作为民间大众喜爱的年

[①] 王连海编著：《北京民间玩具》，北京：北京工艺美术出版社，2010年，第330页。

图6-6 杨柳青 年画《新正逛厂甸》

图6-6-1 杨柳青 年画《新正逛厂甸》局部卖空竹

图6-7 李滨声 《燕京画旧全编》中的度柳翠

画,多以表现世俗生活为主,杨柳青年画《新正逛厂甸》带有鲜明的装饰性和表现意味,其多贴于屋内或炕墙上,展示了厂甸庙会的喜庆、热闹和繁荣等景象,老百姓熟悉画面场景,对该画喜闻乐见。[1]

反映厂甸庙会各种杂耍和小商品售卖的还有众多作品,如李滨声

---

[1] 中国民间美术教学大全编委会编:《中国民间美术教学大全》,沈阳:春风文艺出版社,1993年,第145页。

的漫画绘著《燕京画旧全编》中的度柳翠、香草、大糖葫芦、风车、空竹、小金鱼等。《燕京画旧全编》中度柳翠为厂甸所售耍货中最具代表性之一（图6-7）。画面题记说早年以喇嘛教打鬼之头壳为多，但其来源与历史上中原地区广为流传的关于柳翠的民间传奇有关。柳翠本是观音净瓶内的杨柳，因叶染微尘，被罚往人世当妓女。后来观音请罗汉化作月明和尚去人间"度化"柳翠，沦落风尘的柳翠最终幡然醒悟修成正果。早在南宋时月明和尚度柳翠的传说，就已被编成故事被街头说讲，元代剧作家王实甫为此编写了"月明度妓"戏剧。明清时期，关于柳翠的传说更为广泛，各种版本纷纷出现，主要情节为大头的月明和尚度化贪恋红尘的柳翠。宋代《东京梦华录》和《古今小说》，明代《西湖游览志》和《帝京景物略》等书中都有与之相关的跳大头和尚的记载。沿至近现代，各地风俗中对此的称谓大同小异，有的叫作"逗柳翠"，有的叫作"驮柳翠"，有的叫作"戏柳翠"，有的叫作"耍柳翠"，其形式就是每到上元佳节，人们在灯火辉煌中走上街头，只见锣鼓喧天，高跷狮子，戴着硕大的"大头和尚"和"柳翠"头面具的男女装扮二人，相舞于街头，滑稽戏谑，欢乐无比。

厂甸庙会往往是由和平门外开始，第一个摊子为卖香草的，年年如是，香草一般是乡下头年秋天割下来，晾干收藏，次年庙会上就卖了，香草深受人们喜爱，卖的香草，用五色山草系成一束，价廉色美，气味芳馨，花上毛儿八分买上一把，放在屋里芳香四溢，一般逛庙会的人，都喜欢顺手买上一把香草，作为逛庙会的纪念品。（图6-8）

厂甸庙会上，售卖最多的是风筝、风车和大糖葫芦（图6-9）。卖风筝的摊位特别多。要买好风筝，那还是要去厂甸。厂甸上的风筝五颜六色，十分丰富。什么竹篾做的，什么鲭鱼、龙井鱼、屁股帘儿的应有尽有。过去北京做风筝的几个大家都在那里摆摊，各式各样的风筝争奇斗艳。北京城里有名的哈记风筝的店铺在琉璃厂的西北角上，

图6-8 李滨声 《燕京画旧全编》中卖香草的

图6-9 李滨声 《燕京画旧全编》中卖大糖葫芦的、风车的、小金鱼的

对面是海王村中国书店，旁边就是一得阁墨汁。[①]老北京厂甸庙会上，有专卖大糖葫芦的小贩。大糖葫芦有一米多长，选大而红的山里红用荆条穿起来，然后再刷上饴糖，白里透红，十分诱人。有的在顶端还插着许多彩色的小旗子。逛厂甸的人大多买上一串，扛回家去，增加了过年的喜庆气氛。（图6-9）每年春节，厂甸以及繁华的街市都有卖空竹的。空竹是使用竹子和木材制作的玩具，两层中空，周边镶上竹条，上有若干长形的小口。用两根木棍系上白线绳，在圆柱上绕一圈，手持木棍上下抖动，就发出嗡嗡声。（图6-10）

春节期间京城厂甸、

图6-10 《北京的春节》插图 卖空竹的摊位

---

① 杨建业：《北京扎燕风筝》，北京：北京美术摄影出版社，2012年，第56页。

白云观等处，还有小贩挑筐卖噗噗噔和琉璃喇叭的。噗噗噔状如锤形，是用红琉璃烧制而成的。锤形底端是平的，极薄，吹时起伏振动，其声脆如金石。琉璃喇叭是用绿色琉璃烧制而成的，管细，下端为喇叭状，声音尖锐刺耳。（图6-11）

图6-11 《北京的春节》插图 卖噗噗噔的

唱大鼓（图6-12）为旧时京城描绘与市场上偶有的艺人表演形式。北京的大鼓有几种，如京韵大鼓、乐亭大鼓、梅花大鼓等，其中京韵大鼓最有名。在白塔寺塔院后演唱乐亭大鼓的王佩臣在天津很有名望，唱京韵大鼓的小彩舞字正腔圆，深受群众喜爱。此外，庙会上还有大人小孩都喜欢的吹糖人的。吹糖人是旧时北京的一个行业，吹糖人的小贩们肩挑挑子走街串巷，挑子一头是一个带架的长方柜，柜子下面有一个半圆形开口木圆笼，里面有个炭炉，炉上有一个大勺，中间放满了糖稀。小贩用小铲取一点热糖稀，放在沾满滑石粉的手上揉搓，然后用嘴衔一段吹，吹出各种形状，什么小鹿、金鱼、耗子、灯笼等，很受孩子们欢迎。还有一种吹糖人的方法，就是用模子吹。小贩用一柄中空的短芦管，一头蘸上一团糖稀，然后在空中反复摇晃，待其稍凉，把糖团放在一个开启的模子内，再把芦管含在口中徐徐吹制，不一会儿就成了型。打开模子时，便取出一只腹内中空、活灵活现的立体小动物。再用苇秆一头蘸点糖稀贴在糖人上，大功就告成了。吹糖人的拿手绝活是"猴拉稀"，吹出来的小猴子肚子是透明的，肚子里还有半肚子糖稀水。再另吹一个小糖碗儿，粘在猴儿的屁股上，那股糖稀水会从猴肚子里慢慢地流到碗里，此物最受孩子们的

欢迎。①（图6-13）

图6-12　何大齐　《老北京民俗风情画》中唱大鼓的

图6-13　何大齐　《老北京民俗风情画》中吹糖人的

当代庙会不限于寺庙，北京城中许多大型的公园，每年春节都举办庙会，如地坛庙会、天坛庙会、玉渊潭庙会、朝阳公园庙会、八大处公园庙会、龙潭湖庙会、陶然亭庙会、北京国际雕塑公园庙会和北京大观园的红楼文化艺术庙会等。与传统依托寺庙举办的庙会相比，当代公园庙会上既有传统的小吃、杂耍、物件买卖等，也有当下流行的各种毛绒玩具、烧烤、饮品、专业展览和表演等，特别是一些公园的传统帝王祭祀天地等仪式的展示与特定文化艺术氛围的营造，是过去传统庙会所无法比拟的，如龙潭湖公园、天坛公园与大观园公园庙会等。

---

① 马兰主编：《老北京的传说》，天津：天津人民出版社，2015年，第391页。

龙潭庙会

20世纪80年代初,崇文区委、区政府认真贯彻中央和北京市关于加强社会主义文化建设的工作部署,为满足群众日益增长的精神文化需求,自1984年起举办春节龙潭庙会。首届北京龙潭庙会于1984年举办,为北京著名的节庆活动。有民间花会表演彩子戏楼、微雕画脸谱泥人张"袖口捏人"表演、摄影展、奇石展、武器装备模型展等。[1]如万纪元的油画《龙潭庙会》(图6-14),画面展示了庙会期间的戏剧演出场景,演员们不仅穿戴全部行头登场,且演出中一丝不苟,吸引众多逛庙会的群众驻足观看,给庙会增添了节日喜庆的氛围。

图6-14 万纪元 油画《龙潭庙会》

---

[1] 中共北京市委党史研究室,中共北京市崇文区委党史资料征集办公室编:《崇文改革开放30年》,北京:中央文献出版社,2008年,第247页。

大观园庙会

进入新世纪后，随着人民生活水平的提高，和对丰富节日活动的需求的增长，各大公园纷纷在春节期间举办庙会。"虽然天气很冷，但是逛庙会的人还是很多，民俗区人挤人，很多人的手里都举着大糖葫芦。有小吃的地方人最多，逛庙会的老人也非常多，湖的冰面上滑冰的人也很多。2013年蛇年春节的时候，我去了北京国际雕塑公园庙会和北京大观园的红楼文化艺术庙会。其中北京大观园的红楼文化艺术庙会给我很深的印象。那里的年味儿更浓厚，到处张灯结彩。小吃街像一条弯弯曲曲的蛇从门口弯到大观楼。'元妃省亲'的庞大表演再现了小说《红楼梦》中的热闹景象。在元妃省亲的路上，到处可看到非物质文化遗产项目，糖人、面人、中国结、竹编、风车、泥人等等。这些非物质文化遗产项目，一般在北京有庙会的公园都有，但是这里似乎更多些。由于这里的空间小，摊位紧紧相挨，显得更热闹。还有木偶表演，台下坐了好多孩子和家长观看。2015年春节，年初一，我又逛了北京八大处公园庙会和地坛公园庙会。后来我还去了地坛公园庙会，地坛公园庙会最吸引人的是皇帝祭地表演。"[1]

除了热闹的庙会外，过去老北京还有各种各样繁华的集市，有以市场街区形式出现的，如"东四"和"西四"。也有专业性的"市场"，如有专卖粮食的粮食市，还有专卖骡马的骡马市。其他如菜市、缸瓦市、猪市、羊市、灯市、蒜市、瓷器市、花市、煤市、布市、果子市以及鸽子鸟摊、日杂物等市。其中灯市是北京临时性的大集市，早在明朝时灯市就很繁盛，《日下旧闻考》记："市之日，灯则有烧珠、料丝、纱明角、麦秸、通草等。"清朝中叶以后，"灯归城内，市归琉璃厂矣"。此外，清朝末年，东安门大街一带，还出现了长期开市的集市。1903年，清政府便把这个集市赶到了已废的"清兵练兵所"上，这些摊贩便在此处搭棚设摊。1915年左右，众摊贩集资盖起了高大的铁罩棚，有的还建房盖楼，规模逐步扩大，由简陋

---

[1] 王春：《多彩的时光》，北京：中国电影出版社，2015年，第59页。

的小集发展为大市场。[1]除此之外，北京还有一些灵活机动的早市和夜市等。

东华门夜市

东华门是紫禁城的东门，始建于明永乐十八年（1420），与西华门遥相对应。东华门夜市最早源于1984年由一些经营服装、水果的商贩自发在这里摆摊，1986年才正式形成了夜市。20世纪90年代，东华门夜市逐步繁荣起来。2000年由政府规划成小吃街，更名为东华门美食坊夜市。李鸣鸣[2]的油画《东华门夜市》（图6-15），以写实的手法，将华灯辉映的夜景中，来自四面八方的游客，流连于各色美食的摊位前的景象展现了出来。在这里可以品尝到全国各地200多种特色名小吃，以及西式的特色小吃油炸冰激凌、韩国烧烤和各种特色烤串、饮品等。[3]

图6-15　李鸣鸣　油画《东华门夜市》

---

[1] 孙健主编，刘娟、李建平、毕惠芳选编：《北京经济史资料　近代北京商业部分》，北京：北京燕山出版社，1990年，第339页。

[2] 李鸣鸣，1957年生于北京。少年时期进入北京市少年宫美术组学习，1979年考入解放军艺术学院美术系油画专业，毕业后任过美编、大学教师、创作室主任。现为中国美协会员、职业画家。

[3] 北京汇博行房地产经纪有限公司编：《北京特色商业街》，北京：机械工业出版社，2008年，第65页。

荷花市场

荷花市场位于什刹海地区，其位置原为北京前海西沿一段南北狭长的湖堤，相传为清乾隆年间权臣和珅所修，又称"和公堤"。湖堤全长约有150米，宽度为20米，东侧是前海，西侧为一片活水稻田，堤上种植柳树、山桃等植物。清同治光绪时期，每年农历五月初一荷花盛开时令至七月下旬夏末结束期间，来什刹海赏荷、纳凉的市民、游人很多，一些商贩和民间艺人在堤上搭棚摆摊，叫卖商品、食品，逐渐形成市场。①发展至民国时期，什刹海荷花市场与今天什刹海沿岸的酒吧环绕、摩肩接踵的人群相比，一点都不差。当年住在附近的老北京人俗称"逛河沿儿去"，指的就是去荷花市场。从北海北门下坡向西北走去的大堤，两岸垂柳依河走，水中荷花碧叶连天。从每年的农历五月初五"端午节"开始，到七月十五"中元节"，荷花市场既是避暑纳凉的好去处，也是各种风味小吃、民俗展示的集中地，如方砚的绘画作品《荷花市场》（图6-16）中描绘的景象。如今什刹海地区经过数次改造，已经成为北京著名景区。特别是2005年以后，西城区政府根据"新北京、新奥运"保护古都风貌的总体要求，将什刹海定位于集历史文化保护，突出了湖光山色，王府故居，京味民俗等特色，发展主题街和特色旅游项目，荷花市场因此更成为该地热门景点之一。②

图6-16 方砚 《古都遗韵》中荷花市场

---

① 柯小卫：《当代北京什刹海史话》，北京：当代中国出版社，2014年，第47页。
② 吴雅山：《地安门的前世今生》，北京：北京燕山出版社，2014年，第214页。

2.精彩绝伦的杂耍技艺

旧社会的天桥，是贫苦大众的游乐地。在那里，可以听相声、评书、河南坠子、大鼓书、莲花落，还有更多的人喜欢看的杂耍。天桥的杂耍五花八门，应有尽有。例如掼跤、变戏法、盘杠子、踩高跷、耍刀叉、抖空竹、踢毽子、耍花坛、耍中幡、拉洋片、耍猴等。这些艺人都是祖师相传，有一套真功夫，如著名的"天桥八怪"。所谓"八怪"，各个时期所指不同，庚子时期的八大怪有"穷不怕、处妙高、韩麻子、孙丑子"等，民国初期有"老云里飞、花狗熊等，新中国成立前有云里飞、大金牙、大兵黄、张狗子、百鸟张、赛活驴、架冬瓜"等。[①]

耍中幡

中幡是一项历史悠久的少数民族传统体育项目，据说起源于佛教的旗罗伞扇、幡盖等为佛教的八宝之一。后在北京、内蒙古、河北等地的满族、回族群众中流传的幡形式有大幡、中幡和小幡三种。中幡由杆、伞、盖、旗组成，高三丈多，上有三个旗子，旗下设有三伞，幡上拴有三个拍子，大小不同，音响各异，悦耳动听，如马海方的国画《耍中幡》（图6-17）中展示的情景。中幡演练具有浓厚的民族特色，可一人单练，两人对练和集体练。它有50多个动作寓于20多个套路。中幡演练的特点是：惊险紧张、轻松幽默、刚柔兼备。中幡所表演的每个动作都有名称如"霸王举鼎""苏秦背剑""太公钓鱼""封侯挂帅"等。中幡是一项深受人民群众喜爱的民族传统体育项目，农村群众经常以精彩的中幡表演庆祝丰收。[②]此外，展现天桥杂技及说唱大鼓的还有赵俊生[③]的《旧京风情——天桥杂技》（图6-18）

[①] 文安主编：《清末杂相》，北京：中国文史出版社，2004年，第55页。

[②] 向韦刘、徐松编著：《体育手册》（续编），北京：少年儿童出版社，1990年，第1218页。

[③] 赵俊生（1944—2013），天津人，从小随其父著名山水画家赵松涛先生习画，后又进入中央美术学院附中接受严格的专业训练，1973年分配到中国美术馆工作，先后任展览编辑、展览部副主任、画廊主任。国家一级美术师，文化部美术高级职称评审委员，中国国际书画艺术研究会副会长，被评选为当代最具学术价值与市场潜力的（人物）画家之一。

与《春至河开：天桥》（图6-19）等。画家赵俊生出生于天津，天津的南市同北京的天桥非常相似，在北京的生活使画家对那些民风民俗市井生活有了更深刻的认识，很自然地开始尝试旧京风情的题材。虽然这些风情画中，出现的都是底层人民，但画家的笔墨中却透出文雅的气息，画家不仅仅是按照以前一些风俗画的手法去画，更注重作品呈现出来的格调要高雅，把最平民的东西，通过画面推上大雅之堂，让现代的艺术理念在民间的风情画中生根发芽。①

图6-17　马海方　国画《耍中幡》 　　图6-18　赵俊生　国画《旧京风情——天桥杂技》 　　图6-19　赵俊生　国画《春至河开：天桥》

穷不怕

"穷不怕"是一人名，为光绪年间曲艺相声艺人采绍文的艺名，

---

①　王晶主编：《庚寅纪事　年度艺术名家访谈录》，北京：中国国际美术出版社，2011年，第79页。

他是北京"天桥八大怪"之首。穷不怕原为京剧丑角出身,他的演艺水平较高,常在书舍茶馆里表演,他打的竹板上有"满腹文章穷不怕,五车书史落地贫"的字样。穷不怕有相当的文化水平,对汉字颇有研究,撒在地上的字本身就是艺术品,他每次表演时,总是带一口袋白沙子,一把笤帚,以地为纸,以沙为墨,信手写来,两三尺的大字,一挥而就(图6-20)。他根据所撒的字,或单字,或对联,或

图6-20 《天桥丛谈》插图 穷不怕

诗词,拆其笔画,释其音义,将笑话、掌故、时人、时事,尽囊括其中,最后抖个硬包袱,往往令人拍掌叫绝,而且他的表演一天一样,令人无法捉摸。穷不怕不仅技艺高超,而且创造了相声对口表演的新形式,受到同时代和后起相声艺人的尊敬,称他为"穷先生"。[①]

蛤蟆教书

天桥"八大怪"中,属"让蛤蟆教书"的老头儿最为怪异,上场时带一大、一小两个罐子,一个细颈瓶子,一块木板。开场后把木板平铺在地上,先将大罐儿口打开,嘴里叨念着:"到时间了,上学啦!"这时从罐儿里爬出一只大蛤蟆,跳到板上蹲踞在中间,俨然像老师上了讲台。老头儿又拿出小罐儿打开,嘴里喊道:"上学了,先

---

① 曹子西主编:《北京历史人物传》(下),北京:北京燕山出版社,2014年,第628页。

生都来了，学生怎么还不来上课？"只见从小罐儿里依次跳出八只小蛤蟆，爬到木板前，面对大蛤蟆排成两行蹲在那里。等小蛤蟆蹲好，老头儿又喊："老师该教学生念书了！"这时大蛤蟆叫一声，小蛤蟆随着齐叫一声。就这么一叫一答，真跟教书似的。此起彼伏叫了一阵，老头儿又大喊一声："到时间该放学了！"小蛤蟆先起来，依次爬回小罐儿。大蛤蟆为人师表，看见学生都进罐儿了，才慢悠悠起来跳入大罐儿（图6-21），最后老头儿收起罐子。此外，老头还训练了蚂蚁，只见他拿出细颈瓶打开盖子，嘴里说着："快出来排队，上操啦！"这时从瓶里爬出一大群黑、黄两色蚂蚁。老头儿一边喊着排好队，下达立正、看齐的口令，一边用手撒些小米。这时只见混在一起的黑、黄两色蚂蚁，依照颜色排成两队，绝不混杂。待蚂蚁排好队后，老头又下口令："收操啦！"蚂蚁即爬回瓶中。世上驯兽、驯鸟儿司空见惯，而驯蛤蟆、驯蚂蚁确属罕见。老头儿过世之后天桥再无此项表演。①

图6-21 《天桥丛谈》插图 蛤蟆教书

滑稽二黄

滑稽二黄指的是清末民初北京戏台上的一种滑稽京剧形式。滑稽京剧是"老云里飞"白庆林首创的。白庆林小的时候被送到京戏班学戏，长大后他在表演上，武功扎实，身段灵活。后来他发现靠

---

① 都梁：《狼烟北平》，武汉：长江文艺出版社，2006年，第234页。

演戏谋生实在困难，就决意改为"撂地"作艺，在戏园的正规演出中创出一种所谓"滑稽二黄"，即演唱一些京戏爱好者喜欢的唱段，从戏中找出笑料，以博得观众哈哈一乐。这种表演别开生面，化装极其简单，只用大白粉在眼眶外边画上两个白圈，再按不同的剧中人物，穿上相应的"行头"，就算齐备了。而这些行头

图6-22　方砚　《古都遗韵》中老云里飞与滑稽二黄

是用一些零星破烂品代替的，比如常戴的豆包帽，支出两个耳子，就当"相纱"，用破大褂当蟒袍，用自行车的里（外）带当"玉带"。用一根木棍儿拴上一块布，就当"令旗"。特别是用当时的"哈德门""红锡包""大联珠"等牌子的香烟盒，做成形状各异的戏帽，五颜六色，很是滑稽（图6-22）。表演时，他用嘴当胡琴和锣鼓，抓哏取笑，插科打诨，使看戏的不由得从内心发出欢笑。后来白庆林和其子"小云里飞"白宝山一起配合演出，爷俩合作默契，演出妙趣横生，有的滑稽动作和唱段，常常让观众甚至笑得直不起腰来。

拐子顶砖

在天桥还有一个奇怪的拐子，他在天桥待了很久，但人们却不知道他的姓名，因为他永远沉默不说话。拐子黧黑的肉皮，方方的面庞，垂目合掌，整天跪在露天地里，裸着上身，冬季也不穿衣服，瑞雪飘飞时，他挺着脊背，任凭冷风吹拂着他的肌肤，夏季则默然地跪在烈日之下。最令人称奇的就是他那光油油的秃头，能顶着20多块大方砖，足在百斤以上。他将砖块层层地顶起来，远而观之，像一个

小塔，虽然高及五六尺，但是永远不掉（图6-23）。有人看他可怜，掷给他几个钱，他则嘴巴略动，缓缓地合掌作一个揖，要完钱，将砖一块一块地移下来，秃头上明显地露出一个拳头大的深坑，深坑即顶砖的缘故。铺在他面前的状子上写着：拐子要钱，靠天吃饭，善人慈悲，功夫难练。[1]

摔跤沈三

北京天桥还有一个摔跤卖艺创始人沈三，回族，原名沈友三，天桥卖艺八怪之一。他自幼随父习练摔跤，后拜师于青龙桥夏五巴，牛街闪大保、冯德录等。善于吸纳各路摔跤优长，民国初年遂成为北京跤坛魁首。在1933年北京举行的全国运动会摔跤选拔赛和同年在南京举行的全国运动会摔跤比赛中均获第一名。他长期在北京天桥摆跤场卖艺，并在当地及河南传授摔跤技艺，对中国式摔跤的继承和发展贡献颇多。如赵俊生的国画《旧京风情——跤手》（图6-24）中正在和人比赛摔跤的跤手。沈三培养出的著名摔跤手有其子沈少三及门徒丁全福、丁全玉、海友义、白玉山、郑进忠、

图6-23　方砚　《古都遗韵》中拐子顶砖

图6-24　赵俊生　国画《旧京风情——跤手》

---

[1] 张次溪编著：《天桥丛谈》，北京：中央编译出版社，2016年，第140页。

杜克勤、许守信等。[①]

赛活驴

"赛活驴"既是节目的名称，又是表演者的艺名。"赛活驴"本名关德俊，是个中等身材的中年汉子，很精神。他表演的节目其实叫作毛驴舞更贴切些。他所用的道具是一件用黑绒布制成的空心驴，表演时，他钻入其中，弓身猫腰，手拄两条一尺多长的拐杖，当作毛驴的前腿，然后手脚并用，跑起来抖动红色笼头上的铃铛。"哗啦、哗啦"作响，仿佛一头活生生的毛驴奔驰而来，故而人称"赛活驴"（图6-25）。在"毛驴舞"中有些高难动作近似杂技，即由他的妻子关金凤跨上驴背，如骑真驴，怡然自得。然后骑驴上桌子，进而爬上放置在桌面上的三足板凳，好像山羊上山，如履平地，但每上一级，关德俊都要摘下驴头。向观众一再声明："诸位，这里边实在闷得慌啊！"以引人发笑。[②]

图6-25　《天桥丛谈》插图　赛活驴

抖空竹

空竹古称"胡敲"，也叫"地铃""空钟""风葫芦"等，抖空竹亦称"抖嗡""抖地铃""扯铃"等，流行于天津、北京及辽宁、吉

---

① 余振贵主编：《中国回族之最》，银川：宁夏人民出版社，1998年，第253页。
② 《宣武文史》第13辑，第218页。

林、黑龙江等地。空竹一般为木质或竹质，中空，因而得名，是一种用线绳抖动使其高速旋转而发出响声的玩具。抖空竹在我国有着悠久的历史，早在三国时期，曹植写过一首诗《空竹赋》；宋朝时期，宋江写过一首七言四句诗："一声低来一声高，嘹亮声音透碧霄，空有许多雄气力，无人提挈漫徒劳。"明代刘侗、于奕正在《帝京景物略》中记述了空钟（空竹）的制作方法及玩法。清代坐观老人在《清代野记》中写道："京师儿童玩具，有所谓空钟者，即外省之地铃。两头以竹筒为之，中贯以柱，以绳拉之作声。唯京师（指北京）之空钟，其形圆而扁，加一轴，贯两车轮，其音较外省所制，清越而长。"[1]如马海方的国画《空竹玩家》（图6-26）。

图6-26 马海方 国画《空竹玩家》

车技

清王朝被推翻后，皇室后裔不再享受清政府的"钱粮月米"，一些遗老遗少为养家糊口，不得不放下架子，寻找适合自己能做的事儿，于是一些有特长的人，便走上了卖艺的生涯，金业勤就是清八

---

[1] 段全伟主编：《民族民间体育概论》，北京：北京体育大学出版社，2015年，第216页。

旗人中，有一技之长的人。金业勤姓爱新觉罗，他是努尔哈赤第15代孙，努尔哈赤二儿子代善的后裔。自清朝定都北京，爱新觉罗·代善的后裔过的就是饭来张口、衣来伸手的日子。到了清末，代善的后裔同爱新觉罗氏族人一样逐渐走下坡路，为生活所迫，因父亲修车而自幼喜欢车技的金业勤与妹妹曾在京津等地演出。20世纪30年代中叶，车技正式成为杂技节目，金业勤开始献艺于天桥，如李滨声的漫画《金氏兄妹》（图6-27）。新中国成立后，金业勤历任中国杂技团演员、队长、艺委会副主任。1957年，他与其妹合作表演的《车技》获第六届世界青年联欢节杂技比赛金质奖章，是老天桥中唯一拿到国际金奖的艺人。①

图6-27 李滨声 《燕京画旧全编》中金氏兄妹

---

① 方继孝：《撂地儿：40位天桥老艺人的沉浮命运》，北京：生活·读书·新知三联书店，2017年，第213页。

二、习俗节令

北京民俗中衣食住行、婚丧礼仪、寿诞生育、岁时节日、娱乐游戏、宗教信仰等，无不展示了老北京民俗中的传承性、都市性、等级性、时尚性、娱乐性和融合性等特点。但在具体的风俗礼仪上，由于北京城内城是皇城，客观上造成了内城体现皇权至尊的等级沿着传统方向继续推进，外城逐渐形成具有商品经济特点的普通大众的市民文化。由于是皇城，一些王公大臣、贵族上层、仕女宦官、商贾逸民等聚集而形成了寄生消费城市，而朝廷的礼仪以及皇亲国戚们的生活对平民百姓也起着潜移默化的影响，客观上刺激了北京各行各业的迅速发展。一些民俗活动不完全执着于形式上，而是化为一种享受、游幸、休息、娱乐，在休闲消遣中。[1]

1. 满汉杂糅的礼仪风俗

清政府所推崇的满族等习俗文化，在与汉文化的长期融合中，其满汉杂糅的特点，依然在北京百姓日常生活中体现出来，如服饰陈设、日常生活、传统习俗等。

（1）服饰陈设

过去老北京的服饰中女性服装款式有旗袍、袄裤，梳发髻、辫子等。男性则为长袍马褂，且一般百姓冬季还要戴一口钟帽、穿棉花篓、扎腿带等等。穿开裆裤的幼儿冬季常系戴屁帘等。陈设方面，富裕家庭多有雕花大床、罗帐银钩、太师椅、八仙桌、穿衣镜、立柜、衣箱、自鸣座钟等，而社会大众最常见的陈设是在堂屋内置八仙桌，桌上常摆放自鸣钟、掸瓶、插屏和帽筒等，墙上张挂名人字画对联等。屋外冬季挂棉门帘，而院内则有天棚、鱼缸和石榴树等。

---

[1] 首都博物馆编：《首都博物馆丛刊 2005—2006年》，北京：北京燕山出版社，2006年，第117页。

旗袍

旗袍，顾名思义旗袍和满族旗人有关。旗袍始于清代，清兵入关后，原来设立的红、蓝、黄、白四正旗，又增添了镶黄、镶红、镶蓝、镶白四种，以此来区分、统御所属军民，称为"八旗"。八旗所属臣民的妇女习惯穿长袍，当时只是筒子，是满族妇女的民族服装，旗袍之名由此得来。后来妇女们缀以绣花、领巾、袖口镶花边，右开大襟，两侧开衩。据说这样便于骑马和劳动。旗袍开始只在满族妇女中流行，后来汉族妇女也纷纷穿旗袍。清朝末年，旗袍的样式日益繁多，出现了立领，袍身刺绣，镶绲复杂，有三镶三绲、五镶五绲甚至十八镶绲等样式。民国时受西方和日本服饰影响，旗袍刺绣和镶绲工艺由繁变简，收紧腰身，突出了人体曲线美，后来旗袍在长度、领、袖等部分又发生较大的变化，这种新式改良旗袍立即风靡全国。1929年，中华民国政府规定蓝色六纽旗袍为妇女礼服。后来改良的旗袍逐渐成为社会女性的常服。[①]如李滨声所绘的《旗袍》(图6-28)，画面中从右至左，展示了旗袍款式的演变过程。

图6-28 李滨声 《燕京旧事新编》中旗袍

图6-29 李滨声 《燕京旧事新编》中长袍加马褂

---

① 张森依编：《遨游词语世界》，郑州：郑州大学出版社，2016年，第108页。

马褂

清代的男式服装之一，套在满式长袍的外面穿用，有些类似外套。马褂是有袖上衣，分大襟、对襟、琵琶襟三种。一般长度到肚脐，袖子到肘部。清朝初期只是满族人穿用，康熙雍正年间开始广泛流行。长袍加马褂在清末民初是上层官绅文人阶层的主要礼服或日常衣服，后逐渐在社会大众中流行，成为男性正式场合的礼服，出门远行或喜庆年节不可缺少的装备，[1]如李滨声绘制的《长袍加马褂》（图6-29）。

一口钟

清至民国前期，女性戴绣花额子、黑色或烟色包头。小孩有凉帽、狗头帽、猫头帽。而男性戴风帽、瓜皮帽、一口钟帽等。其中一口钟帽外形似"一口钟"，钟帽上也有纽，戴在头上恰似一口钟扣在头上（图6-30）。过去在北京的冬春季节，由于寒冷与风大，一口钟帽脱戴方便且保暖效果好，无论老少常用来防风御寒。

图6-30 李滨声 《燕京旧事新编》中一口钟

图6-31 李滨声 《燕京旧事新编》中棉花篓

---

[1] 王伯敏主编：《中国少数民族美术史》第一篇，福州：福建美术出版社，第51页。

棉花篓

冬天最冷的就是头和脚，除了头上戴的帽子外，剩下的就是脚上的棉鞋了。过去老北京管冬天穿的棉鞋叫"毛儿窝"。实际上冬天穿的棉鞋，既没有"毛"，也不像个"窝"。一般年轻人穿的，叫"骆驼鞍儿"。因为它的样子像骆驼鞍儿似的而得名。再一种是三道脸棉鞋，有布的有黑缎子的，帮上纳着云头，前面是三道皮脸儿。还有一种是叫"老头乐"，又叫"棉花篓儿"。做买卖的大掌柜的，差不多人人脚上一双，是黑缎子面儿，帮子絮好多棉花，底子很厚，穿着很笨重。但是穿这种棉鞋的，差不多都是上了年岁的，穿在脚上特别暖和，寒冬腊月也不感觉冷。[1]（图6-31）

扎绑腿

进入民国后，清旗人曾经流行的发型大辫子与"牛粪排"也被传承了下来（图6-32），甚至还有不分男女的扎绑腿（图6-33），扎的腿带一般人家用棉带，中高等身份的用丝带。腿带通常宽约5厘米，也

图6-32 李滨声 《燕京旧事新编》中大辫子与牛粪排

图6-33 李滨声 《燕京旧事新编》中扎腿带

---

[1] 陈鸿年：《北平风物》，北京：九州出版社，2016年，第218页。

有较窄的，长约60厘米，一般两条为一副。腿带的一端夹进裤腿夹层里，然后在脚踝以上的部位缠绕，端部掖紧。扎上腿带以后，显得整齐利索，而且还起到保暖的作用。扎腿带平常为黑色，戴孝期间为白色，新婚媳妇用红色。20世纪20年代，在城市中逐渐流行西式裤子，一般年轻人裤腿散开不扎腿带，只有老年人及车夫等继续使用。

屁股帘与棉门帘等

屁股帘，简称屁帘，与棉门帘、稻草帘为寻常人家岁寒三友。旧时北京一般人家的小孩多穿开裆裤，贫民的孩子盛夏时裸身，有的到三四岁仍然如此。往往给孩子身后围一块布帘护住裸露的臀部，尤其冬季温度低，更显必要。这一件东西叫作"屁股帘"，"股"字轻声，"帘"字儿化，也可以简称"屁帘"。屁股帘约呈20厘米至30厘米的方形，夏季是单层的，春秋是夹的，冬季双层内絮棉花。上端齐腰，左右各缀布带，系在腰间，下垂腿后（图6-34）。另外，有一种简单的风筝，也叫"屁股帘"，就是因为它像小孩子戴的屁股帘。[1]冬季除了给小孩戴屁帘保暖外，一般家庭还为了保持屋内炭火温暖不被开门时散失，常常在门上挂上棉门帘（图6-35）。而窗户下堆放储藏的过冬大白菜，也盖上厚厚的稻草帘来防止白菜受冻等（图6-36）。

图6-34　李滨声　《燕京旧事新编》中屁股帘 　　　图6-35　李滨声　《燕京旧事新编》中棉门帘 　　　图6-36　李滨声　《燕京旧事新编》中稻草帘

---

[1]　王秉愚编著：《老北京风俗词典》，北京：中国青年出版社，2009年，第9页。

座钟与掸瓶

20世纪20年代,寻常人家一明两暗的堂屋,八仙桌上摆设多为座钟与掸瓶,打点报刻自鸣座钟当时多为七明带座硬木玻璃罩罩起(图6-37)。自鸣钟是一种能按时自击,以报告时刻的钟。据记载自鸣钟最早经传教士利玛窦由西方传入中国,明清时都是很稀罕的物件。至于普通民众能购买自鸣钟,则是民国以后的事情。座钟两侧高圆筒的瓶子,旧习惯称之为掸瓶。掸瓶实际上就是插掸子的瓶子,另外"瓶"与"平"同音同声,寓意平安。掸子有两种:一种是在藤条棍儿的一端绑扎鸡毛的鸡毛掸子,掸室内桌椅用,不用时倒插于掸瓶之内;一种是在约一尺长短木棍的一端绑扎长布条儿,握柄端有一小孔可穿线绳挂墙上,是掸衣服用的,旧时风尘仆仆由外边回来的人,多用布掸在院中掸身上的尘土。[①]

插屏与帽筒

老北京堂屋类似的桌上摆设还有《插屏帽筒》(图6-38),作为家庭摆设的插屏一般较小,常置于几案之上,起到装饰功能。小插屏一般多为独扇,由底座和屏框两部分组成。底座是在两个纵向木墩上各竖一立柱,两柱之间用两道横枨连接,两墩中间前、后两面镶雕花披水牙子,两横枨中间镶雕花绦环板。立柱前、后两面立站牙,立柱顶端与绦环板上的横枨之间要留出一定距离,并在内侧挖出凹槽,屏框两竖边正好插入凹槽里,可插入带有图画的镜子、大理石或彩绘瓷板等屏板。我国宋代已有插屏的记载,当时称作砚屏,其最初的作用就是在研好的墨前,放一个屏风,挡住风吹,让墨慢点儿干,而成为一种文房用具。随着时代的发展,砚屏的装饰日益为人们所喜欢,最初的作用已不为人们所重视,而是摆在几案上,供人们欣赏。到了清代人们把砚屏改称插屏。屏芯是活动的,能摘取下来,也有的可正反面调换,精致又古色古香的插屏是一般有文化底蕴家庭中常见的较高

[①] 王文宝:《弘扬祖国的民俗文化》,北京:中国戏剧出版社,2010年,第761页。

的装饰品。①帽筒为放置帽子的用具，清代官帽是硬质斗笠形，上有红缨、顶子，怕压变形，故有帽筒问世。帽筒清代中叶嘉庆年间出现，延续到民国时期。多为单个，器形呈圆柱形高筒状，中空，有的有镂空装饰，品种有青花、粉彩等。清末民初多成对生产，形式上除圆筒外，有节竹形、六方柱形等，多为陈设观赏品。民国以后降为民居摆设，作为一种陈设观赏品继续烧制，已不具有实用功能了。②此外，除了掸瓶、座钟、插屏、帽筒外，还有摆花的花瓶，且花瓶、掸瓶、插屏等都还是老北京过去嫁妆中的常备物品。

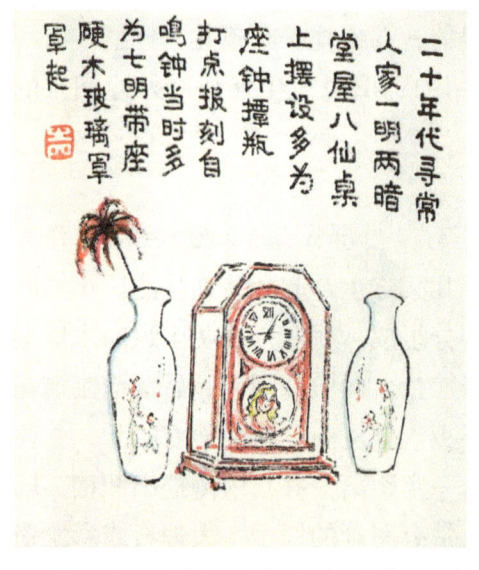

图6-37 李滨声 《燕京旧事新编》中座钟与掸瓶

图6-38 李滨声 《燕京旧事新编》中插屏与帽筒

天棚鱼缸石榴树　先生肥狗胖丫头

"天棚鱼缸石榴树，先生肥狗胖丫头"，是过去京城小康人家生活的生动写照。北京盛夏骄阳似火，伏天更是酷暑难耐，故老北京居

---

① 共勉编著：《明清家具式样图鉴》，合肥：黄山书社，2014年，第148页。
② 中国文物学会专家委员会编：《中国文物大辞典》（上册），北京：中央编译出版社，2008年，第116页。

民夏季多在庭院中搭凉棚以蔽烈日。凉棚又称天棚，天棚通常罩住全院，且要高出正房屋檐四五尺，且中间有方形开口，以利于通风和采光，以保证盛夏季节院内永处于阴凉状态。天棚下的庭院中养金鱼，鱼缸系直径三尺左右的巨型瓦盆。瓦盆内壁生满青苔，贮水其中，内置种植荷花或子午莲的小花盆，金鱼数条游泳其中。荷香沁脾、红翠相映，鱼水交融，使人顿生清爽之感。庭院中的盆栽花木多为石榴，初夏石榴花盛开，花红似火，既象征喜庆，又寓意生活兴旺。石榴秋天结实，其籽多且色泽红润晶莹似玛瑙，其"榴开百籽"寓意吉祥。炎夏时节，清风习习，花香阵阵，朱鱼唼喋，绿水生凉，令人心旷神怡，几不知身在酷暑中矣！① 与"天棚鱼缸石榴树"（图6-39）陈设相对的，就是院子的主人"先生肥狗胖丫头"（图6-40）。

图6-39 李滨声 《燕京旧事新编》中天棚鱼缸石榴树

图6-40 李滨声 《燕京旧事新编》中先生肥狗胖丫头

礼俗和信仰礼是文人们日常生产生活中逐渐形成的、合乎社会价

---

① 董宝光：《京华忆往》，北京：北京出版社，2009年，第36页。

值观念的种种礼仪和习俗，其内容常涉及人的生老病死、礼尚往来等诸多方面。北京人的礼俗信仰如婴儿出生后的"洗三"，幼儿时的"跳墙和尚"与"还俗女童"，成人后的婚丧嫁娶等。

洗三

"洗三"是中国古代婴儿出生非常重要的一个仪式。婴儿出生后第三日，要举行沐浴仪式，会集亲友为婴儿祝吉，这就是"洗三"（图6-41），一是洗涤污秽，消灾免难；二是祈祥求福，图个吉利。北京人老舍的长篇小说《正红旗下》中就有一段记述"洗三"的过程："外间屋的小铁炉上正煎着给我洗三的槐枝艾叶水，浓厚的艾香与老太太们抽的兰花烟味儿混合在一处。白姥姥在炕上盘腿坐好，宽沿的大铜盆里倒上了槐枝艾叶熬成的苦水，还冒着热气。参加典礼的老太太们、媳妇们，都先'添盆'，把一些铜钱放入盆中，并说着吉祥话儿。几个花生，几个红、白鸡蛋，也随着'连生贵子'等祝词放入水中。白姥姥边洗边说：'先洗头，作王侯；后洗腰，一辈倒比一辈高；洗洗蛋，作知县；洗洗沟，作知州！'洗完，白姥姥又用姜片艾团灸了我的脑门和身上的各重要关节。用一块新青布，沾了些清茶，用力擦我的牙床。最后，白姥姥拾起一根大葱打了我三下，口中念念有词：'一打聪明，二打伶俐！'这棵葱应当由父亲扔到房

图6-41　李滨声　《燕京画旧全编》中洗三

上去。"[1]

跳墙和尚与还俗女童

为了让孩子少病少灾且好养活，除了给孩子起一些贱名外，过去老北京在孩子还小的时候，便记名于寺庙，做一个挂名的小和尚或尼姑，这其中不乏历史上传统宗教信仰遗留的成分。由于民俗是在宗教信仰的基础上产生和形成的，所以，民俗往往与宗教交织在一起，老北京的风俗也不例外。其中即有"跳墙和尚"与"还俗女童"等。[2]这种风俗多流行在20世纪40年代以前，通常是先让小孩到庙观里认一位和尚或道士为师父，成为"记名弟子"。然后隔若干年，再举行一个"跳墙"仪式还俗。庙里的和尚或者姑子就拿个板凳，孩子从板凳上跳过去，这就表示跳过庙墙还俗了（图6-42）。[3]与"跳墙和尚"相似的就是"还俗女童"，即自幼在庙上挂名为尼的女童，但无须履行跳墙仪式，交一点香火钱即可被赶出山门（图6-43）。

图6-42 李滨声 《燕京旧事新编》中跳墙和尚

图6-43 李滨声 《燕京旧事新编》中还俗女童

---

① 老舍著，舒乙编：《想北平 老舍笔下的北京》，天津：百花文艺出版社，2012年，第77页。
② 杨庆茹主编：《帝都遗韵 走进北京文明》，哈尔滨：黑龙江人民出版社，2006年，第60页。
③ 刘铁梁主编：《中国民俗文化志·北京·宣武区卷》，北京：中央编译出版社，2006年，第51页。

民俗中的礼节最隆重的莫过于婚丧嫁娶。旧京百姓举办婚事之前，需经过三大步骤：第一步为提亲、打听、相看、合婚；第二步为放小定、放大定、过礼、通信、过嫁妆；第三步为迎娶、响房发轿、娶亲送亲、扶轿杆儿、见面分大小、吃酒开箱、拜客、回门。①在这三大步骤中，过嫁妆、娶送亲最具特色。

置办嫁妆

婚礼前，女方家需置办嫁妆。嫁妆是女子出嫁时从娘家带到丈夫家去的衣被、家具及其他生活用品。按照旧俗，送嫁妆要在女子出嫁前一天举行，且女方把所有的陪嫁分装在箱子及食盒里，雇人将这些陪送的嫁妆送到新郎家。根据女方家的家庭条件或者是男方家在定亲之时的抬数多少，嫁妆有多和少，一般用抬数来区分，有六抬、八抬、十二抬的，家境好的一般嫁妆的抬数多，常常有鼓乐伴随，男方家也以鼓乐迎接。有钱人也趁送嫁妆的机会来炫耀自己的财富，抬数多达百八十抬，在敲锣打鼓中走街串巷，引人观看（图6-44）。

图6-44　王大观　《旧京回顾图》中抬嫁妆

---

① 爱新觉罗·瀛生、于润琦：《京城旧俗》，北京：北京燕山出版社，1998年，第2页。

大户人家嫁妆一般都有一对料器盆景、一座帽镜、一对烛台、一对内插毛掸子的掸瓶、一对花瓶、一对茶叶罐等生活用品，以及"子孙箱"、八仙桌、梳妆台之类的家具摆设，如王大观的长卷《旧京回顾图》中的场景（图6-45）。嫁妆中衣着类极丰，鞋袜至内衣、衬裤、旗袍、坎肩、马褂等，且单、夹、皮、棉、纱齐备。另外，有的嫁妆还有三宗宝、金银首饰和古玩字画等贵重物品。一般中、下等人家在嫁女儿时，都非常简单，一大一小两个木箱，放四季的衣服、脸盆油灯等。

图6-45　王大观　《旧京回顾图》中家具、料器盆景等嫁妆

搭喜棚

男方家举办婚礼前的准备，一是贴喜字，新房喜字一般在婚礼前一天的上午贴，娶亲的人家窗正中要贴上双喜字，嫁女的人家贴单喜字—新房内的喜字；二搭喜棚，喜棚是为了给前来贺喜的亲朋设座，

招待酒饭，所搭建的临时性建筑，也叫酒棚。喜棚是喜事的门面，需搭建得讲究、漂亮，烘托喜庆的气氛（图6-46）。喜棚按季节分有夏天的凉棚和冬季的暖棚。凉棚上安有大型喜棚窗，以便通风。四周席壁上镶有玻璃窗，以便透光。棚顶四周饰以各种颜色的挂檐。席棚的出入门的门上都挂有彩球，彩球的颜色多为红色、黄色或红色、绿色等（图6-47）[①]。

图6-46　王大观　《旧京回顾图》中搭喜棚

[①] 张卉妍编著：《彩色图解老北京的传说》，北京：中国华侨出版社，2015年，第358页。

图6-47 王大观 《旧京回顾图》中贴双喜的喜棚

娶亲

婚礼双方家庭准备妥当后，正式娶亲。《旧京回顾图》中展现了新旧两种截然不同娶亲队伍。传统娶亲队伍中，在吹吹打打的锣鼓声中，最突出显眼的一红两绿三乘轿子，红轿为新娘坐的喜轿，不用花轿而用红呢官轿，镂金绣花的轿帷子，红缎子底粉花绿叶，宝顶香珠，八抬大轿，颤抖有致。新娘轿子后面的绿轿子坐着送亲的亲家母，或是陪嫁的婢女。执事用"锣七封"或"锣九封"，带弯钩喇叭等，保持着古风，据说老北京这种习俗，还是从元大都时遗留下来的，像那八面大鼓，一串串的天地灯，以及金瓜、钺斧之类，还颇有些宫廷仪礼的味道（图6-48）。画中还有一家新式文明结婚的，不仅用新式的西洋乐队，且迎亲已不用轿子，用的是马车和小汽车（图6-49）。

图 6-48　王大观　《旧京回顾图》中传统娶亲队伍

图 6-49　王大观　《旧京回顾图》中新式娶亲队伍

送贺礼

遇到结婚喜庆大事送贺礼，除了亲戚本家送金银细软等做添箱礼外，一般关系的多送银盾和幛子等。银盾，一种比较贵重的礼品，旧时贺喜祝寿，贺名演员演出，贺官员升迁等场合，多有送银盾祝贺。银盾是用白银薄片打成盾形，镶在盾形硬木托上。银盾上刻有祝词，如贺喜的"百年好合"、祝寿的"松柏常青"、贺演出的"阳春白雪"、贺升迁的"如日之升"等，并刻有适当的上款和下款。银盾放在一个玻璃匣内，下有木座，银盾立在木座上，其余五面是玻璃的，收礼的人事后可长期陈设条案（图6-50）。①当时京津地区制作银盾的以天津凯记公司的银盾最佳，其品类齐全，能长久保存，且酷似银制饰物。华北各地凡购买奖品、礼物或纪念品都从凯记公司购货。②贺礼送的幛子多一半都是红花丝葛或毛毯等，并常请人于幛子上书写贺词赞语，如"天作之合"或"诗咏关雎"等金字以表心意（图6-51）。

图6-50　李滨声　《燕京旧事新编》中送银盾　　图6-51　李滨声　《燕京旧事新编》中送幛子

---

① 王秉愚编著：《老北京风俗词典》，北京：中国青年出版社，2009年，第229页。
② 章用秀：《天津记忆第五种　沽上文谭》，天津：天津古籍出版社，2015年，第293页。

送牌匾

除了送幛子之外，人吃五谷杂粮，难免生病。若生了重大疾病或绝症的，却最后被医术高超的大夫给治好了，为感激大夫妙手回春，病人家属为表谢意，按照通常的做法，给大夫送牌匾。有钱人家送的牌匾不仅大，且工艺精美，送的时候雇人抬着牌匾、敲锣打鼓地送去，借此表示感谢的同时，还吸引了路上众人的注意，为医术高明的大夫做了宣传，一举两得，医家与病人家属皆大欢喜（图6-52）。

图6-52 王大观 《旧京回顾图》中送牌匾

在礼仪隆重程度上，仅次于婚礼的是葬礼。老北京丧葬习俗非常繁杂，作为帝王之都和民国初期首都，北京聚居着不同民族、不同宗教信仰、不同社会地位的人，在全国没有任何一个城市能在这方面比北京更突出，加之整个近代中国社会的动荡不安和西方文化无情的冲击，更使得全国政治经济文化中心的社会呈现出纷繁复杂的局面。在丧葬习俗上，一方面因贫富不均所带来的丧葬消费的层次化，另一方面则是民族、宗教的不同，其丧葬习俗也有很大差别。①

寿衣与纸货

老北京丧事葬礼主要有倒头、开殃榜、报丧、大殓、接三、做七、伴宿、成主、出殡、葬后礼等，在这些环节中用来殡葬的寿衣、寿材与明器最具特色。一般有专门的店铺从事其工作，如天泰兼卖寿材与寿衣（图6-53），德泰祥兼卖寿衣与纸货。纸货是丧葬明器中非常重要的一种，其包括供死者在阴间使用的房屋、车船、人兽、物品等纸制模型，又名"烧活""纸活""纸货""纸扎"等，故冥衣铺又称"纸扎铺"。旧时的京城纸活也是等级的象征，从所烧纸活中可以看出死者的身份地位。通常给逝者烧送的纸活，如楼库，纸糊的仿古

图6-53 王大观 《旧京回顾图》中天泰店铺出售寿材、寿衣

---

① 周吉平：《北京殡葬史话》，北京：北京燕山出版社，2002年，第45页。

典楼台建筑，一座两层的楼，楼的两旁各一座一层的库，其中库门口糊二人，站立，为主人管库，一是曹官，身穿红袍，戴的是如意翅纱帽，手执账本；另一个是阴司，身穿蓝袍，戴的是方翅纱帽，手拿钥匙。同时还配有四只柜箱，放上纸钱、纸元宝封上，合称一楼二库四杠箱。[①]王大观的《旧京回顾图》，画面中德泰祥店面前展示的就有制作的纸货楼阁、车马、人物等（图6-54）。

图6-54　王大观　《旧京回顾图》中德泰祥出售寿衣、楼库

明器

旧京富豪大户出殡，常要扎全套明器，包括方粥、方相、开路鬼、喷钱兽、四大金刚、十二美、松亭、影亭、金山、银山、阴宅楼库、车马船轿、纸幡、雪柳、箱笼衣服等，而且要求制作精美，形态

[①] 邢文军、陈树君：《风雨如磐　西德尼·D.甘博的中国影像》，武汉：长江文艺出版社，2015年，第262页。

逼真。如开路鬼（图6-55）有的可高达数米，座下有轮子和转盘，推行时，双臂可抡转。[1]喷钱兽（图6-56）是个巨口獠牙，似熊非熊，似虎非虎的庞然大物。随着它的血盆大口的一张一合，喷出一股股纸钱和片片铜钱。原来它体内有三个人，一个人抓纸钱，一个人用扇子往外扇，另一个往出抛撒铜钱，外人看起来似乎喷钱兽可从口中喷出纸钱。[2]

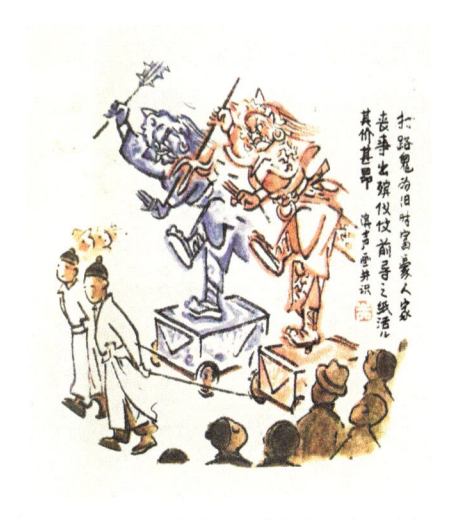

图6-55 李滨声 《燕京旧事新编》中开路鬼

图6-56 李滨声 《燕京旧事新编》中喷钱兽

出殡

出殡是丧事中耗资最大的仪式。"京师出殡，最为虚费，一棺舁者百人，少者亦数十人。铭旌高至四五丈，舁者亦数十人，以帛缠之，至用百余匹。幡盖仪从等物指不胜屈，无不晃耀夺目，夫役人等至有千余。其棺罩执事之属，皆赁于市店，用之半日，价费千金。"[3]旧京出殡满汉有区别，王大观的《旧京回顾图》中描绘了一支长达数

---

[1] 傅立民、贺名仑主编：《中国商业文化大辞典》上，北京：中国发展出版社，1994年，第175页。

[2] 密云民间文艺家协会编：《密云民俗》，第8页。

[3] [清]阙名：《燕京杂记》，北京：北京古籍出版社，1986年，第121页。

311

里的有汉人出殡队列，走在队列最前面的是一身穿灰蓝袍、头戴圆顶小帽的执事，他右手执一圆头小棍，正回身指挥引导着出殡队伍。接着便是八位身穿绿袍的开道锣手，共四排，每排两人。前两排每人左肩水平扛一写着"开道"二字的方条形白旗，胸前旗杆末端上挂着一面铜锣，边走边敲。后两排竖扛的白旗上分别写着"肃静"与"回避"，大锣一响，行人纷纷让道。其装备和架势俨然旧时官府出行锣鼓开道的再现。其后应是高丈余的纸活"引路王"和"打路鬼"，但画中却为身穿铠甲手持兵刃的秦琼、敬德所取代（图6-57）。再接着便是吹鼓手、唢呐、长号队列；其后是香幡、筒幡，香幡以白缎做底，用线香镶上各种图案，通常用香幡的多，香幡形状像经幢。得用八人、十六人、二十四人甚至三十二人抬，四角各有一人拉纤。

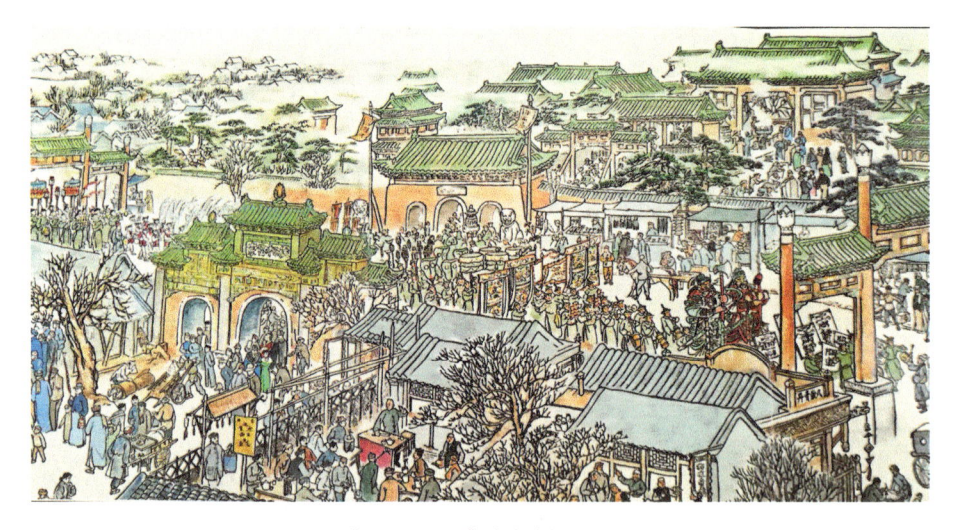

图6-57　王大观　《旧京回顾图》中身穿铠甲手持兵刃的秦琼、敬德

再往下依次是手幡、扇、金瓜的执事若干人，手执白纸缠绕雪柳的儿童组成的闹丧鼓子，身披袈裟的念经和尚，纸扎楼台亭阁、车马人物、金山与银山等纸活，灵亭、道士、影亭、喇嘛（图6-58）。接着是披麻戴孝哭走于灵前的孝子贤孙，其身后是死者的红缎绣花棺罩（图6-59），共六十四杠，四周各有一拨旗夫，各打一杆方旗。出殡

队伍行至郊外下葬地界,举行仪式后,焚烧纸活下葬(图6-60)。而一般人家出殡只能简化,少了锣鼓开道、仪仗、僧道、大型纸活等诸多环节(图6-61)。

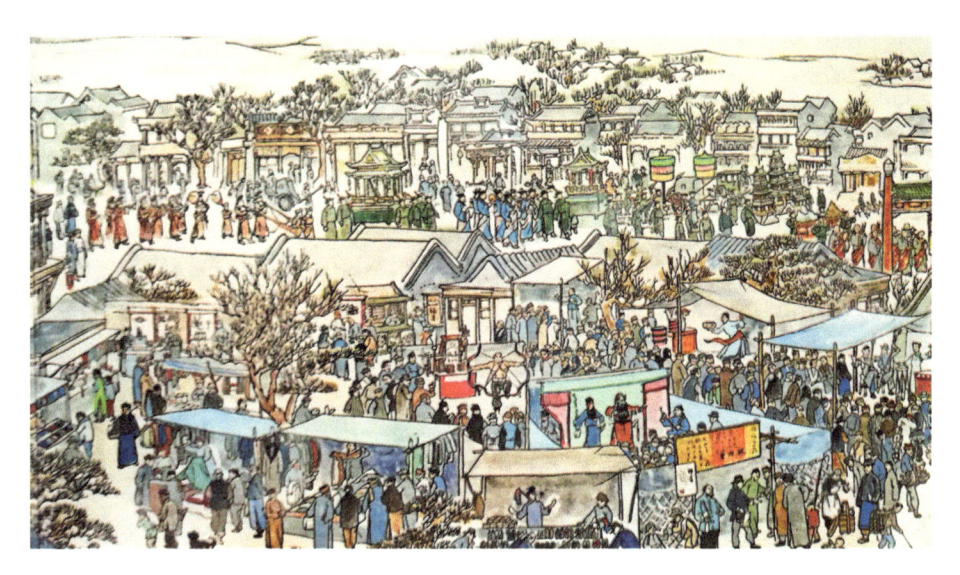

图6-58 王大观 《旧京回顾图》中纸活灵亭、道士、影亭、喇嘛

图6-59 王大观 《旧京回顾图》中红缎绣花棺罩

图 6-60　王大观　《旧京回顾图》中焚烧纸活

图 6-61　王大观　《旧京回顾图》中一般人家的殡葬

2. 丰富多彩的节令活动

北京历史悠久，在千百年来的历史长河中，不仅创造了丰富的文化，也留下了具有民族特色的传统节日，如春节、上元、填仓、龙抬头、清明、六月六、七夕、中元节、中秋节、重阳节、寒衣节、冬至等，这些节日无不折射出北京各民族的传统风俗习惯、道德风尚和宗教观念等。通过这些传统节日，可以看出各民族文化的渊源与融合，以及社会大众对美好事物及生活的追求与向往。

北京是历代帝王建都的古城，是中国政治、经济和文化的中心，北京人的过年典型地反映了封建时代所形成的信仰，儒释道思想和观念贯穿了整个的节日活动。在北京人心目中，春节是一年中最重要的日子，其前后的进程有腊八、扫房、祭灶、年前市肆、除夕、元旦、祭财神、开市、人日、顺星等。仔细审视这些进程，其核心具体有三：一是祭神祭祖，求祥祈福；二是走访亲友，相互祝拜；三是游览先坛庙迹，进行娱乐，改善生活等。[1]

春节的序幕从腊月开始的，腊月常常是一年中最寒冷的日子，进入腊月老北京人就开始备年货了。这时北京城的大部分街道都拥挤不堪，里头挤满了置办年货的人，民间有"腊月水土贵三分"的说法，但不管年货的价格是涨了还是跌了，不变的依然是老北京人置办年货时的那种喜气（图6-62）。北京年货种类之多是全国各地都比不了的，《春明采风志》也有这样的记载："琉璃、铁丝、油彩、转沙、碰丝、走马、风筝、鞭毛、口琴、纸牌、拈圆棋、升官图、江米人、太平鼓、响葫芦、琉璃喇叭，率皆童玩之物也，买办一切，谓之忙年。"具体来说，首先是准备熬"腊八粥"时用的腊八米和泡"腊八醋"用的米醋及大蒜；腊月二十三"祭灶"用的关东糖；以及猪肉、羊肉、鸡鸭、猪头和年画、春联、元宝等。[2]

---

[1] 常人春：《老北京的风俗》，北京：北京燕山出版社，1990年，第113页。
[2] 李文龙编：《老北京的趣事儿》，北京：中国华侨出版社，2016年，第301页。

图 6-62 《北京的春节》插图 年前市肆备年货

熬腊八粥

腊月初八熬腊八粥，这一习俗最早来源于佛教。据说佛教的创始人释迦牟尼出家后，曾游遍了印度的名山大川，以寻求人生的真谛，他长途跋涉，终日辛劳，晕倒在尼连河畔。这时，一位善良的牧羊女用捡来的各种米、豆和野果熬粥给他喝，使释迦牟尼终于苏醒过来，并于腊月初八得道成佛。从此，每年的这一天群僧诵经做佛事，一般人家常仿效牧羊女以多种米豆干果熬粥敬佛。（图6-63）。讲究的人家腊

图 6-63 《北京的春节》插图 腊八

八粥用料极其丰富，如粳米、糯米、大麦米、小米、黄米、薏仁米、高粱米、鸡头米、菱角米、绿豆、红豇豆、白芸豆、白豌豆、红芸豆、红小豆。果类有红枣、生栗子、莲子、核桃仁、松子仁、花生仁、糖莲子、糖核桃仁、糖花生仁、榛子仁、瓜子仁、红葡萄干、白葡萄干、青梅、瓜条、青丝、红丝、桂圆、荔枝、金丝枣、金糕和杏等。腊月初七的夜里起五更熬粥。头锅粥是供佛堂和祖先用的，二锅粥家里吃，三锅以后的专门赠馈亲友。所以旧北京在腊月初八那天早晨，大街小巷送粥的人摩肩接踵，络绎不绝。据说讲究的人家，喝腊八粥一直要喝到二月二才算合乎规矩。[①]所以北京有句俗话叫"送信儿的腊八粥"，意思是喝了腊八粥，已提醒你春节就要来了，该准备过年的东西了。

腊月二十三

腊月二十三俗称小年，乃送灶神上天述职之日，这一天放鞭炮的极多，彻夜不息。家家户户都要在灶王爷神像前供上糖果，希望他"上天言好事，下界保平安"。为此，家家户户都要打扫卫生，清扫尘土，掸去蛛网，擦净门窗，清洗各种器具，拆洗被褥窗帘，使宅院焕然一新（图6-64）。每当祭毕之后，即将神像取下，与千张元宝等一并焚烧（6-65）。至除夕接神时，再将其从天上请来，贴上一张彩色新灶神像再行供奉。

图6-64 《北京的春节》插图 扫房　　　图6-65 《北京的春节》插图 祭灶

---

① 洪烛：《北京　城南旧事》，北京：中国地图出版社，2014年，第196页。

317

送财神爷

到了年三十儿的晚上,天似黑还未黑,说不黑,看什么可有点儿模糊了。这时候,家家儿都在打扫院子,把芝麻秸秆和松树枝从屋门直铺到门道,家里人在院子里走动,踩碎麻秸和树枝,称作踩岁(图6-66)。忽然传来了一声"老太太!老太太!给您送财神爷来啦!"一些半大孩子,夹着一沓儿财神爷纸像,挨门挨户地给人送财神爷(图6-67),要是已经请过了财神,您可以答复他请过了,若是还没有,一大枚便可接过一张。佛前的供,白天早就摆齐了,并已烧着"散香"。①

图6-66 李滨声 《燕京旧事新编》中踩岁

图6-67 李滨声 《燕京旧事新编》中送财神

祭祖

大年三十,一切都准备就绪,接下来便是晚上的祭祖、吃年夜饭、守岁和正月初一的拜年活动了。

除夕夜,要迎请列祖列宗回家过年,享用供奉,与生者共度佳节。北京祭祖是在家中进行,时间多是在除夕晚饭前后,民间称为

---

① 陈鸿年:《北平风物》,北京:九州出版社,2016年,第236页。

"接老祖宗回家过年"。因为传说死者的魂灵不能在白天行动，所以要等天黑以后进行，以满族人家的做法比较典型，先将香炉、香筒、烛台摆放在西炕上或箱盖上，将族谱请出打开，挂在西墙上，开始上香摆供，全家大小依次磕头行礼（图6-68）。所摆的供品一般是面食和水果之类，每个白面馒头上面点一个红色的圆点，每两个平面相合摆在一起为一组，一般是三至五级，各盛放在白色瓷盘当中，这些供品一直摆到正月初五，而且从初一到初五每天早晚两次在祖先神位前上香，直到初五晚上行礼后把"老祖宗"送走，才将谱单或牌位收归原处。①

图6-68　赵华川、赵成伟《年节习俗》插图　祭祖

图6-69　《北京的春节》插图　吃年夜饭

年夜饭

老北京有俗话讲：打一千，骂一万，千万莫忘三十晚上这顿饭。三十晚上的这顿饭叫作"年夜饭"，也称"年禧饭""团圆饭""合家饭"。《京都风物志》载："人家盛新饭于盆锅中以储之，谓之年饭。上签柏枝、柿饼、龙眼、荔枝、枣栗，谓之年饭果，配金箔元宝以饰

---

① 赵华川、赵成伟绘，袁树森配文：《年节习俗》，北京：文化艺术出版社，2015年，第199页。

之。家庭举宴，少长欢喜。"在一年之交的除夕夜摆上"年饭"，是取其"年年有饭吃"之意，后来这一旧俗逐渐被吃年夜饭代替（图6-69）。大户人家吃年夜饭讲究"四四见底"。即一桌宴席上要有四道凉菜、四道热炒、四道肉菜、四道汤菜，有"四平八稳"的寓意。其中四道凉菜包括芥末墩、肉皮冻、炸咯吱盒和五彩花生米。四道热炒包括红烧鲤鱼、葱烧海参、清炒虾仁和烩鱿鱼菜。四道肉菜包括米粉肉、回锅肉、四喜丸子和红焖肘子。四道汤菜包括奶汤干丝、八宝涮锅、玉米全烩和烩三鲜。普通人家的宴席上也讲究要有"四碟八碗"。"四碟"指四碟冷菜，通常有炸素丸子、炸花生米、猪头肉、酱肘子、芥末墩、肉皮冻等。"八碗"指八碗热菜，通常有鱼香肉丝、糖醋排骨、红烧肉、清炖鸡等。[①]

守岁

年三十守岁，俗名"熬年"。相传在远古的洪荒时代，有一凶恶的怪兽，人们叫它"年"。每到大年三十晚上，年兽就要出来伤害人畜，毁坏田园，降灾于辛苦了一年的人们。人们为了躲避年兽，腊月三十晚上，天不黑就早早关紧大门，不敢睡觉，坐等天亮，消磨时光，也为壮胆，他们就喝酒。等年初一早晨年兽不再出来，才敢出门。后来人们知道了"年兽"怕红、怕光、怕响声，每至年末岁首，家家户户就贴红纸、穿红袍、挂红灯笼、敲锣打鼓、燃放爆竹，这样年兽就不敢再来了。老北京守岁从吃年夜饭开始，这

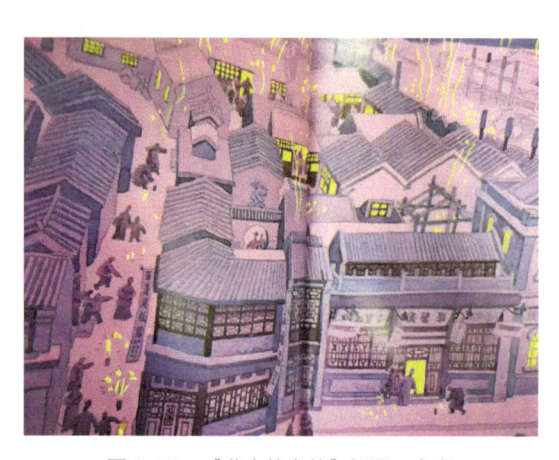

图6-70 《北京的春节》插图 守岁

[①] 《趣闻圣经》编辑部主编：《老北京的趣闻传说》，北京：旅游教育出版社，2012年，第284页。

顿年夜饭慢慢地吃，从掌灯时分入席，有的人家一直要吃到深夜。通宵守夜，象征着把一切邪瘟病疫照跑驱走，期待着新的一年吉祥如意。（图6-70）

拜年

守岁到天亮，便是新年的第一天，即大年初一。这天日出时刻，在鞭炮声中子孙晚辈穿戴一新，要先给家中的长辈叩首拜年，以示孝敬；长辈端坐受礼后，要给未成年的晚辈发放"压岁钱"。大年初一，孩子们忙着玩耍，大人们在家里给长辈们拜年完毕，还要收拾出门去拜年。街上的店铺也多开张，已经为走亲访友的人备好了拜年的各种礼品。来来往往的人，让新年的大街顿时热闹了起来。另外大年第一天，还有各种社火表演，如踩高跷、划旱船等传统庆祝活动（图6-71）。初一主要拜本家亲戚，五服之内且平日走动很近的缘亲，还要拜会平日不常走动但辈分较高的亲戚。初二、初三拜母舅、姑丈、岳父等姻亲；其他则可初四、初五再行拜访。借拜年联络感情，大

图6-71 《北京的春节》插图 大年初一的街上

多要带糕点匣、干鲜果筐，上等的茶叶等礼品。亲戚朋友见面时抱拳互揖，互致新年问候，如胡永凯的国画《拜年》（图6-72）。另外，按照老北京的习俗，正月初一至初五妇女不能出门，在家也不能动刀剪。等到了正月初六，妇女才可以回娘家，但不能留宿，当天必须返回。①

图6-72　胡永凯　国画《拜年》

闹元宵

元宵节即"上元节"，乃是道教的提法，唐朝崇尚老、庄，奉道教为国教，为庆贺道教的"上元赐福天宫紫微大帝"，在正月十五的诞辰，便举行了各种各样的活动。从此，元宵节又添上了道教色彩，成为具有佛、道两教特色的节日，节日活动有张灯、放焰火、吃元宵等。明清两代，宫廷内也有元宵节的庆祝活动。如《明宪宗元宵行乐图》以长卷的形式展现了元宵节期间，宫门悬挂各式灯笼（图6-73）。此外明皇宫内也承袭宋元搭置了大型的灯景假山即鳌山。鳌山上装扮有各色人偶和各色彩灯，鳌山下表演杂技百戏等（图6-74）。在民间元宵节的大街上各种纸灯、玻璃灯、牛角灯、走马灯、宫灯比比皆是。走高跷的、跑旱船的、舞刀弄棒的、舞龙灯的往来穿梭。就连叫花子也特许组成巡城队伍，众花子用破椅子抬着花子头，到处乱跑，真可谓是"闹元宵"。②

---

① 晋化编著：《老北京　民风习俗》，北京：北京燕山出版社，2008年，第66页。
② 晋化编著：《老北京　民风习俗》，北京：北京燕山出版社，2008年，第69页。

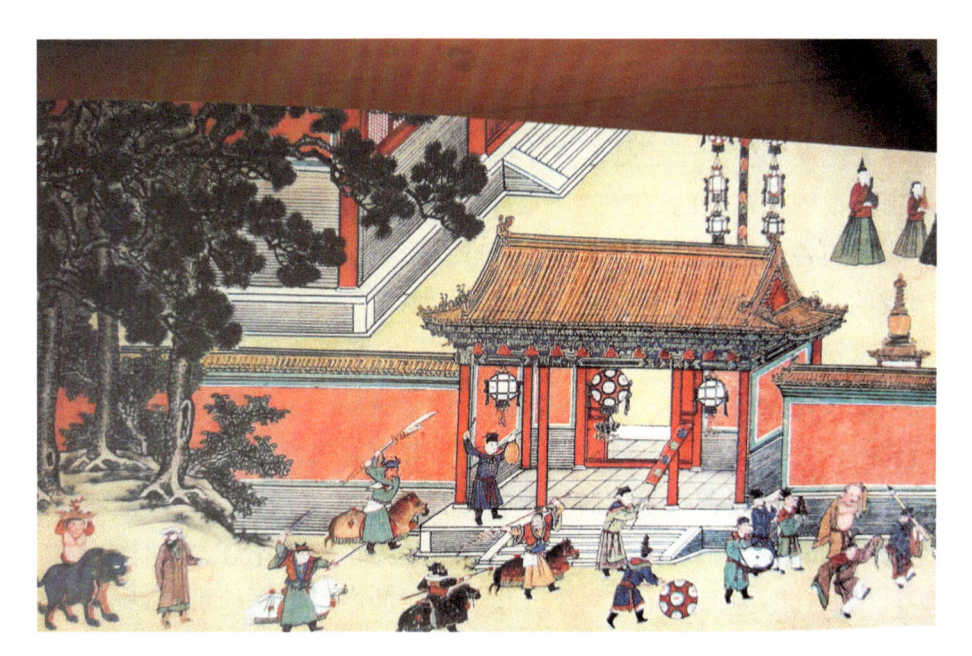

图6-73 《明宪宗元宵行乐图》局部中的宫门内外张灯结彩

图6-74 《明宪宗元宵行乐图》局部中的鳌山

看花灯

每逢元宵节，北京城可谓万人空巷，无论是达官显贵还是平民百姓，无论是书生学士还是老人小孩，一概上街观灯、赏灯。明朝时的灯市多集中在东城的灯市口。元宵之夜，街道两旁的店铺，个个都张挂着各式各样的花灯，有绢纱、烧珠、明角制成的，也有麦秸、通草制成的，上面绘有古代传说故事，如列国、三国、西游、封神、红楼、水浒、聊斋、精忠传、三侠五义等，或花卉如兰、菊、梅、竹等，或飞禽走兽如鸾、凤、龙、虎、虫、鱼等，不仅形态逼真，还颜色亮丽，引得众多游人观赏。清朝时，灯市遍布整个北京城，其中最繁华、规模最大者有东四牌楼、西四牌楼、地安门、鼓楼、正阳门、厂甸。那时的老北京人来到灯市，不仅是为了欣赏花灯，也是为了购买日用品。因为每逢元宵之夜，很多精明的商家都会趁机搞降价促销活动，人们一边赏花灯，一边购买日用品。各个店铺均自发地挂出各种花灯，有的还挂出灯谜，猜中的奖赏一些鲜果、小吃等物。那几天酒肆茶楼和其他娱乐场所的生意也都很红火，整个京城街上院内，到处张灯结彩犹如白昼，热闹非凡。广场上还放花合。在城隍庙里燃起火判，火舌由泥塑判官的口耳鼻眼中吐出来，引得众人发出阵阵的惊叹声。公园里放起天灯，像巨星似的飞到了天空，看热闹的人在街上都拥挤不动[①]（图6-75）。当然，元宵佳节老北京人除了赏灯、猜灯谜、吟灯联、看烟火等外，还要吃元宵。元宵以白糖、玫瑰、芝麻、豆沙、黄桂、核桃仁、果仁、枣泥等为馅，用糯米粉包成圆形，可荤可素，风味各异。可汤煮、油炸、蒸食，有团圆美满之意。

进入21世纪，元宵节的庆祝活动，更是热烈多彩。传统的游园、看花灯（图6-76）、扭秧歌（图6-77）和观社火（图6-78）等，仍经久不衰。

---

① 马兰主编：《老北京的传说》，天津：天津人民出版社，2015年，第294页。

图6-75 《北京的春节》插图 元宵节看花灯、放焰火

图6-76 卢平 国画《正月红灯照》

图6-77 蔡玉水 国画《节日》扭秧歌

325

图6-78　王绿霞　国画《龙腾虎跃闹新春》　　　　图6-79　赵俊生　国画《风筝》

耍社火

　　社火又名"闹社火""扮社火""耍社火"，是流行在我国华北、西北地区，以民间歌舞技艺表演为主要内容的一项民俗活动。社火，作为最古老的民间风俗，在中国有着数千年的历史，它来源于对土地与火的崇拜，是远古时期巫术和图腾崇拜的产物，是古时候人们用来祭祀时拜神的宗教活动。"社"为土地之神，"火"即火祖，是传说中的火神。崇拜社神、火祖，歌舞祭祀，意在驱邪避难，祈求风调雨顺，五谷丰登。宋代《东京梦华录》中有"庙前露台上设乐棚，有社火呈于露台之上"，这是"社火"一词最早的记载。[①] "社火"是正月十五元宵节的主要活动，分"文社火"和"武社火"，"文社火"指的是戏班和小花戏，"武社火"一般指武术、高跷类的社火表演。主要形式有打击乐、耍狮子、踩高跷、划旱船、骑竹马、舞龙灯等。每当社火出动，前边彩旗、排鼓、铜器开路，紧接着是狮子舞、高跷队表演，每到一处，鼓乐喧天，鞭炮齐鸣，前呼后拥，观者如潮。

[①] 黄忠龙：《山野的月色》，兰州：敦煌文艺出版社，2013年，第68页。

放风筝

清明节北京放风筝习俗相传已有300年的历史，清《帝京岁时纪胜》记载了当时倾城男女"各携纸鸢"，清明扫墓后施放较胜的盛况。"清明扫墓，倾城男女，纷出四郊，担酌契盒，轮毂相望。各携纸鸢线轴，祭扫毕，即于坟前施放较胜。京制纸鸢极尽工巧，有价值数金者，琉璃厂为市易之。"北京风筝的基本款式有硬翅、软翅、排子、长串和筒形五种，老北京玩风筝是有时间"限制"的。按老北京习俗，每年的腊月初八，风筝开始上市，清明收摊。因为过了清明，北京就真正进入了春天。冬闲结束，大人们开始忙种，孩子要学习了，则要收收心。很多风筝清明前就放出去，把线剪了，是真正地把风筝"放"了（图6-79）。[1]城里放风筝也有讲究，南城放风筝主要集中在陶然亭、四面钟这两个地方。四面钟就在现在的天桥剧场东边，紧挨着南中轴路，如王大观《旧京环顾图》中放风筝的场景（图6-80）。[2]此外，过去民间还有借放风筝来放晦气的说法，意为咒狂风使风筝带它去（图6-81）。

图6-80　王大观　《旧京环顾图》中的放风筝

现代放风筝已经成为一种普通的娱乐活动，既能健身，又能享受

---

[1] 李欣主编，[美]约翰·詹布鲁恩摄影：《约翰·詹布鲁恩镜头下的北京 1910—1929》，北京：中国摄影出版社，2016年，第150页。

[2] 杨建业：《北京扎燕风筝》，北京：北京美术摄影出版社，2012年，第56页。

春天大自然的气息，一家人一起出行放风筝，其乐无穷，如冯远[1]的国画《春日筝趣图》（图6-82）。

图6-81　李滨声　《燕京旧事新编》中放晦气

图6-82　冯远　国画《春日筝趣图》

端午布老虎

每年的农历五月初五是端午节，端午节是中国传统节日，相传是为了纪念屈原而设的。端午节这天全国各地都会吃粽子、划龙舟，但同样是端午节，各地的习俗却有所不同。老北京的端午节从五月初一开始，持续到五月初五。这天老北京人除了吃粽子、吃五毒饼、喝雄黄酒外，还有插蒲艾，"扔灾"等活动（图6-83）。五毒饼是人们为端午节特制的一种圆形糕点，上面印着五毒（蛇、蜈蚣、蝎子、蜘蛛、蟾蜍）图案，据说吃了它可以增强抵抗力，灭虫免灾。老北京人

---

[1]　冯远，1952年生于上海，擅长人物画。中学时喜爱绘画，高中从学于名师。1969年下乡黑龙江生产建设兵团，1977年调辽宁文艺创作办公室工作，翌年底入浙江美术学院中国画研究生班，师从方增先。1980年毕业留校执教。1999年调任文化部教育科技司任司长，2004年任中国美术馆馆长等。

还有端午节喝雄黄酒的习俗，人们认为蛇、蝎子等害虫可由雄黄酒破解。"扔灾"也是老北京重要的端午民俗，五月初五这一天，妇女要佩戴红绒花，到正午时分要把红绒花摘掉，扔在路边，据说这样就可以扔掉身上的晦气。①此外，按旧俗端午节期间，民间盛行给孩子送一个布老虎，或者用雄黄在孩子的额头画虎头，写"王"字。希望孩子像老虎一样勇猛、健壮，健康成长。除了驱避鬼魅、保护财产的功能之外，老虎还可镇克"五毒"。典型的北京布老虎是用黄缎子做面料，虎头与身体相等，四足短而粗，头面口鼻眼眉皆用布贴，用红、黑、白各色缎子剪贴而成。这种布老虎体量较小，造型高度概括，形成写意风格。大头、大嘴、大眼睛的特征突出了老虎勇猛威严的性格，比例夸张的虎头和五官又显示着天真稚拙的神情，透露着像孩子一样的娇憨。北京故宫博物院旧藏一种北京布老虎，红布面料，彩绘装饰，用色考究，使用白粉涂染眼目口鼻及四足，眼眉处用石绿、群青勾边，在群青上点白色圆点，形成古朴明丽风格。造型相对写实，四足分开，可站立。其实这种造型现在少见，但直到20世纪50年代，这种布老虎仍在北京庙会上有售，清宫的旧藏应是对北京民间布老虎的效仿，如李滨声的漫画

图6-83 方砚 《流年市井》中端午节

---

① 刘啸编著：《老北京记忆》，北京：当代世界出版社，2017年，第193页。

《布老虎》（图6-84）。布老虎除了在端午节期间发挥民俗作用之外，也是日常生活中的重要玩具。北京旧日庙会和厂甸都有大量的布老虎销售。现在，北京人少有做布老虎者，庙会或旅游景点出现的布老虎均来自外地，山东、陕西、山西、河南、浙江的布老虎都在北京出现。①

图6-84　李滨声《燕京旧事新编》中布老虎

中秋兔儿爷

兔儿爷是中秋应节应令的儿童玩具，兔首人身，手持玉杵，后来经改造，把兔儿爷做成金盔金甲的武士，有的骑着狮、象等猛兽，有的骑着孔雀等飞禽。《燕京岁时记》记载："每届中秋，市人之巧者，用黄土抟成蟾兔之像以出售，谓之兔儿爷。"借月宫里有嫦娥玉兔的说法，把玉兔进一步艺术化、人格化，乃至神化。此后，用泥巴塑造成的各种不同形式的兔儿爷大量涌现。过去每年农历八月，北京街头就出现兔儿爷摊子，特别是东四、东单、西单、鼓楼前之类的闹市，均有人摆出兔儿爷摊子，摊子琳琅满目，色彩鲜艳，吸引不少孩子们观看购买。②如李滨声的《中秋节祭月的兔子》（图6-85）等。

寒衣节烧包袱

过去北京人每逢清明节、中元节（旧历七月十五）、寒衣节（亦作冥阴节，即旧历十月初一），为表"思时之敬"，大都给死去的宗

---

① 王连海编著：《北京民间玩具》，北京：北京工艺美术出版社，2011年，第259页。
② 李文龙编：《老北京的趣事儿》，北京：中国华侨出版社，2016年，第378页。

亲上坟烧纸。阴历十月初一烧包袱谓之"送寒衣"。包袱里的冥钱、冥衣均购自南纸店。不外乎为大烧纸、金银箔叠成的元宝、锞子、冥钞和佛、道两教的往生钱。其中，寒衣纸为不可少者。包袱通常是一个大纸口袋，竖一尺，宽一尺五寸。素包袱皮是全白的，只是中间贴一蓝签，以便书写亡人名讳之用。花包袱皮是在一个大白纸或红纸口袋上印上水墨单线的图案，四周黑框内是佛教梵文音译的《往生神咒》；中间印一莲座的牌位，用来填写亡人名讳；以后，逢清明节、中元节，人们也常通过烧包袱来代替上坟，包袱内的物品也不再限于寒衣。旧时烧包袱主要因为几种原因。一是家贫无固定家族坟地；二是外地人来京工作无法脱身；三是遇到战事郊区坟地土匪猖獗；四是看坟人代替主人家上坟。北京是多朝古都，从外地来京当值的官员、做生意的商人等众多，因而烧包袱较常见。包袱为旧时吊白最经济实用之祭品，系按照满族习俗除夕烧包袱所制。（图6-86）

图6-85 李滨声 《燕京旧事新编》中秋节祭月的兔爷

图6-86 李滨声 《燕京旧事新编》中的包袱

第七篇

绘画中的北京史事纪实

梁启超曾说"夫国也者，何物也？有土地，有人民，以居于其土地之人民，而治其所居之土地之事，自制法律而自守之；有主权，有服从，人人皆主权者，人人皆服从者，夫如是，斯谓之完全成立之国"。[1]

但中华民族进入近代以后，灾难深重，屈辱不断，动荡频繁。两次鸦片战争的惨败，中日甲午战争的悲壮，火烧圆明园的剧痛等，随之而来的便是各种丧权辱国的不平等条约。随着近代民主思潮的高涨和早期革命志士的不懈努力，辛亥革命最终成功地将千年腐朽的帝制推翻，建立了新的民主政权。但国际风云的变化，日本妄图占领中国的铁蹄又接踵而至，1937年7月7日"卢沟桥事变"，北平（北京）城陷落。在民族危亡的紧急时刻，国共两党同仇敌忾，掀起了全民抗战的浪潮。经过14年浴血奋战最终取得了抗战的伟大胜利。抗战是一百多年来中国人民反对帝国主义侵略，第一次取得完全胜利的民族解放战争，它改变了近代中国在抵抗外国武装侵略作战中屡战屡败的历史，成为中华民族由衰败到振起的重要转折点。但随着蒋介石政府的背信弃义，中国又陷入了战争的动荡之中，直至1949年的全国解放。[2]

新中国成立后，在经历了不同时期的各项政治经济、社会文化建设的摸索和实践后，逐步找到了适合自己发展的改革开放的道路，从而在新的时期带动了经济的腾

---

[1] 罗新璋编：《古文大略》（修订本），上海：复旦大学出版社，2012年，第247页。

[2] 韩文琦、程卫华：《抗日战争与中国社会变迁》，北京：国防大学出版社，2015年，第223页。

飞、民族的振兴。作为千年古都的北京，不仅是旧日屈辱历史的见证之地，也是新中国成立后改造运动起伏跌宕的核心所在，更是今日突飞猛进建设强国、实现中国梦的航标灯塔，所有这些回肠荡气、起伏跌宕的重要瞬间、历史时刻、场景人物等，都以主题绘画的形式，在画家的笔下被形象生动地再现出来。如《清王朝的专制统治》《八国联军火烧圆明园》《公车上书》《五四运动》《卢沟桥保卫战》《和平解放北平》《开国大典》《走农村合作化道路》《考考妈妈》《除四害》《人民公社》《运粪赛飞机》《血与心》《不可磨灭的记忆》《疾风》以及盛大的北京亚运会、奥运会场馆，CBD中心等大型建筑场馆，城市副中心与新机场的建设等。如果将这些画面一一连缀起来，就是一幅北京近现代的时事纪实长卷。

一、战争与抗争

鸦片战争前夕，资本主义制度在西方国家已经确立，清王朝却依然固守着高度集中的封建君主专制制度。同西方资产阶级先进的民主制度相比，清高度集权的封建体制已远远落后。其实早在康乾盛世之后，清国力就开始由强盛走向衰弱。发展至道光年间，在西方列强的强势外交加上坚船利炮的军事压力下，清政府内忧外患不断，腐朽没落的帝制，最终在风雨如晦中轰然坍塌。周福先[①]的油画《清王朝的专制统治》（图7-1）中，形象地展示了清末山雨欲来的紫禁城里，表面上依旧如昔的皇家气派，其实已是强弩之末。金砖铺地的金銮殿宏大、庄严、肃穆，沥粉贴金的云龙图案巨柱巍然屹立，大殿中央七层台阶的九龙金漆宝座上，身着龙袍的皇帝居高临下、威严端坐，宝座前也依旧陈设着象征国家安定和政权巩固的宝象、寓意江山稳固的香

图7-1　周福先　油画《清王朝的专制统治》

[①] 周福先，1955年生于沈阳，1979年毕业于鲁迅美术学院油画系，1980—1981年于中央美术学院油画系第一工作室研修学，1997年于俄罗斯列宾美术学院·鲁迅美术学院油画、素描研修班学习，曾工作于沈阳市教育学院、辽宁省教育学院，现任鲁迅美术学院副教授，辽宁省美术家协会会员。

亭等，台下群臣低眉俯首肃立。但香气缭绕的金銮殿在外部日光的强烈照射下，一切似乎笼罩在飘摇的虚幻之中，预示着几千年的中国封建帝制将在一场暴风骤雨般的摧枯拉朽中灰飞烟灭。

1. 空前屈辱的列强入侵

第一次鸦片战争，各列强国在中国获得了开放通商口岸的利益。英国人以为打开中国的大门，将会给他们带来无穷无尽的利益和市场，于是又发动了第二次鸦片战争。第二次鸦片战争期间英法联军在北京洗劫并火烧了历康熙、雍正、乾隆三朝计150余年，耗费亿万资财人力修建的皇家园林圆明园。

火烧圆明园

咸丰十年（1860）八月初英法联军逼近北京，咸丰皇帝携嫔妃逃往热河。自六日始，法国将军孟托邦、英国侵华军全权专使额尔金率部先后闯入圆明园，侵略者肆无忌惮地洗劫了圆明园足足三日，并于十三日控制了北京。为迫使清政府做出更多的让步，英法联军以报复清军虐杀俘虏为名，在十八日出动数千军队实施第二轮抢劫之后，焚烧了圆明园。大火连烧三天，烟云蔽日，笼罩北京（图7-2）。经此浩劫，这座闻名于世的皇家园林只剩下一片残瓦颓垣（图7-3）。

图7-2　佚名　油画《火烧圆明园》　　　　图7-3　王玉良　国画《残阳之雪》

法国著名作家雨果在《流亡集》中曾称赞道"在世界的一隅，

存在着人类的一大奇迹,这个奇迹就是圆明园艺术。艺术有两种渊源:一为理念——从中产生欧洲艺术;一为幻想——从中产生东方艺术。圆明园属于幻想艺术,一个近乎超人的民族所能幻想到的一切都会集于圆明园。圆明园是规模巨大的幻想的原型,如果幻想也可能有原型的话,只要想象出一种无法描绘的建筑物,一种如同月宫似的仙境,那就是圆明园"。[1]英法联军火烧圆明园的野蛮暴行,不仅给清政府和中国人民留下了耻辱的印记,也给世界园林艺术留下了巨大的遗憾。

公车上书

就在中国遭受两次鸦片战争蹂躏之际,1868年的日本通过明治维新,走上资本主义道路。通过两次工业革命,日本国力日渐强盛,由于其市场及资源有限,急需对外商品资本输出和资源输入。1887年以天皇为首的日本统治者将近邻朝鲜和中国,作为其首要的对外扩张的目标。在此背景下,日本1894年策划进行了中日甲午战争,战败的中国,被迫与日本签订《马关条约》。时值1895年春,乙未科进士正在北平考完会试,等待发榜。当《马关条约》割让台湾及辽东,赔款白银2亿两的消息突然传来,在北京应试的举人们群情激愤,台籍举人更是痛哭流涕。4月22日,康有为率先写成一万八千字的"上今上皇帝书",提出"拒和"、"迁都"、"练兵"和"变法"等主张。一时间在京的十八省举人纷纷回应,一千二百多人联合署名。5月2日,由十八省举人与数千北京市民聚集在大清"都察院"门前请求上传代奏,该事件后来被称为"公车上书"。

"公车上书"这种历史性的重要场面,在当代画家孔维克[2]的作品国画《公车上书》(图7-4)中,被生动形象地展现了出来,画面

---

[1] [法]贝尔纳·布里赛著;高发明丽泉,李鸿飞译;郑德弟等校;李鸿飞译订:《1860圆明园大劫难》修订版,上海:远东出版社,2015年,第576页。

[2] 孔维克,1956年生于山东汶上,1980年毕业于济宁师专艺术系。1980年于山东济宁师专毕业后留校任教3年,后调至省城济南,先后供职于育英中学、《黄河诗报》。现为山东省美术家协会副主席兼秘书长、中国美术家协会会员。

用黑白灰的色调，盘曲坚挺的古树等，营造了一种压抑、愤懑和躁动的氛围。画面中不甘任人宰割的举人们，或老或少，或立或坐；或奋笔疾书，或展卷商讨；虽然五官面容模糊，但肢体动作所传达出来的都是拳拳之心和铮铮傲骨。"公车上书"虽然最终被清政府拒绝，但在社会上产生了巨大影响。之后康有为等以"变法图强"为号召，在上海等地发行报纸，宣传维新思想，为后来的戊戌变法（百日维新）奠定了基础。回溯历史，以康有为、梁启超为首的资产阶级改良运动，唤醒和激励了越来越多的中国人救亡图存，对社会的影响和震动极大，在中国近代史上有着重要而深远的意义。

图 7-4 孔维克 国画《公车上书》

八国联军攻陷北京城

随着帝国主义列强势力在中国的不断扩张，一些西方传教士更加胡作非为。19世纪末，山东、直隶的农民开始自发反抗，在"扶清灭洋"的口号下，义和团运动爆发。义和团扶危济困、焚毁教堂，严惩作恶多端的传教士，许多贫苦农民纷纷加入，在整个华北义和团呈星火燎原之势。义和团运动的迅猛发展，影响到了外国势力的发展，欧洲列强多次胁迫清政府予以镇压，并将舰队聚集在大沽口进行威胁。光绪二十六年（1900），义和团在京津一带迅速发展，越来越多的清军士兵也参加了义和团。清政府采取了"剿抚兼施"的策略，义和团大批进入北京，仅仅几天工夫，北京城几乎成了义和团的天下。各国公使眼看清政府已无法控制形势，便策划直接出兵干涉。5月28日，英、法、德、奥、意、日、俄、美八国在各国驻华公使会议上正式决定联合出兵镇压义和团。5月30日开始，八国的海军陆战队四百多人陆续由天津乘火车来到北京，进驻东交民巷。随后各国继续向中国增兵，各国军舰二十四艘集结大沽口外，聚集在天津租界的侵略军达两千余人。6月6日前后，八国联军在英军司令西摩尔的带领下从天津大沽口登陆向北京进发。在北京，义和团和清军先后将在京挑衅杀人的日本使馆书记和德国公使克林德处死。6月15日到20日，义和团和清军又向西什库的天主教教堂及东交民巷的外国使馆发起猛烈的攻击，狠狠地打击了外国侵略者。8月13日，八国联军一万八千多人进攻北京，16日守卫北京的清军溃败。次日凌晨八国联军进攻东华门。慈禧太后带着光绪皇帝等人仓皇逃往西安。光绪二十七年八月（1901年9月），清政府同列强各国（除了出兵的八国外，又加上比利时、荷兰、西班牙三国），在北京正式签订丧权辱国的《辛丑条约》，标志着中国完全沦为半殖民地半封建国家。[1]在近代民族思潮运动风起云涌的背景下，最终掀起了轰轰烈烈的辛亥革命，加速了封建王朝的覆灭。

2. 艰苦卓绝的斗争运动

放眼世界，19世纪末至20世纪初，亚洲、非洲、拉丁美洲殖民地和半殖民地基本上已被列强瓜分完毕，新旧殖民主义矛盾激化，各帝国主义经济发展不平衡，秩序划分不对等的背景下，为重新瓜分世界和争夺全球霸权，1914年第一世界大战爆发。大战结束后的1919年1月18日至6月28日，在巴黎举行讨论战后问题的国际会议，会上中国作为战胜国，提出的取消列强在华特权，取消中日"二十一条"不平等条约、归还大战期间日本从德国手中夺去的山东半岛及各项权利等合理要求，不仅被英法等国漠视和拒绝，会议最后签订的《凡尔

---

[1] 童超主编：《中华上下五千年》第六册，北京：海豚出版社，2016年，第116页。

赛和约》中,还把德国在山东侵占的全部权益"让与日本"。[①]消息传到国内,举国上下无不震惊和愤怒。

五四运动

1919年5月4日下午1点,北京大学等十三所大专院校3000多名爱国学生会集到天安门城楼下,然后像潮水般地涌向外国使馆区东交民巷。他们一路上振臂高呼"还我山东""保我主权""外争主权,内除国贼""废除二十一条"等,沿途又有很多北京市民加入队伍,周令钊[②]的油画《五四运动》(图7-5),再现了当时北京学生市民游行中的激愤场面。北京掀起的五四运动迅速引发了全国各地的反帝反封建浪潮,从形式上看五四运动是一场捍卫国家利益的爱国运动,但从整个社会背景、社会发展来说,它的影响远远不止于此。除了波及中国思

图7-5 周令钊 油画《五四运动》

[①] 鲁中石主编:《世界通史》,北京:北京联合出版公司,2016年,第270页。
[②] 周令钊,1919年出生于湖南,1948年应徐悲鸿先生聘请任教北平国立艺专,曾担任中央美术学院壁画系民族画室主任、中国美术家协会理事、水粉协会会长、全国邮票设计评审委员等。

想文化、政治发展方向、社会教育、经济发展等，五四运动也是中国新民主主义的开始，从此中国无产阶级登上政治舞台，开始传播马克思主义，且对中国共产党的建立和发展都起到了重要的推动作用。

卢沟桥事变

卢沟桥事变引发了全民族的抗日战争。抗日战争在国际上被称作第二次中日战争，第一次为1894年的中日甲午战争。甲午战争后，日本利用《马关条约》，用从中国获得2亿两白银赔款中的80%发展军事，由此走上了对外侵略的道路。早在1900年日本作为八国联军的主力之一，利用《辛丑条约》在京津一带驻兵。日俄战争中日本获胜，日本从俄国手中夺取了在中国东北的特权。1914年日本入侵胶州湾的德国势力范围，通过条约"二十一条"，彻底取代德国在山东的特权。1927年日本确立了先占东北、内外蒙古，进而侵占全中国的扩张政策。1931年，侵华日军发动"九一八"事变，侵占中国东北并成立伪满洲国，此后陆续在华北、上海等地制造事端、挑起战争。1937年7月7日，日军又在北平（北京）西郊发动卢沟桥事变，抗日战争全面爆发（图7-6）。

卢沟桥事变中在卢沟桥守卫的官兵誓死抵抗，中国抗日战争纪念馆内陈列展示的绘画作品《卢沟桥保卫战》（图7-7），展现的就是当时惨烈的桥头堡之战，在争夺桥头堡的过程中，敌我双方三次拉锯式地你争我夺，我方一排的战士都牺牲了，其中一名战士用大刀砍死了

图7-6　卢沟桥事变爆发
中国抗日战争纪念馆　绘画作品展示

图7-7　卢沟桥保卫战
中国抗日战争纪念馆　绘画作品展示

一个鬼子，几天后当机枪连重新夺回阵地时，发现这位战士临牺牲前，仍把机枪牢牢地压在自己的身下。战争中，宛平城的老百姓们也同仇敌忾，帮助守军将士挖堑壕、抬伤员、烧水做饭、运送弹药，极大地鼓舞了战士们的士气。守卫的团长头上挂了彩，缠着绷带仍在前沿指挥。一些阵亡的士兵还紧握着武器，枪口指向敌方。[①]与此同时，北平城里的各界群众也纷纷参与到支援的行列中，除了大量募捐财物外，一些高校的进步学生团体，如北平木刻研究会、"糊涂画会"等，将自己的画笔和刻刀作为宣传救国救亡的武器，刻制印刷了大量的抗战宣传画，如尚莫宗[②]的木刻版画《卢沟晓月》（图7-8）、

图7-8 尚莫宗 木刻版画《卢沟晓月》

图7-9 尚莫宗 木刻版画《打鬼子去》

---

① 中共北京市丰台区委党史资料征集办公室编：《丰台地区革命斗争史料选编》第1册，1994年，第104页。

② 尚莫宗，1908年生于河南滑县，1925年考入北京国立艺术专门学校学习西洋画。北伐战争爆发后，南下转入上海田汉创办的南国艺术学院徐悲鸿画室学习，后随北上担任北平国立艺术学院院长的徐悲鸿回到原校就读，其间曾与同学创立"糊涂画会"，除了创作油画外，还有一些小型木刻。后赴日参观返回后在山东执教，1932年由于积极宣传抗战被捕入狱，1934年因病保外就医返回北平治疗。治疗期间与北平孔德学校的青年教师王青芳等，组建平津木刻协会。

《打鬼子去》（图7-9）等。卢沟桥保卫战前后持续了24天，虽然最终失守，但这场战斗打出了中国人的志气，鼓舞了全中国人民抗战必胜的信心。

解放北平

经过漫长的八年抗战，1945年8月6日，美国向日本广岛投下第一颗原子弹，8月8日苏联对日宣战，进军中国东北，在此形势下，8月15日日本天皇宣布无条件停战。抗战结束后，以毛泽东为首的中国共产党代表团与国民党政府代表在重庆举行谈判，10月10日签署《政府与中共代表会谈纪要》，即《双十协定》，涉及和平建国基本方针和政治民主化等方案和计划。但纪要公布不久，即被蒋介石公开撕毁。1946年6月26日，国民党以30万军队围攻中原解放区，向解放区发动了全面进攻，全国解放战争由此正式开始。1947年7月，解放军由战略防御转入战略进攻，连续进行了辽沈、淮海、平津三大战役。在平津战役中，人民解放军以多兵种联合作战的方式，对天津发起总攻，1949年1月15日全歼国民党守军13万余人，天津解放。在此背景下，孤守北平的傅作义部陷入绝境，经过解放军和中共北平地下组织的耐心工作以及北平开明人士的敦促，傅作义终于接受和平条件，1月21日签订《关于和平解决北平问题的协议》，1月31日人民解放军进驻北平城，平津战役胜利结束。

1949年2月3日，中国人民解放军举行隆重进驻北平的入城式。参加的有装甲车队、炮兵车队、坦克部队、摩托化部队、骑兵方队和步兵方队，自永定门进城，入前门后随即往东，挺进曾被帝国主义长期霸占的东交民巷。接着，队伍从崇文门内大街至北新桥，经鼓楼、地安门、太平仓，与西直门入城部队会合后，再至西单牌楼、西长安街，经和平门、骡马市大街，由广安门出城。[①]这次入城式，在全国和全世界都引起了强烈反响，当天一家外国通讯社由北平发出的电文稿称"中国人民解放军入城，规模空前未有，士气十分高涨，装备异常

---

① 曹子西主编：《北京通史》第十卷，北京：北京燕山出版社，2012年，第3页。

精良，实为一支强大的有战斗力的部队"[1]。

解放军北平入城式珍贵的历史场景，在当代画家邓家驹[2]等合作的油画《和平解放北平》（图7-10）中被展现了出来。画面里万里晴空，红旗招展、人头攒动，解放军步兵与骑兵排着整齐的方队，威武雄壮，浩浩荡荡行进在进驻北平城的大道上，和平解放的北平也成了欢乐的海洋，工、商、士、农、学等倾城而出涌向街头，敲锣打鼓兴高采烈地欢迎人民解放军进入北平城，热烈庆祝北平和平解放。

图 7-10 邓家驹、张汝为、沈尧伊、吴长江合作 油画《和平解放北平》

北平的和平解放是震动中外的伟大历史事件，它创造出的"北平方式"成为后来解放湖南、四川、新疆、云南的范例，它使驰名世界的文化古都免于战火，完整地保存下来，为新中国的定都奠定了基础。而北平和平解放也成为新中国成立后，画家反复表现的重大历史题材，如叶浅予[3]1959年为中国历史博物馆所创作的《北平解放》

---

[1] 北京卷编辑部：《北京》上，北京：当代中国出版社，2011年，第41页。

[2] 邓家驹，1935年生于江西黎川，1951年在《江西画报》任创作员，1960年毕业于中央美术学院油画系吴作人画室。任教于天津河北艺术师范学院。1970年调入红太阳展览馆（现天津博物馆），1985年调入天津画院。后在天津历史博物馆从事创作工作。1999年退休。曾任天津画院副院长，一级美术师，现任天津美协副主席。

[3] 叶浅予（1907—1995），原名叶纶绮，浙江桐庐人，从事国画教育，以舞蹈、戏剧人物为主的国画创作，中国漫画和生活速写的奠基人。曾任中国美协副主席，中国文联委员，中国画研究院副院长，中央美院教授。

345

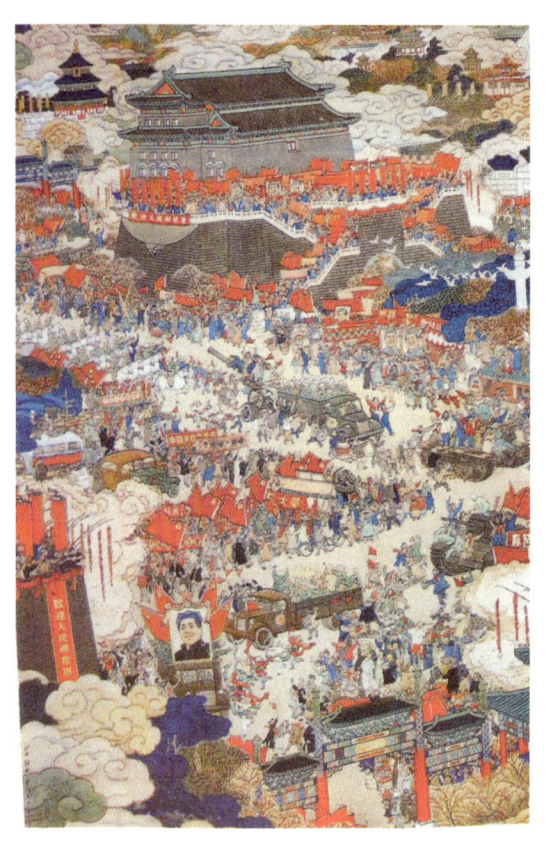

图7-11 叶浅予 国画《北平解放》

（图7-11）。画面中祥云缭绕、鞭炮齐鸣、锣鼓喧天、旗帜飘扬，展现了从前门一直到天坛热烈欢腾的景象。树木葱茏，白鸽飞翔。正街上人民解放军陆军、骑兵、炮兵、坦克装甲车兵等有序经过，各士、农、工、商、学等团体也组成方队，扛着标语、打着彩旗参与其中。队伍中还出现了众多大幅的毛泽东、朱德等领袖的画像。街道两侧挤满了观看驻军部队的各界群众，整个画面充满了欢乐喜庆的节日氛围。

二、建国与强国

北平和平解放后,1949年4月解放军百万雄师横渡长江解放了南京,宣告了国民党统治的覆灭。1949年10月1日,中华人民共和国在北京宣告成立。新中国的成立,开辟了中国历史的新纪元,新中国定都北京,也揭开了北京历史的新篇章。从此以后,新时代的中国人民开始了建国强国、改革探索的腾飞之路,北京也从历史的硝烟中迈入新的历史征程。

1. 定都决策后的开国大典

早在1948年初,以毛泽东为首的中共中央开始思考、筹划成立新中国。至于新中国定都何处,开始在党内外广泛征求意见,当时有哈尔滨、西安、南京等不同提议。1949年春,毛泽东就建都问题征询刚从东北回西柏坡的王稼祥的意见,王稼祥认为北平位于沿海地区,扼守联结东北和关内的咽喉地带,战略地位十分重要,可谓中国重心之所在。1949年9月27日,中国人民政治协商会议第一届全体会议在中南海怀仁堂召开,会议选举了由56人组成的中央人民政府委员会,毛泽东为主席,朱德、刘少奇、宋庆龄、李济深、张澜、高岗为副主席,委员会一致表决通过中华人民共和国定都北平,北平即日起改名为北京,五星红旗为国旗,《义勇军进行曲》为代国歌等。[①]

中华人民共和国成立是国内外瞩目的大事,开国大典直接关系到新中国的形象,为此中共中央专门成立了开国大典筹备委员会,主任为周恩来,副主任有彭真、林伯渠、聂荣臻等,经过周密研究,开国大典的场地最后选定在天安门广场。为迎接开国大典,北京市政府在天安门前开辟了一个能容纳16万人的大广场,修缮天安门城楼作为主席台,清除城楼顶上杂草,粉刷城楼和广场四周红墙;装置升国旗的

---

① 谢荫明编:《中共北京历史八讲》,北京:北京出版社,2012年,第66页。

设施，整饬天安门前、东西座门之间的沥青石渣路面；为美化环境，还开展种树、种花、种草等绿化工程。除此之外，有关单位还负责绘制毛泽东油画肖像，以及"中华人民共和国万岁""中央人民政府万岁"巨幅标语，制作天安门城楼上的大红灯笼、国旗和红旗、万枚"开国大典"纪念章以及印制全国政协代表佩戴的绸缎证条等。[①]

1949年10月1日，装点后的天安门及广场焕然一新，在城楼中间最大门洞的上方，悬挂着巨幅毛泽东画像，左右两边等距离对称挂着横幅标语："中华人民共和国万岁""中央人民政府万岁"。下午2时，中华人民共和国中央人民政府委员会在中南海勤政殿大厅举行第一次全体会议，会后毛泽东率中共中央、中央人民政府领导人及各党派、各团体、各界代表登上天安门城楼。30万军民在天安门广场参加开国大典，北京新华广播电台进行实况转播。3时整庆典开始，毛泽东向全中国、全世界庄严宣告："中华人民共和国、中央人民政府今天成立了！"五星红旗冉冉升起，乐队高奏代国歌《义勇军进行曲》，54门礼炮齐鸣28响，象征中国共产党领导中国人民走过的28年光辉历程。接着毛泽东宣读中央人民政府公告，而后盛大的阅兵式开始。人民解放军三军方队及各界群众学生游行队伍依次通过主席台前，激动的人们将千言万语化作一句句口号"中国共产党万岁！""中华人民共和国万岁！""毛主席万岁！"[②]

这些庄严伟大的历史时刻，在董希文[③]的油画《开国大典》（图

---

① 中共北京市委党史研究室编：《社会主义时期中共北京党史纪事》第一辑，北京：人民出版社，1994年，第164页。

② 中共北京市委党史研究室编：《中国共产党北京历史》第二卷，北京：北京出版社，2011年，第15页。

③ 董希文（1914—1973），浙江绍兴人。早年入苏州美术专科学校、国立杭州艺术专科学校学习。1939年艺专毕业后，赴越南河内巴黎美专分校学习。1943年赴西北敦煌艺术研究所临摹研究敦煌壁画。1946年后在北平艺术专科学校任教。1948年积极参与地下党组织的木刻宣传单创作迎接北平解放。1949年加入中国共产党。1950年任教于中央美术学院，曾任教授、预科主任、油画教研室主任、油画系第三工作室主任教师，中国美协创作委员会委员等职。

7-12）中，被全景式地记录了下来。在蓝天白云的映衬下，画家用传统壁画的艺术形式，将天安门城楼上的国家领导与广场上的群众巧妙地组织在同一画面中，既借鉴西方古典油画的严谨造型，又运用中国画单纯且对比强烈的色彩，为早期探寻适应民族审美的油画做出了贡献。画面中所展现的维修一新的天安门城楼的一角及改扩建后的天安门广场，场景、人物与事件在画面中瞬间定格，使之成为新中国成立的重要历史图卷。

图 7-12　董希文　油画《开国大典》

2. 建设发展中的起伏腾飞

早期的社会主义改造，包括实现国家的社会主义工业化，实现国家对农业、对手工业和对资本主义工商业的社会主义改造等。

作为新中国的首都与政治中心，北京在不同时期的国民经济发展与社会改造变革中，率先贯彻中央的各项方针政策，试点和带动全国各地工作的开展。如新中国成立初期为巩固人民民主专政、反击国内外敌对势力、恢复国民经济建设，在实现工业化和社会主义改造方面，全国范围内陆续开展的土地改革、农业合作化、扫盲、人民公社、"三反"、"五反"和"除四害"等运动中，北京的做法多次被中央作为典型经验推广至全国，发挥了其作为全国政治中心的独特示范作用，从而为中央制定政策、工作安排提供经验参考。与此同时，参与并承担不同时期的国家政治经济、文化体育等中心的建设，为打造北京未来的现代化国际性大都市的目标而努力，所有这些也同样在绘画中被记录和反映了出来。

农业合作化运动

新中国成立前后经过土地改革运动，分得土地却又缺少生产资料的贫下中农，为使他们避免因为缺少生产工具和资料而导致贫困，实行走互助合作的道路。为配合中央提出的这项政策，画家蒋兆和[①]绘制了国画《毛主席在麦田》（图7-13）和国画《走农业合作化道路》（图7-14），因其主题突出、题材鲜明和宣传性强，其影响从北京到全国，成为农业合作化运动的优秀宣传画，被印刷发行至

图7-13　蒋兆和　国画《毛主席在麦田》　　图7-14　蒋兆和　国画《走农业合作化道路》

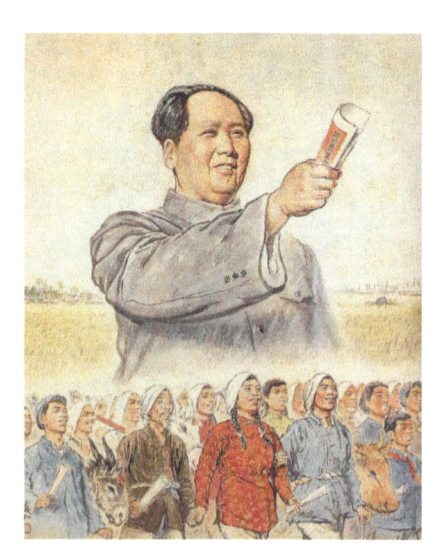

---

①　蒋兆和（1904—1986），生于四川泸州。早年流徙上海，以画肖像谋生。中年后随徐悲鸿从事美术教育工作，历任上海美术专科学校、北平艺术专科学校、中央美术学院教授。擅画人物、肖像，以西洋素描结合传统中国画的笔墨，尤长于表现现实生活题材。代表作有1943年所作《流民图》等。

全国各地，成为当时众所周知的代表性作品。也正是从这个时期开始，众多的艺术家也逐渐领悟到新中国美术任务与目标，即作品题材要积极配合党的政策宣传，为人民服务，为社会主义建设服务。

扫盲运动

扫盲运动是为了改变上千年来中国妇女目不识丁的状况，号召新中国的广大劳动妇女，在新社会有了当家做主的权利后，也要积极努力学习文化，由此，在全国范围内掀起了声势浩大的"文化扫盲"活动。1953年姜燕[①]的国画《考考妈妈》（图7-15），就是为响应中央的扫盲运动而创作的，图中的妈妈坐在炕上，一手抱着正在怀中吃奶的孩子，腾出另一只手来执笔答卷，抬头笑眯眯地看着眼前小老师似的女儿。女儿双手捧着《速成识字课本》，用自己的身体挡着，生怕被妈妈看见，人物动作生动和谐有趣。画面背景中的屋内陈设不多却干净而整洁，所突

图 7-15 姜燕 国画《考考妈妈》

出的人物形象健康红润，体现了当时的审美理想，反映出新社会朝气蓬勃的时代特征。[②] 此外，该画在创作中既吸收新年画的营养，又借鉴

---

① 姜燕（1919—1958），北京人，曾先后在京华美术学院、北平艺专学习，毕业后留校任教。1943年入华北大学文艺学院美术系研究班学习。1949年调任北京人民美术工作室从事创作，1956年到北京艺术师范学院美术系任教。

② 贾德江主编：《中国现代人物画全集》上，石家庄：河北教育出版社，2002年，第69页。

西画的写实手法，对比色的运用使画面充满了轻松、活泼的喜庆气氛。1953年9月在第一届全国国画展览会上，《考考妈妈》被评为是一件富有新意的作品而备受瞩目。

人民公社运动

1958年在农村掀起了以兴办人民公社为主要内容的群众性运动，这是我国农村继土地改革、农业合作化运动之后又一次大的社会变革。1958年3月的中共中央政治局成都会议后，一些地方先后开展小社并大社工作，当时尚无统一的名称。8月，中共中央政治局北戴河扩大会议通过了《中共中央关于在农村建立人民公社问题的决议》，决定在农村普遍建立人民公社。此后，全国迅速形成了人民公社化运动的热潮。到10月底，全国74万多个农业生产合作社改组成2.6万多个人民公社，参加公社的农户近1.2亿户，占当时全国总农户的99%以上。全国农村基本上实现了人民公社化。[①]人民公社的社员生活生产实行集体化，公社建有公共食堂、幼儿园、托儿所、敬老院、幸福院、妇产院以及米面加工厂和缝纫厂等。人民公社化运动新生事物的公共食堂更是在短时间内骤然兴起，如火如荼，农民们吃起了名副其实的大锅饭，如画家姜燕笔下的国画《办食堂去》（图7-16）与农

图7-16 姜燕 国画《办食堂去》

---

① 余源培主编：《邓小平理论辞典》，上海：上海辞书出版社，2012年，第565页。

民笔下的《人民公社》(图7-17),当家做主的农民热烈响应党和国家的号召,积极参与到人民公社的运动中,纷纷将自家的锅碗瓢盆、砧板水缸、盖帘擀面杖、簸箕竹筐等,肩挑手扛地送往公社食堂,而食堂中全村的大人小孩、男男女女、老老少少,团团围坐,热热闹闹地一起吃大锅饭。

图7-17 北京农民画《人民公社》

改革开放

1977年7月,邓小平恢复了在党内的职务,负责和领导党与国家建设的发展。经过深入的调研和探讨,1978年,中国共产党十一届三中全会的中心议题是把全党的工作重点转移到社会主义现代化建设上来,确定了执行"对内改革、对外开放"的改革开放政策。对内在农村实行"家庭联产土地承包责任制",在城市如深圳、珠海、厦门、汕头试办"经济特区"等。改革开放的决策改变了中国长期以来对外封闭的情况,令中国大陆向世界开放,同时大幅度提高了国内人民的生活水平,改善了国际上的形象,使中国迈入了经济高速发展的春天。

1979年,画家李秀实创作的油画《疾风》(图7-18),以乌云翻滚、疾飞猛烈的背景,隐喻1978年前后中国政治风云的变幻,以

"疾风知劲草"衬托邓小平在严峻形势下，实行改革开放的坚定与决心。

图 7-18　李秀实　油画《疾风》

在改革开放的背景下，北京的发展战略是"走以提高经济效益为中心的新路，积极发展适合首都特点的经济"。城市建设的重点从市区转移到广大郊区，疏散中心城市过密的人口和产业，扩大了卫星城的规模。2001年又提出了首都迈向新世纪战略，使北京建设成为世界一流水平的现代化国际大都市，陆续展开了CBD商业金融中心、北京城市副中心、大兴国际机场、雄安新区、京津冀协同发展的建设。体育方面，北京先后迎来了两次世界性的体育盛会，即1990年的北京亚运会、2008年的北京奥运会，以及即将在2022年举办的冬奥会，所有这些都为塑造和提升北京国际形象增添了亮丽的景色。

北京十大建筑

城市建设方面，其实早在1958年前后，为庆祝新中国成立十周年，北京曾短时间内陆续兴建了著名的十大建筑，即人民大会堂、中国革命博物馆与中国历史博物馆、中国人民革命军事博物馆、全国农业展览馆、北京站、北京工人体育场、民族文化宫、民族饭店、钓鱼台国宾馆和华侨大厦。十大建筑是向新中国成立十周年的献礼，也是新中国建筑的纪念碑，其建筑设计与施工都代表当时的最高水平，十大建筑从1958年下半年陆续开工，1959年上半年进入建设高潮，到9月仅用了一年时间即全部建成。

1959年10月竣工的人民大会堂，位于天安门广场西侧，由万人大礼堂、宴会厅、全国人大常委会办公楼三部分组成。人民大会堂正面纵向分为五段，中部稍高，主次分明。立面采用中国传统建筑三段式的处理手法，中部总高40米，台基高5米，分为2米高的台面和3米高的须弥座，中部为25米高的柱廊。顶部为黄色琉璃，四角起翘，挺拔有力。大礼堂屋顶由12根跨度60米的钢梁组成屋架，礼堂内座席为上下三层，共有座席9770个。如何大桥[①]的油画《人民大会堂》（图7-19），画面中的人民大会堂造型雄伟壮丽，细节富有民族风格与气息。

图7-19　何大桥　油画《人民大会堂》

中国国家博物馆（原中国革命博物馆与中国历史博物馆）位于北京天安门广场东侧，由张开济设计，1959年建成，占地9.2公顷，总建筑面积65152平方米，可同时容纳万人参观。其北部为革命博物馆，南部为历史博物馆，中部为礼堂和门厅。平面采用内院式布局，南北各有一个内院，中部门厅后面为中央大厅，高15米，面积为1390平方米，

[①] 何大桥，1961年出生于哈尔滨，1979年考入解放军艺术学院美术系。中国美术家协会会员、中国油画家协会会员、解放军艺术学院客座教授、哈尔滨美术学院客座教授。

供集会使用。内院式布局使得博物馆以较小的体量来获得较大的外形轮廓,从而与对面人民大会堂的体量保持均衡,协调天安门广场的尺度。[1]王晖[2]的油画《天安门广场上的中国国家博物馆》(图7-20)中,画家通过丰富、厚实、多变的色彩以及光线的强弱对比,来表现建筑的形体与气势。画面中的中国革命和中国历史博物馆的正(西)立面,从南北向逐渐延伸,建筑的中间是十一开间的空廊,廊上饰大五角红星和一组旗徽,通过与广场上游人及旗杆的对比,蓝天白云与红色五星、旗徽、旗帜的对比,使得整个建筑更加庄严宏伟与壮观。

图7-20　王晖　油画《天安门广场上的中国国家博物馆》

位于建国门内大街南侧的北京站1959年建成,由杨廷宝、陈登鳌负责设计,是当时我国规模最大、设备最完善的火车站。北京站

---

[1]　北京市地方志编纂委员会编:《北京志　文物卷　博物馆志》,北京:北京出版社,2006年,第254页。

[2]　王晖,1943出生于辽宁抚顺。1963年毕业于鲁迅美术学院附中。1968年毕业于中央工艺美术学院,师从著名画家吴冠中、卫天霖教授。曾任中国美术家协会会员、中国美协艺委会委员、北京美协理事等。

包括站前广场、候车大楼、高架厅、站台及地道等，总建筑面积为87833平方米。建筑风格采用民族形式与现代技术相结合的手法，结合城市规划和功能分区等要求，采用了以中央大厅为中心，左右分设两个内庭院的对称布局形式，以及主体交叉的流线组织形式，使各方旅客不会出现相互干扰的情况。此外将传统的琉璃瓦顶钟、塔楼、两边琉璃女儿墙，中间琉璃马头墙与中央大厅上35米见方的预应力大扁壳相连接等现代技术相结合的处理，充分体现出了民族传统的现代建筑风格。[1]画家常磊[2]的油画《北京站》（图7-21）为北京站右前方的俯视构图，描绘了人车密集的站前广场与高大矗立的北京站主体建

图7-21 常磊 油画《北京站》

---

[1] 窦忠如:《大匠踪迹：中国近现代经典建筑掠影》，天津：百花文艺出版社，2006年，第168页。

[2] 常磊，1972年生于安徽怀远，先后就读于安徽师范大学美术学院、天津美术学院油画专业以及中央美术学院、中国艺术研究院。现任中国油画院学术委员会秘书长，文化部中国油画院画家。

筑，在小如蚂蚁的人群与庞大的建筑实体的对比中，画面布局大小得当、疏密有致，借助油画对光与影投射在广场地面的细节处理，流动的人群与固定的建筑之间，又形成动静的对比。由此可以看出，画家艺术语言与技巧处理之丰富。

新中国十大建筑充分体现了当时"古今中外一切精华皆为我用"的指导思想，既有中国传统大屋顶的"古典式""类西洋古典式""苏联式"，也有体现新技术、新结构的现代建筑形式，为此后建筑创作的方向、组织模式提供了经验。[1]此外，同样为庆祝新中国成立十周年的，还有1959年北京画院集体创作的长达46米的国画长卷《首都之春》，其中以细腻的笔触生动形象地展示了当时北京的城市建设的整体风貌。

长卷《首都之春》

反映新中国初期北京工农业生产的绘画长卷《首都之春》，该画卷也是1959年首都文艺界为庆祝新中国成立十周年的文艺献礼，画卷由北京画院的古一舟[2]、惠孝同[3]、周元亮、陶一清、何镜涵[4]、松全森[5]6位画家集体创作完成。当时的6位画家是北方青绿山水画坛上的主力，可称为"北方六杰"。新中国成立后，大家为祖国的发展而激情满怀。1958年国庆节刚过，在白塔寺的中国画院里，古一舟和陶一

---

[1] 翟睿：《新中国建筑艺术史 1949—1989》，北京：文化艺术出版社，2015年，第285页。

[2] 古一舟（1923—1987），山西运城人。擅长中国画。1937年参加八路军从事美术工作。1956年毕业于中央美术学院调干班。历任北京画院专业画家、北京中国画研究会会长。

[3] 惠孝同（1902—1979），北京人，满族。1920年入中国画学研究会，师从金北楼。1926年随师赴日本举办绘画联展，曾任湖社画会副会长。新中国成立后，任中国文联理事、中国美协会员、北京画院画家等。

[4] 何镜涵（1923—？），北京人，满族。原在北京画院工作，任国际书画艺术研究会、中国老年书画研究会、中国书画研究会顾问，中国书画函授大学教授等。

[5] 松全森，1925年生于北京。自幼习画，曾在原北平市立第二职补学校学习中国画、西画、雕塑、图案、印刷术等课程，在王青芳等老画师和雪芦画社晏少翔画师的指导下学习山水画、人物画并攻读画论，得益颇深。新中国成立后后就职于北京画院，从事山水画创作。

清提议大家集体仿效张择端的《清明上河图》，创作一幅表现新中国成立以来首都建设面貌的巨画，为国庆十周年做点贡献。该提议得到热烈响应后，大家开始商议《首都之春》的布景构图。周元亮说：张大千的《长江万里图》我看过从上元一直画到吴淞。我们这长卷，应当表现哪几个部分才能代表当今首都的新面貌？于是，大家开始谈论应当画哪几个部分。议来议去，离不开天安门城楼、颐和园、天坛、北海、团城等名胜。周元亮说：我们不能把北京的名胜古迹都画上，那就不是新面貌，除了天安门城楼之外，名胜古迹都不能要。我们要摆脱这些名胜古迹，寻找新思路。接着他又提出最好以天安门广场为画心，然后展开王府井新貌、京郊山水、炼钢厂、人民公社等。经过仔细的讨论，大家将全卷分为9个部分，其中一致认为长卷两端的京郊山水是重中之重，全卷的成败取决于两端山水画得如何，推举熟悉北京山水画创作的陶一清负责，周元亮负责画官厅水库部分，由擅长古建筑绘画的何镜涵负责画颐和园等部分，惠孝同负责画他熟悉的柳浪庄农村与题跋等，松全森负责热电厂建设部分等。经过8个月的努力创作，6位画家交上来各自满意的作品。经松全森全面磨合，竟然天衣无缝，分不出哪一部分是由谁画的。惠孝同最后题跋，题跋全文如下：

"《首都之春》卷为二尺三寸五分，一百三十八尺二寸。一九五八年十一月初旬到一九五九年六月初旬完成。计分：通县八里桥高炉群、热电站、天安门、柳浪庄人民公社、颐和园、石景山炼钢厂、丰沙线及官厅水库九大段。企图从各个方面将首都活生生的事实，蒸蒸日上景象表现出来。在创作过程中得到党和政府具体领导的支持以及同志们热情帮助。画成后，经裱画家张贵同志同李荫基等协作装池，终于在最短的时间内完成了这件艰巨的任务，来向伟大的祖国十周年献礼，这是我们衷心所感为最光荣最愉快的事情。"[1]

---

[1] 老车夫：《青绿山水大师陶一清的一生》，沈阳：万卷出版公司，2012年，第127页。

图 7-22 《首都之春》长卷的引首为四个盈尺大字，由郭沫若题写

《首都之春》全卷开篇为北京东郊通县的八里桥场景（图 7-22-1）。历史上拱卫京师的古桥有三座，一为京西南的卢沟桥，二为京北昌平的朝宗桥，三为通州区的八里桥（永通桥）。八里桥建于明正统十一年（1446），原名永通桥，是横跨在通惠河上的一座石拱桥，为东至山海关、南至天津的陆路交通枢纽，更是通州至北京大路的咽喉，因距通州八里而得名。清咸丰十年（1860）八月，三万清军曾在这里与入侵北京城的英法侵略军展开一场血战。画面中的八里桥历史硝烟散尽，扑面而来的是花红柳绿、郁郁葱葱、生机勃勃的和平安宁景象。

图 7-22-1 《首都之春》局部之一 通县八里桥

新中国成立后，为在较短的时间内把中国建设成为一个伟大的社会主义国家。基于国家政治独立与经济发展的客观要求、自然资源状况及外援条件等因素，中共中央经过深入的思考与慎重的讨论，在1952年确立了重工业优先发展战略，计划大约用三个五年计划把中国建设成为一个强大的社会主义工业国。当时的建设是以苏联帮助设计的156个建设单位为中心，其中就包括电力行业，而1956—1959年

的北京热电厂建设就名列其中。[①]（图7-22-2）

图7-22-2 《首都之春》局部之二 热电厂

热电厂景象之后便是画卷的中心天安门。画面中的天安门高大宏伟，在天安门前的长安大街的东西两端，除了各有一个华表外，还各有一个语录塔，塔身四周有红色的标语，塔顶上有红旗。辽阔的天安门广场上，参观的群众或三三两两，或排着队伍，举着红旗、扛着标语。广场的正中央人民英雄纪念碑威严地耸立着。（图7-22-3）

图7-22-3 《首都之春》局部之三 天安门

离开中心位置的天安门之后，画卷便进入了北京西郊。柳浪庄位于北京市西郊海淀区的中部，东至芙蓉里小区，西接颐和园东墙，北至二龙闸和操场，南至巴沟村。古时候的柳浪庄是个绿柳婆娑、河渠

[①] 何一民主编：《革新与再造 新中国建立初期城市发展与社会转型 1949—1957》上，成都：四川大学出版社，2012年，第187页。

纵横、风景如画的自然村落，盛产享誉京城的京西稻。但柳浪庄原名为"牛栏庄""六郎庄"，明朝时这里地势平坦，水草丰美，是天然的放牧之地，后形成的村落叫"牛栏庄"。后来，牛栏庄种了许多柳树，风光更加秀丽，遂被改名为柳浪庄。到了清朝，民间附会杨家将故事，相传杨六郎与辽兵交战受伤，曾在此村养伤，还除掉了村里的一个恶霸，为了纪念他，又改村名为"六郎庄"。[1]画面中初春的柳浪庄，杏花吐雾、绿柳含烟，农田纵横、禾苗青青。劳动收工的村民们肩扛手提着工具，陆续从大路上、田垄中归来，进入画面下端的公社食堂大院，整个作品描绘了一幅欣欣向荣的社会主义新农村的美好画卷。（图7-22-4）

图7-22-4 《首都之春》局部之四 柳浪庄人民公社

柳浪庄的西边，是著名的颐和园。颐和园里标志性的建筑佛香阁依山耸立，气势巍峨。山下昆明湖水面辽阔无垠，风光旖旎。万顷碧

---

[1] 李文龙编：《老北京的趣事儿》，北京：中国华侨出版社，2016年，第47页。

波中游船和小舟荡漾穿梭，小舟上还有人举着红旗，突出了火热的时代气息。十七孔桥上游人流连欣赏，南湖翠岛上树木亭榭，葱茏掩映。湖西绿柳长堤，由南向北逶迤绵延而去。堤外极目远眺，西山诸塔起伏于群峰之上。（图7-22-5）

图7-22-5 《首都之春》局部之五 颐和园

　　石景山炼钢厂始建于1919年，最早称龙烟钢铁公司，是由北洋政府前驻日公使、曾参加与日本"二十一条"谈判和协议签订的陆宗舆主持兴建的，后由于世界经济萧条，钢厂被北洋政府和国民党政府废弃了十多年。1937年日本攻陷北平后，侵华日军运营生产。新中国成立后石景山炼钢厂成为中国第一大钢铁厂，画面中石景山炼钢厂的高大炼钢炉排排矗立，红色烈焰向上升腾，厂区上空烟雾弥漫。厂内铁架林立、建材堆积，运输物资的小火车穿行其中，一片繁忙的生产景象。（图7-22-6）

图 7-22-6 《首都之春》局部之六 石景山炼钢厂

丰沙线是北京较早修建起来的一条铁路线，早在清朝末年修建京张铁路时，就曾考虑过丰沙线方案，后因工程难度较大而未采用。抗日战争时期，日本为掠夺山西煤炭资源，修建了同塘（大同至塘沽）线，丰沙线即其中一段。丰沙线于1940年开始修筑，几年中完成了部分路段后，其余工程于1944年停工。新中国成立后为开采并外运山西大同煤炭资源，缓解京包线运输能力不足的矛盾，从1952年起，开始修建丰沙铁路。1955年丰沙线竣工通车。丰沙线建成后，承担了京包线西（直门）沙（城）段90%的运输任务。为了进一步优化运输效力，1958年至1959年又进行了京包线技术改造工程。改造后的丰沙线为新中国的建设做出了巨大的贡献。[1]画卷中展示了穿山架桥的丰沙铁路线，如长龙般在崇山峻岭中自如穿行。（图7-22-7）

---

[1] 北京建设史书编辑委员会编辑部：《建国以来的北京城市建设资料》第三卷，第205页。

图7-22-7　《首都之春》局部之七　丰沙线

　　画卷尾端绘制的是官厅水库，该水库是新中国成立后兴建的第一座大型山谷水库，位于北京西部永定河上游，面积230平方公里，可蓄水22.7亿立方米。1951年10月官厅水库建设开工，三年后建成。从此，永定河47000平方公里流域范围内的水流受到控制，在解除永定河洪水对京津一带威胁的同时，还增加了北京城市用水的供给。1954年4月国家在水库湖畔又动工兴建水电站，工程包括一条引水隧洞，一座操纵水力的调压水塔和厂房，安装了中国自制的第一水轮发电机组三套，这是中国自行设计施工制造的第一座自动化水电站，两年后建成发电，使当时京津唐张电力网的供电能力大大增加，成为新中国建设的重要工程之一。[1]（图7-22-8）

---

[1] 李宇铭：《中华人民共和国史词典》，北京：中国国际广播出版社，1989年，第561页。

图7-22-8 《首都之春》局部之八 官厅水库

图7-22-9 卷尾题跋

  《首都之春》的创作，采用了传统的横轴长卷形式，该形式可以容纳更丰富的内容、对象，可以将不同时间发生的景象，在同一卷中表现出来，于咫尺之间，展现万里景象，为此长卷在整体创作上较好地处理了左右的横向与场景内容表现之间关系。构图上采取散点透视法，焦点分布在画卷的上下左右，无处不在。这样组织布局，可以使画面内容繁多而秩序不乱，长而不冗，紧凑严密，如一气呵成。当全卷打开时，从卷首到画心，再到卷尾的题跋，画面场景一段段地展现在观者的面前，又像电影一样，一段段地从眼底消失，引人入胜、浮想联翩。长达46米的长卷《首都之春》因契合新中国成立初期蓬勃发展、欣欣向荣的时代主题，堪称新中国成立初期描绘首都北京建设的"百科全书"。

当历史迈入20世纪八九十年代，在改革开放的春风吹拂下，中国大地一片欣欣向荣的景象，与经济建设齐头并进的是体育文化事业的蓬勃发展。

北京亚运会

1983年中国向亚奥理事会提出举办1990年亚运会的申请。1984年亚奥理事会代表大会在汉城（首尔）召开，在与日本广岛的竞争中，北京以43比22的票数夺得主办权。1990年9月22日—10月7日，第11届亚运会在中国北京举行。这是新中国成立后，中国举办的第一个综合性的国际体育大赛，

图7-23　亚运会礼品瓷盘铁画　盼盼

北京亚运会的标志、吉祥物及礼品设计中，运用了长城及熊猫的元素（图7-23）。为了办好亚运会，北京还新建了20个场馆，改扩建13个原有体育设施，并在北京四环路外兴建了奥林匹克中心和亚运村，前后历时4年、投资20多个亿。这样的建设规模虽然无法和后来的奥运会相比，但这已经是北京继20世纪50年代兴建人民大会堂等"十大建筑"以来的又一次大规模的城市发展建设。[①]

位于朝阳区三里屯工人体育场北路的工人体育馆，最早建成于1961年2月28日，能同时容纳5万名观众。工人体育馆是工人体育

[①] 赵迎新主编：《国家记忆　共和国难忘瞬间》，北京：中国摄影出版社，2016年，第254页。

场三组建筑群：北京工人体育场、北京工人体育馆和游泳场中的重要组成部分，工人体育馆内除中心馆外，还有羽毛球馆等专用场馆（图7-24）。作为著名的体育比赛场馆和演艺活动场地，北京工人体育馆多年来已经举办了数千场各种形式的活动，在国际上也享有很高的知名度，1990年的北京亚运会部分比赛、2008年北京奥运会拳击比赛和残奥会柔道比赛都在其中举行。不断修整完善的工人体育馆除外观基本保持原样外，使用功能有了较大的增加，馆内通风、照明、机电等进行了全面改造更新，内部增加了记者席、贵宾席和贵宾休息室，使体育馆设计更加人性化，安全性更高、舒适性更强。[1]

图7-24　李秀实　油画《瑞雪》

北京奥运会

有了举办亚运会的成功经验后，1993年北京开始申请举办2000

---

[1] 谢宇主编：《日新月异的现代建筑》，天津：天津科技翻译出版公司，2012年，第10页。

368

年第27届奥林匹克运动会，但在最后一轮的投票中以2票之差败于悉尼。1998年11月25日，北京递交申请举办2008年奥运会的申请书，1999年4月7日，国际奥委会正式接受北京的申奥申请。2001年7月13日，在莫斯科举行的国际奥委会第112次全会上，国际奥委会投票选定北京获得2008年奥运会主办权。北京申奥成功的消息传来，北京40万群众涌向天安门狂欢。2002年7月13日，北京市政府和北京奥组委共同制订并正式公布实施《北京奥运行动规划》，提出了"新北京""新奥运"两大主题和"绿色奥运，科技奥运，人文奥运"三大理念。2003年8月3日，第29届奥运会会徽"中国印·舞动的北京"在北京天坛祈年殿正式发布。9月1日，北京奥运会市场开发计划启动。12月24日，国家体育场和国家游泳中心开工奠基，拉开了2008年北京奥运会体育场馆建设的序幕。（图7-25）

图7-25 万纪元 油画《您好 新北京》

国家体育场即"鸟巢"是2008年北京奥运会主体育场，由2001年普利兹克奖获得者雅克·赫尔佐格、德梅隆与中国建筑师李兴刚等合作完成巨型体育场设计。整个建筑通过巨型网状结构联系，形态如同孕育生命的"巢"，它更像一个摇篮，寄托着人类对未来的希望。设计者们对国家体育场没有做任何多余的处理，毫无修饰地把结构暴露在外，原生态地展现了鸟巢般的外观。赋予体育场以不可思议、无与伦比的震撼力。无论在整体的造型上，还是在局部的装饰以及公共设施的设置方面，"鸟巢"皆可被认为是集建筑、公共艺术与体育的完美结合体。[1]画家彭薇[2]的工笔国画《瑞翔2008》（图7-26），描绘的就是鸟巢的形象，但在艺术手法上，打破时空的限制，将传为宋徽宗赵佶御笔《瑞鹤图》中的瑞鹤及祥云等形象，运用在了金色鸟巢的上方，穿越古今、立意新奇。这种借鉴以往不多，这种理念也出乎常人预料，为此彭薇曾在一次采访中提到，"工笔于我，仅止于技法，无所谓新旧。我想对于艺术家来说，重要的不是概念，甚或不是新与旧，而是做出自己想做的那个东西，超越时间和概念的私人作品"。[3]

图7-26 彭薇 国画《瑞翔2008》

---

[1] 王萌：《来自水墨的新语境实验报告》，北京：知识产权出版社，2014年，第85页。
[2] 彭薇，1974年生于成都。1997年毕业于南开大学东方文化艺术系中国画专业，获学士学位；2000年毕业于南开大学人文学院美学专业，获哲学硕士学位。2000年至2006年任中国美术家协会《美术》杂志编辑。现为北京画院画家，中国美术家协会会员。
[3] 北京市规划委员会编：《北京奥运公共艺术》，北京：文化艺术出版社，2010年，第33页。

国家游泳中心"水立方",位于奥林匹克公园中心区西南侧,其创意来自晶莹剔透的肥皂泡,因其外观酷似一个蓝色方盒子而被形象地称为"水立方",它是世界上首个基于"气泡理论"建造设计并成功实现的多面体肥皂泡结构体系的建筑,它设计巧妙、结构独特而施工难度极大,主体是由ETFE膜与钢框架相组合的充气薄膜结构。"水立方"不仅是一幢以微观结构生成的优美而复杂的建筑,更是一件具有未来感的、能激发人们的灵感和热情的公共艺术作品。在中国传统文化中,"天圆地方"的思想将西南侧的"水立方"与东南侧圆形的国家体育场"鸟巢"遥相呼应,构成了奥林匹克中心区最核心的景观。[1]画家马琳[2]的油画《水立方》(图7-27),运用了现代派的创作手法,在灰白色的基调下,近景中高高矗立的路灯,照亮了不远处的暮霭笼罩中的水立方,画面物象均为几何形体,简洁单纯中又有深意。

图7-27 马琳 油画《水立方》

---

[1] 孟根宝力高编:《现代建筑外皮:走向"智慧皮肤"》,沈阳:辽宁科学技术出版社,2015年,第236页。

[2] 马琳,1964年出生于河北,先后毕业于河北工艺美术学院雕塑专业、中央美术学院油画系第六届创作研修班、中央美术学院油画系首届高级研修班,现任河北大学艺术学院美术系副教授。

北京CBD

国际大都市的一个重要标志就是拥有高度发达的现代金融业。北京的可持续发展离不开现代金融业，而建设CBD就是北京迈向现代金融领域的重要步骤之一，这是北京未来发展的大事，是实现国际现代化大都市的迫切需求。

CBD是英文Center Business District的缩写，译为"中央商务区"，一般地处城市的黄金地带，集中有大量的金融、商务、贸易、信息、保险、会展、咨询等机构，以及酒店、公寓、文化娱乐等配套设施，并具备完善的市政交通与通信条件，是现代化大都市的重要象征与标志。北京作为中国的首都，建设和发展CBD对于改善北京城市形象、确立北京在经济全球化中的地位有重要意义。早在1998年北京规划建设的CBD的范围，西起东大桥路、东至西大望路，南起通惠河、北至朝阳路。2009年CBD沿着朝阳北路、通惠河向东扩展至东四环。如今，"泛CBD""大CBD""CBD后花园"等概念也已经随着CBD的强势发展而衍生并成熟起来。随着CBD发展建设的逐步成熟，这里已成为北京对外开放的第一站，除数百家中外资银行、保险、证券公司外，CBD内还聚集了几千家外资企业、跨国公司、外国驻京代表机构以及律师、会计师、投资咨询等中介服务机构，北京CBD已成为世界500强企业、跨国公司等在中国总部集中度最高的区域。此外，在CBD内大型商业设施还有银泰中心、北京万达广场、建外SOHO、蓝堡国际中心、中环世贸中心、远洋光华国际等，以及新闻媒体机构，如中央电视台新址主楼等。

白羽平的油画《CBD——商务中心区》（图3-28），展示的正是北京CBD的今日面貌，画面前景中有为了促进CBD的发展，北京在其核心区域已建成的最大的立体化交通枢纽，实现了多条高架桥、公车线、地铁站和轻轨的换乘体系。画面中景北京市新的地标性建筑，如国贸三期主楼高达330米，其与国贸一期、国贸二期一起构成了110万平方米的建筑群，成为目前全球最大的国际贸易中心，画面远景中有中央电视台新址主楼。新的时代、新

图7-28　白羽平　油画《CBD——商务中心区》

的北京、新的发展，也给艺术创作题材开辟了新的领域，让艺术与时代同步发展。

北京大兴机场

推进京津冀一体化发展中，为了提高首都国际机场的客流运载力及空港物流的国际竞争力，2015年开工建设，2018年建成，2019年试运行的北京大兴国际机场，成为未来北京新发展的标志。

北京大兴机场由法国ADP Ingenierie建筑事务所设计，机场建筑工程在2014年开建。整个机场占地27平方公里，相当于澳门的面积，建设投资大约80个亿，建成后到2025年将接纳大约7000万旅客。机场将铺设八条起降跑道，达到每年可接待1.3亿乘客的流量水平。建成后的北京大兴国际机场，将成为先于亚特兰大（Atlanta）的世界最繁忙的机场。[①]莫晓松、安华平创作的国画《凤凰初展翅》（图

---

① ［德］柯雷斯蒂安·戈尼茨著，许文敏译：《新机遇　中国时代》，北京：国际文化出版公司，2015年，第151页。

7-29），描绘的就是北京大兴国际机场，画面中在枝繁花盛、银装素裹的玉兰花的掩映下，新机场的古铜色屋顶在薄雾中若隐若现，从建筑中心放射出的5条指廊，犹如凤凰的翅膀，即将在新的时代中展翅翱翔。

北京冬奥会

2022年在北京举办的第24届冬季奥林匹克运动会，使得北京成为第一个既举办过夏奥会又举办冬奥会的双奥城市，中国也成为世界上第一个举办过夏季奥运会、冬季奥运会、残奥会、青年奥运会全满贯的奥运国家。①2016年3月18日习近平总书记专门强调，要增强使命感、责任感，认真落实创新、协调、绿色、开放、共享的发展理念，坚持绿色办奥、共享办奥、开放办奥、廉洁办奥，高标准、高质量完成各项筹办任务，把北京冬奥会、冬残奥会办成一届精彩、非凡、卓越的双奥运动盛会，向祖国人民、向国际社会交上一份满意答卷。

在此背景下，经过广州美术学院与吉林艺术学院设计团队的不懈努力，2019年9月17日晚的北京首钢冰球馆，北京冬奥会吉祥物"冰墩墩"和冬残奥会吉祥物"雪容融"正式发布。其中"冰墩墩"以世界人民熟知的中国大熊猫为原型，胖乎乎的身体包裹着富有未来超

图7-29　莫晓松、安华平　国画《凤凰初展翅》

---

① 王建成：《易经　管理密码》，上海：上海科学技术文献出版社，2016年，第108页。

能量的冰晶外壳，整体形象酷似航天员，寓意创造非凡、探索未来、引领时代以及面向未来的无限可能，体现了冰雪运动与现代科技的结合。"雪容融"以灯笼为原型，寓意着点亮梦想、温暖世界，以"中国红"为主色调，渲染了如节日庆祝般的盛大聚会。此外灯笼上还有和平鸽、天坛、剪纸等寄予美好祥和的中国元素。两个可爱的吉祥物，一冰一火，完美地演绎了纯洁冰雪世界中的激情约会。除此之外，"冰墩墩"和"雪容融"，诠释的科技梦想与文化情怀，也是中国文化和奥林匹克精神的又一次完美结合，更是继"福娃"之后，北京这座双奥之城又一张亮丽的城市名片。而方政和、魏葵创作的国画《冬奥铸辉煌》（图7-30），也提前将三年后的北京冬奥会的竞技场景勾勒出来，万里碧空中白鹤飞翔，银装素裹的雪地上，选手们不畏风寒，拼搏进取，在天地之间谱写新时代的乐章。

图7-31 方政和、魏葵 国画《冬奥铸辉煌》

第八篇

绘画中的北京艺术市场

从张彦远的《历代名画记》可知，中国的公私美术收藏可追溯到唐代以前，宋代还出现了类似现代商业性质的画廊，即"画肆"。[1]发展至明代，北京已出现了具有现代意义的艺术品交易场所，如琉璃厂为中心的字画文玩等艺术品销售集散地。至清代，京城上至帝王下至庶民对书画艺术品鉴藏情有独钟，逐步形成了相对稳定的收藏群体，推动北京艺术收藏及交易走向繁荣，最终发展成中国最为重要的艺术品交易中心。晚清随着中外往来频繁以及国外来华人士的聚居，北京艺术市场与国际之间的交流日益增多，外来因素也被融入北京的艺术市场，兼具收藏展示或市场交易的西方博物馆和现代画廊观念，这时也传入中国，如1914年北京故宫古物陈列所成立。此外，1929年举办的西湖博览会，还专门设有美术馆，展示陈列艺术家的作品。此后博物馆、美术馆逐渐演变为收藏展示艺术作品为主的特殊机构。在新旧文化并存、东西方艺术交汇的民国，无论是文化中心的北京，还是商业重镇的上海、广州等，艺术创作、收藏与交易都打上了鲜明的时代印记，并形成了各具特色的经营运作模式，这为新中国特别是改革开放以后的艺术市场发展奠定了重要的基础。

在北京除了传统的公共博物馆、美术馆，如国家博物馆、首都博物馆、民族文化宫、北京展览馆、军事博物馆、世纪坛、世界艺术馆等外，近十年来以北京为代表，在中国还掀起了一股私人创办博物馆与美术馆的热潮，以

---

[1] 王璜生主编：《美术馆：全球化语境中的博物馆经济》第十二期，上海：上海书店出版社，2008年，第3页。

个人收藏展示、宣传交流和市场交易等为目标的大大小小的美术中心、美术馆和画廊等纷纷涌现。这些美术机构的出现，对北京地区的社会大众的文化生活和地区的艺术产业经济发展，都起到了积极的推动作用。与此同时，由于北京特殊的社会环境和政治地位，其文博机构与艺术市场呈现出官方与私人、公共与商业、传统与现代等截然不同的运营方式，形成了独具特色的北京模式。[①]

[①] 吴明娣主编：《艺术市场研究》，北京：首都师范大学出版社，2010年，第239页。

一、文博藏展

博物馆是一种公共性的文化机构,主要负责艺术品的管理、展示和保存工作。博物馆这一概念源自希腊语,最早是指公元前3世纪埃及亚历山大港修建的一处公共机构,那里既是集会的地方,也是书房,且与著名的图书馆有着紧密的联系。后来的人文主义的影响,使人们将这一机构定义为博物馆的前身。到了18世纪,博物馆与艺术品藏展被紧密地联系在一起,如1759年建馆的英国不列颠博物馆和1793年的罗浮宫博物馆等。[①]由于一般博物馆只收存古代美术作品,20世纪初还产生了主要收藏当代作品的新型博物馆,如1929年诞生的纽约现代美术馆等。中国现代意义的美术馆诞生于辛亥革命后,即1914年成立的北京故宫古物陈列所,1925年在其基础上又建立起以美术为主的博物馆——故宫博物院,以及新中国成立后1959年建成的中国美术馆等。

1. 传统的文博机构

北京传统的文博机构,多为国家级出资建设,其中具有美术作品收藏和展览功能的,除了民国时期的故宫博物院外,新中国成立后陆续兴建了国家博物馆、首都博物馆、中国人民军事博物馆、北京展览馆、民族文化宫等。此外,一些非营利性的私人美术馆近些年也大量涌现,增加和提升了北京文化艺术交流的丰富性和多样性。这些博物馆、美术馆的艺术展览,为弘扬传统文化遗产、丰富北京市民的精神文化、促进专业艺术创作和培养大、中、小学生艺术素养等,都做出了重要的贡献。

[①] [意]伊玛·莱诺:《绘画鉴赏方法》,北京:北京美术摄影出版社,2016年,第290页。

故宫博物院（古物陈列所）

1913年，北京政府内务部将清皇室奉天皇宫、热河行宫的古物运到北京，准备筹建古物陈列所。1914年2月4日，古物陈列所正式成立，成为近代中国建立的第一座国立博物馆。当时故宫的内廷部分，尚由逊清皇室使用，故只用前朝部分建为古物陈列所，与1925年建立的故宫博物院，互不统属。但就两处的整体性质来说，馆址、藏品、陈展的主体内容，均是明清故宫建筑及其藏品、用品和陈设品。1948年，古物陈列所与博物院正式合并为统一完整的故宫博物院。因此就历史和性质来说，古物陈列所也可称为故宫博物院的前身。[1]古物陈列所的肇建及皇家收藏的公开展览，无疑是开民初博物馆之先河的历史性事件。

自1914年10月10日古物陈列所正式对外开放，至2019年10月10日故宫博物院105年院庆，可知古物陈列所的历史长达百余年，道路漫漫，风华依旧（图8-1）。回溯创办初始，古物陈列所的建立得益于朱启钤和金城等人博物馆理念的一次实践探索。20世纪初，朱启钤利用其执掌民国政府内务部的便利条件，委派内务部佥事金城筹设古物陈列所。金城参照西欧博物馆模式筹设古物陈列所，主持宝蕴楼修建及武英殿展厅改造等工程，并参考各国博物院成规，分门别类地推出陈列展览，为古物陈列所早期的展览开放和藏品管理打下基础。在此背景下，20世纪20年代古物陈列所聘请了当时的陈仲恕、余戟门、马衡、容庚、徐森玉、郭宝昌、福开森等专家学者20人，分书画、金石、陶瓷、杂品四组展开藏品鉴定和编目等工作，推动了博物馆文物保管、研究和出版事业的发展。发展至20世纪30年代，古物陈列所开办国画研究室，招募青年画家入所临摹历代书画。七七事变后北平沦陷，国画研究室在时局动荡中仍维持开办，并改称"国画研究院"及"国画研究馆"，十余年间招收了5期，研究员达266人，

---

[1] 北京市地方志编纂委员会编：《北京志 世界文化遗产卷 故宫志》，北京：北京出版社，2005年，第624页。

在当时北平画坛形成一个以故宫藏画学习研究为中心、继承发扬中国画传统技法为主旨的画家群体。钱桐、周肇祥、溥心畬、汪慎生、张大千、黄宾虹、于非闇、邱石冥等北平画家都参与其中，后来培养出陆鸿年、田世光、俞致贞、郭味蕖、李树萱、晏少翔等当代知名画家与美术教育家。[1]古物陈列所的创建与艺术实践活动，对传承传统绘画，培育近代北京画坛人才，促成北京画派即"京派""京津派"的形成，贡献不可小觑。

图8-1　张仁芝　国画《故宫全景》中的故宫博物院

国家博物馆

国家博物馆即中国国家博物馆，原为中国历史博物馆和中国革命历史博物馆，2003年2月在原中国历史博物馆和中国革命博物馆两馆合并的基础上组建成立。中国国家博物馆是历史与艺术并重，集收藏、展览、研究、考古、教育、交流于一体的综合性国家博物馆。（图8-2）中国历史博物馆的前身是1912年7月9日成立的"国立历史博物馆筹备处"，1949年10月1日，在中华人民共和国成立的同日，更名为"国立北京历史博物馆"，1959年更名为"中国历

---

[1] 单霁翔：《甲午集》，北京：故宫出版社，2015年，第505页。

史博物馆"。中国革命博物馆的前身为1950年3月成立的"国立革命博物馆筹备处",1960年正式命名为"中国革命博物馆"。1959年8月,位于北京天安门广场东侧的两馆大楼竣工,成为新中国成立十周年十大建筑之一。中国国家博物馆自2007年始,还进行了为期三年改扩建工程,实现了馆舍总建筑面积19.19万平方米,目前是世界上最大的博物馆。"古代中国""复兴之路"是国家博物馆的基本陈列,除此之外,还设有十余个各艺术门类的专题陈列展览及国际交流展览,以及不定期的中外各种艺术专题展、地区展和个展等。[①]其艺术品收藏中,仅现代绘画部分就有《开国大典》《南昌起义》《过雪山》《强夺泸定桥》《春到西藏》《狼牙山五壮士》《转战陕北》《英勇不屈》《刘少奇和安源矿工》等,2019年下半年举办的艺术专题展有"笔墨文心五百年——中国国家博物馆收藏的明清书画展""心灵的畅想——凡·高艺术沉浸式体验展""生命之灵——非洲雕刻艺术精品展"等。

图8-2 王晖 油画《天安门广场上的中国国家博物馆》

[①] 国家文物局编:《中国文物年鉴 2009》,北京:华夏出版社,2011年,第366页。

首都博物馆

　　首都博物馆是展示北京地区历史文化的综合博物馆，原馆位于北京的孔庙内，1953年筹建，1981年正式对外开放。新馆位于北京西长安街延长线上，建成后于2006年5月18日正式开馆。新馆用地面积24800平方米，总建筑面积63390平方米，地下二层，地上五层，北部设计了绿色文化广场，东部设计了下沉式竹林庭院。整个建筑本身就是一件融古典美和现代美于一体的建筑艺术品，巨大的屋顶继承了中国传统建筑的深远挑檐，通长的石质幕墙象征着中国古代的城墙，大厅北门外地面上镶嵌清代丹陛，大厅内有明代牌楼，另外椭圆形的青铜展馆斜出墙面，寓意古代文物破土而出，具体形象如画家鲍振[1]油画《放飞》（图8-3）背景中的建筑。首都博物馆展览分为基本陈列、精品陈列和临时展览。基本陈列有"古都北京·历史文化篇"、"古都北京·城建篇"和"京城旧事·老北京民俗展"等，其中器物

图8-3　鲍振　油画《放飞》背景中的首都博物馆

---

① 鲍振，1960年生于北京，毕业于北京师范学院艺术系，现为职业画家。

与书画互为补充、相得益彰，开馆后新馆还举办了盛大的大英博物馆250周年之藏品展等。目前首都博物馆以其宏大的建筑、丰富的展览、先进的技术、完善的功能，成为一座与北京"历史文化名城"、"文化中心"和"国际化大都市"地位相称的大型现代化博物馆。①

中国人民革命军事博物馆

中国军事博物馆位于首都西郊复兴路、玉渊潭公园之南，筹建于1959年，是向国庆10周年献礼的首都十大建筑之一。1959年3月12日，经中共中央军事委员会批准，正式定名为中国人民革命军事博物馆，当年7月建成。博物馆的造型采取比较稳重的由两侧向中央渐次升高的体形，中轴线上的渐次收缩的塔体是整个建筑物的构图中心。尖塔顶部的军徽直径6米，成为博物馆主题的说明与标志。全馆有22个陈列厅、2个陈列广场。收藏有34万多件文物和藏品。其中国家一级文物1793件，大型武器装备250余件，艺术品1600余件。馆藏的军事艺术品分雕塑、油画、国画和书法，主要为军内外艺术家创作的，展示解放军的革命光辉历史形象及革命建设发展历程的优秀艺术作品。此外，军博早期曾下设美术创作室，主任为高虹，成员有刘仑、何孔德、彭彬、郑洪流、黄胄、许宝中等，均为军队及全国美术界中的著名画家，创作了如油画《古田会议》（图8-4）、油画《秋收起义》（图8-5）、油画《延安整风报告》（图8-6）和油画《步调一致

图8-4　何孔德　油画《古田会议》

图8-5　何孔德、高泉、冀晓秋　油画《秋收起义》

---

① 黎先耀、罗哲文：《中国博物馆》，北京：五洲传播出版社，2010年，第17页。

才能得到胜利》（图8-7）等著名革命历史题材经典作品。

图8-6　纪晓秋、陈玉先　油画《延安整风报告》

图8-7　彭彬、高虹、何孔德　油画《步调一致才能得到胜利》

民族文化宫

　　1959年9月在北京复兴门内大街上矗立起一座具有强烈民族特色的塔式建筑，这就是新修建的民族文化宫。文化宫包括四大部分：博物馆和图书馆、礼堂、文娱馆等。文化宫的建筑平面布局是"山"字形，整个建筑造型舒展稳定，自水平伸展的两翼向中央渐次增高，特别是中央主体部分的塔楼，地下两层，地上十三层，高达67米，挺拔峻峭，体现我国各民族欣欣向荣发展的气象。（图8-8）建筑物整体采用白色面砖墙面，翠绿的琉璃瓦屋顶及分层挑檐，色调鲜明淡雅。主要入口的大门廊里是用各民族共同喜爱的花饰组成的美丽嵌花铜门，金碧辉煌。[①]民族文化宫所设

图8-8　卢是　油画《首都新建的民族文化宫》1959年

---

　　① 孙大章主编：《中国古今建筑鉴赏辞典》，石家庄：河北教育出版社，1995年，第1202页。

的民族画院，日常负责组织开展少数民族和民族地区题材的美术创作活动，组织开展有关重大庆典笔会活动，开展文化下乡活动，协调有关涉外活动书画作品创作等。收藏的绘画作品有吴作人的国画《牛》、李苦禅的国画《小熊猫》、娄师白的国画《秋趣》、阿老的国画《鄂尔多斯舞》、董辰生的国画《吉祥如意》、金鸿钧的国画《和平繁荣》等。展览部下设的民族艺术馆负责组织举办民族民间工艺品、书画作品和非物质文化产品等的展览与创作活动等。如"大师归来"系列展，展出了包括林风眠、吴冠中、吴作人、吕蒙、董希文等在内的50位艺术大师的200余幅作品。

北京展览馆

新中国成立后不久，为了学习苏联在经济和文化建设等方面所取得的成就，中共中央决定在北京和上海建设苏联展览馆。北京的苏联展览馆馆址确定在西郊西直门外，于1954年9月竣工。展览馆整个建筑平面呈"山"字形，左右对称，轴线明确而严整。建筑群以中央大厅为中心，中央前厅左右分两翼，中央线上由北到南分别是中央大厅、工业馆、露天剧场，西翼是农业馆、莫斯科餐厅、电影院，东翼是文化教育事业展览厅等。中央大厅正面大门上部镶有毛泽东主席亲笔题写的"苏联展览馆"五个镏金大字。展览馆巨大的建筑体量以及设计方面的精益求精，以至该建筑被称为"当时国内造价最为昂贵的俄罗斯式建筑"。[1]当人们走出西直门，便看到那高耸入云、闪闪发光的87公尺高的镏金尖塔，一颗巨大的红星，在塔的顶端闪耀着[2]。苏联展览馆的兴建构筑了独特的"苏联式"文化景观，也成为北京城市重要的文化和社会空间，丰富了城市的社会文化生活。场馆落成后，相继举办了多项大型展览活动。1958年，根据周恩来总理的意见，

---

[1]《建筑创作》杂志社编：《建筑中国六十年·作品卷（1949—2009）》，天津：天津大学出版社，2009年，第274页。

[2] 建筑工程部设计总局北京工业及城市建筑设计院苏联展览馆设计组编著：《北京苏联展览馆建筑部分》，北京：建筑工程出版社，1955年，第1页。

"苏联展览馆"更名为"北京展览馆"。①（图8-9）北京展览馆的展览内容涉及国际政治、经济、贸易、科技、军事以及艺术等各个领域。如2019举办的"伟大历程　辉煌成就——庆祝中华人民共和国成立70周年大型成就展"等。

2. 专业的美术展馆

美术馆是一个地区一个城市乃至一个国家重要的文化标志和文化设施，有着收集、传承和发展地方地区的文化艺术，促进艺术交流和推广的重要作

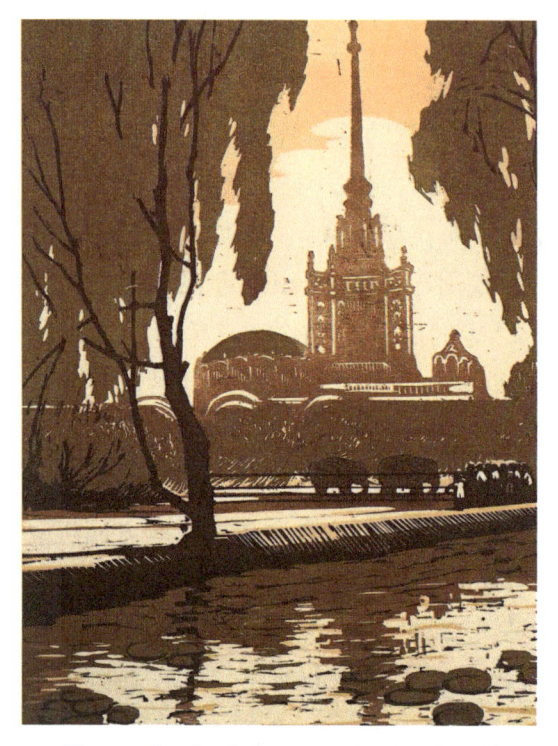

图8-9　古一舟、惠孝同、周元亮、陶一清、何镜涵、松全森合作　《首都之春》的墨稿局部之北京展览馆

用。美术馆分为公共和私人两种性质。公共的美术馆是一种博物馆，对一般民众公开展示艺术作品，如中国美术馆、炎黄艺术馆、世纪坛世界艺术馆等。私人美术馆通常为收藏家个人藏品展示与交易的场所，空间场地大小不一，如各种画廊、画馆等。近十年来北京兴建的私人性质的美术馆较多，如松美术馆、红砖美术馆、中间美术馆等。

中国美术馆

位于五四大街东端北侧的中国美术馆，始建于1958年，竣工于1962年，占地面积3公顷，建筑面积1.6万平方米。在建筑形式方面，

---

① 高旗著：《徽章印红历史：建国初期中国徽章文辑图鉴》，北京：中央文献出版社，2009年，第186页。

建筑设计特点呈现鲜明的民族风,并与附近的故宫景山呼应。主体建筑的中部采用中国古典式阁楼屋顶,其他部分均为平顶,以利于展览馆的顶部采光。在正门门廊及个别几处休息用的廊榭,亦采用中国式屋顶加以点缀,从整体上烘托出民族建筑的风貌和文化气息。[①]建馆50多年来,中国美术馆已举办数千场具有影响力的各类美术展览及国内外著名艺术家的作品展览。除举办具有影响力的全国性展览外,影响较大的国际展览有"美国哈默藏画500年名作原件展""毕加索绘画原作展""罗丹艺术大展""盛世和光——敦煌艺术大展"等,中国美术馆已成为专业美术创作展览和向大众实施美学教育的重要艺术殿堂。

画家郭宝君的《听雪——中国美术馆》(图8-10),画面横向构图,几乎将整个美术馆建筑与馆前绿化带、人行道,甚至是马路一侧,全都摄入画面之中。道路的笔直空阔与树木枝干的婆娑密集形成疏密对比。树木的疏密又与美术馆建筑实体形成对比,画面层次在

图8-10 郭宝君 国画《听雪——中国美术馆》

[①] 邹德侬:《中国现代建筑史》,天津:天津科学技术出版社,2001年,第262页。

不同的对比中逐步递进、深入，最终将白茫茫的天地与萧瑟树木掩映下的美术馆展示出来，而静默中的美术馆似乎正倾听着飘雪的天籁之音。

炎黄艺术馆

炎黄艺术馆由著名画家黄胄创办，是我国第一座大型的民办公助现代化艺术馆，建筑造型汲取了唐宋时期的建筑艺术风格，采取非对称格局，集时代精神、文化传统与地方特色于一体。屋顶采用北京门头沟匣皮紫色琉璃瓦，檐口瓦当饰以"炎黄"二字图形纹样，外墙以北京西山民居常用的青石板贴面，基座和正门侧壁均用卢沟桥的蘑菇石砌成。正门是用废炮弹壳熔铸而成的大铜门，上镌有"说唱俑""唐三彩""簪花仕女"等古代艺术珍品的图案浮雕等。炎黄艺术馆以收藏当代中国画为主，同时收藏古代中国书画、文物和其他艺术品。建馆伊始，黄胄先生捐赠的数千件文物、书画作品构成了馆藏的基础。截至2013年，炎黄艺术馆共收藏书画、明代家具、玉器、文房用具、瓷器、民间美术、当代艺术等共六千余件。其中包括（宋）《粉鹰图》、（元）何大昌《芦雁图》、（明）林良《孔雀》、（明）戴进《雪夜访戴图》、（明）边景昭《双鹤图》、（明）唐寅《花卉》、（明）文徵明《行书》、（明）周臣《松溪雅集图》、（清）朱耷《墨鹰图》、（清）石涛《米元章图》、（清）龚贤《千岩竞秀图》、（清）华嵒《山石人物图》、（清）郑燮《墨竹》、（清）任伯年《补裘图》、（清）虚谷《葡萄松鼠图》、张大千《飞天》、齐白石《荔枝图》、吴昌硕《集石鼓文对联》、蒋兆和《难民图》（图8-11）等历代名家名作，以及黄胄创作的重要代表作。建馆以来，炎黄艺术馆还举办各种大型、重要的展览百多次，如"海峡两岸中国画名家作品展""李可染遗作展""任伯年画展""扬州八怪画展""列宾及同时代画家作品展""吴昌硕、黄宾虹、齐白石、潘天寿四大家画展""罗工柳艺术回顾展""华君武漫画名作展""赵望云先生遗作展""著名画家彦涵捐赠珍贵作品展""王琦从艺60年暨80华诞美术作品回顾展""抗日画卷""黄苗子、郁风书画展""黄胄艺术大展""古今书画真赝作品展"等。①

图 8-11　蒋兆和　国画《难民图》

中华世纪坛世界艺术馆

在北京西长安街的延长线上，还有新建的纪念性千禧年建筑中华世纪坛，世纪坛位于军事博物馆西侧，北侧是玉渊潭公园，南与北京西客站相望。中华世纪坛坐北朝南，占地4.5万平方米，总建筑面积为3.5万平方米，由主体结构、青铜甬道、圣火广场、过街桥、世纪大厅、艺术大厅等组成。其中的世界艺术馆，是中国第一家以世界艺术为收藏、展示、研究对象的公益性国家文化事业机构。以各国博物馆、艺术馆、学校等文化教育机构为合作伙伴，致力于建设一个各种

---

① 北京市地方志编纂委员会编：《北京志　文物卷　博物馆志》，北京：北京出版社，2006年，第150页。

文明的交流平台和世界艺术的展示窗口。王铁牛[①]的油画《中华世纪坛》（图8-12）中描绘的主体旋转的坛面，旋转坛体设计呈19°坡形，重3200吨，是目前世界上最大和最重的旋转坛体，旋转坛体采用轨道式的方案，其坛体外的四周镌刻有象征56个民族的图饰，由米黄花岗岩雕刻而成。中华世纪坛是为了迎接21世纪新千年而兴建的，工程体现了重要的审美原则，它以"中和""和谐"之美来表达"人类与大自然的协调发展""科学精神与道德相结合的理想光辉"及东西方文化相互交流、和谐融合的思想。[②]

图8-12　王铁牛　油画《中华世纪坛》

中国艺术品产业博览交易会与交易中心

迈入21世纪后，国家陆续制定了首都北京及周边地区的规划发展新战略，即京津冀协同发展、建设雄安新区、建设北京城市副中心、兴建北京大兴机场等。其中北京的城市副中心落户于通州。为了打造城市副中心，除了硬件及基础设施的建设外，通州区在文化产业方面加快步伐。先后在2012年和2014年由文化部和北京市政府等部门，联合举办了两届国内高规格、大体量中国艺术品产业官方博览交

---

①　王铁牛，1950出生于辽宁沈阳，1978年曾在沈阳军区话剧团从事舞台美术工作，1984年在解放军艺术学院美术系学习，毕业于俄罗斯列宾美术学院梅里尼柯夫工作室；1989年调入辽宁教育学院艺术系任讲师，1993年调入鲁迅美术学院任副教授。现为清华大学美术学院教授，硕士生导师。

②　谢宇主编：《日新月异的现代建筑》，天津：天津科技翻译出版公司，2012年，第47页。

易盛会。为中国艺术品产业的可持续发展，为带动北京城市副中心的建设、京津冀协同发展提供了一个全新驱动力。其中2014年的艺博会设置了两大主展馆、5个主题展馆、1条艺术淘宝街、5个分会场及高峰论坛和工作室开放等内容，80余个国家的艺术珍品汇集北京通州、浓缩世界艺术精粹，国内外120余家重要艺术机构、300名原创艺术家参与的主题展作品横跨半个世纪，吴昌硕、齐白石、林风眠、傅抱石等众多大家的艺术珍品大量呈现，韩美林艺术馆等五大分会场共同参展，客流量达34万人次。此外，中国艺术品交易中心作为该展会的永久会址，落户于通州宋庄艺术小镇，建设计划2023年完工。该中心以"艺术融合"为产业主题，围绕艺术品产业"创作—展示—交易—孵化—传播—金融"等生态链环节，构建原创艺术品交易体系及文化创意产业金融服务体系，建成后将成为全国最大的国家级艺术品交易交流平台、京津冀文创艺术品产业创新协同发展新标杆，以及北京市文创功能区新典范。

此外，由于历时较长、资源丰厚，北京的一些百年高校也建有自己的艺术博物馆，如北京大学的北京大学赛克勒考古与艺术博物馆、清华大学的艺术博物馆，以及其他如中国人民大学、中央民族大学、中国传媒大学、北京服装学院和北京印刷学院等的综合性、专业性博物馆等。

北京大学赛克勒考古与艺术博物馆

北京大学赛克勒考古与艺术博物馆坐落于北京大学校园西北部的鸣鹤园中。1980年，美国知名科学家、出版人和艺术品收藏家赛克勒在来华协助卫生部工作期间，提出愿资助在北京兴建现代化博物馆的意向。1986年9月8日，北京大学与美国赛克勒艺术、科技与人文基金会签署了合作建设北京大学考古博物馆的协议。1992年10月，博物馆馆舍及内部装修工作完成，组织了预展。1993年5月27日，博物馆正式向社会开放。博物馆展览主要分为两大系列，一个系列是"中国考古学教学标本展"，另一个系列是北京大学考古系近年来重大考古工作成果展。此外，还同时展出馆藏的玉石、青铜、陶瓷、甲骨、书画和古代家具等各类文物两万余件。博物馆在组织各项展览和教育活动时，注意突出体现学术和文化特色，使博物馆成为展现北京大学深厚文化底蕴的窗口。博物馆还接待了多位国际贵宾，如英国前首相希思、日本前首相海部俊树、诺贝尔奖获得者李政道等，他们都高度评价博物馆的工作。近年来，博物馆多次组织和接待了来自美国和日本的"中国考古学"学术旅游团。为外国在京外交人员家属组织了中国文物鉴赏系列讲座等。[1]

清华大学艺术博物馆

清华大学的博物馆始于1926年清华国学院与历史系合办的考古陈列室。1948年，清华大学成立文物陈列室并筹建艺术系，1950年成立清华大学文物馆。1952年随着全国高校院系开始调整，与清华文物馆密切相关的历史系、社会系、地学系、哲学系、人类学系以及文物馆委员会的委员们绝大部分被调离出清华，部分藏品随之外拨。1999年中央工艺美术学院并入清华大学，随之而来的藏品汇入，极大地丰富了原有的馆藏资源。2016年由瑞士著名建筑设计师马里奥·博塔设计的新馆清华大学艺术博物馆建设竣工，新馆在空间组织、场所与环境的解读上都具有原创性和独特性，有着鲜明的地域特征与时代精神。清华大学艺术博物馆现有藏品一万三千余组（件），绝大多数来自美术学院自1956年以来历年的收藏，以及校友及社会贤达的捐赠。品类包括书画、染织、陶瓷、家具、青铜器及综合艺术品等六大类。其中书画类藏品自元至近现代，不乏文徵明、吕纪、蓝瑛、陈洪绶、王铎、丁云鹏（图8-13）、王原祁、华喦、郑板桥、罗聘、任伯年、吴昌硕、齐白石、徐悲鸿等名家真迹。此外，还有中国营造学社的古代建筑文献及梁思成的手绘建筑图稿（图8-14），以及著名古建筑模型等。[2]

---

[1] 北京市地方志编纂委员会编：《北京志 文物卷 博物馆志》，北京：北京出版社，2006年，第65页。

[2] 清华大学艺术博物馆供稿：《清华大学艺术博物馆掠影》，《中国书画家》2017年第4期，第119页。

图8-13 明代 丁云鹏 《洗象图》　　图8-14 梁思成 《应县木塔》建筑手绘稿

　　近些年，随着中国市场经济的活跃与投资形式的转变，以北京为代表在中国已经形成了一股私人创办博物馆与美术馆的热潮，几乎每月都有数家美术馆或博物馆在各地新开张，其发展速度之快，引起了海外媒体的关注。在北京类似的美术馆如松美术馆、红砖美术馆、草场地红砖院子、民生现代美术馆、木木美术馆、中间美术馆、今日美术馆、树美术馆、上上国际美术馆、宋庄美术馆等，博物馆如观复博物馆、松堂斋民间雕刻博物馆、古陶文明博物馆、北京中国紫檀博物馆、北京崔永平皮影艺术博物馆等，美术馆与博物馆中较具代表性的如宋庄美术馆和观复博物馆等。

宋庄美术馆

　　宋庄美术馆（图8-15）成立于2006年10月6日，为非营利艺术机构，位于北京市通州区宋庄艺术园区内，共占地5000平方米。宋庄美术馆主要举办当代艺术的展演活动，遵从美术馆的学术定位，进行

395

图 8-15　宋庄美术馆外景

图 8-16　宋庄美术馆 1950 年"人民美术"研究展

国内外当代艺术交流，并通过展览关注中国当代艺术的发展动向和最新思潮，推动中国当代艺术与国际文化的交流。一大批在国内外极具影响力的当代艺术家都曾积极参与宋庄美术馆所举办的各项展览。此外，宋庄美术馆还积极为青年艺术家提供扶持与帮助，策划、开展了一系列针对宋庄艺术生态的调查、研究、整理工作，进行了"生活在宋庄田野调查"等相关学术研究，美术馆广泛开展国际学术交流活动和展览，并且向公众进行推广，不定期地邀请文化界代表人物举办学术讲座，开展公共艺术教育活动。积极组织、参与和支持各类公益和慈善活动。[①]2018年美术馆经过调整后重新开馆，不仅中国国家画院当代艺术档案库入驻宋庄美术馆，且宋庄美术馆还与中国国家画院当代艺术档案库共同举办了1950年"人民美术"研究展（图8-16），新中国成立初那些极具时代感的年画、国画、漫画的美术文献，让观众重温了那些激动人心的珍贵历史岁月。

松美术馆

松美术馆是一座具有国际视角、国际标准的艺术空间，坐落于北京市顺义区温榆河畔。该馆由华谊兄弟创始人、董事长兼收藏家的王中军创办，于2017年9月正式开馆。松美术馆的前身是马场，这是一个"旧房改造"项目。松美术馆的建设运用环保与艺术的理念，从一个废旧的马场摇身一变成为了国际化、现代化的美术馆，两千余平方

---

① 王晖：《新型城镇化与文化发展》，广州：广东经济出版社，2014年，第179页。

米的建筑面积以及33亩的院落外，植有199棵各具特色的松树。寓意松美术馆的"松"字。在中国传统文化中，象征着君子风骨，整个建筑无论视觉美感，还是精神寓意都使松美术馆静谧而别具一格。其开馆的首次展览为："从凡·高到中国当代艺术"，展品为王中军先生多年来的个人藏品，展览运用一个宏观的背景展示"印象派"以来部分艺术大师的灵感之作，以及他们对于中国现当代艺术的作用与影响。

红砖美术馆

红砖美术馆位于北京市朝阳区崔各庄地区1号地国际艺术园区内，由企业家、收藏家闫士杰和曹梅夫妇创办，2012年12月初步建成并试运营，于2014年5月正式对外开放。规划总面积约9000平方米，与周边土地相结合，在原有环境中，采用红色砖块作为基本元素，辅以部分建筑上青砖的使用，打造出一座配备有当代山水庭院的园林式美术馆。美术馆主展馆设A门和B门、9个艺术展示空间、2个公共休闲体验空间、1个艺术衍生品商业空间、1个图书影像空间、1个咖啡空间、1个休闲会客办公空间、1个充满中国园林意境的园林景观。红砖美术馆除了收藏有国内外一批重要艺术家的作品外，还将致力于当代艺术的深度研究、推广，打造交流的国际平台，形成北京文化艺术生态中的新的共同体，并为公众提供优质的艺术教育和文化休闲资源。

观复博物馆

观复博物馆位于北京市朝阳区大山子金南路18号，1997年1月18日正式对公众开放，为著名文物收藏家马未都创办，为全国第一家私人博物馆（图8-17）。"观复"出自老子《道德经》中"万物并作，吾以观复"，即万物回归本真，需要一遍一遍地认真观看。观复博物馆设有陶瓷馆、家具馆、工艺馆、门窗馆和油画馆，常年举办各类展览，注重陈列展示与传统文化之间的联系与沟通。观复博物馆在厦门和上海、深圳、天津等地都开有分馆。观复博物馆的油画馆展示现当代中国知名画家陈逸飞、杨飞云、陈衍宁、刘文进、罗中立等的作品，以及十多件现代雕塑品。除此之外，北京观复博物馆最具宣传和影响力的,还有馆外的猫咪们。按照博物馆的编制,猫咪并非陈列品,而是员工。馆中目前有30多只猫咪,每一只都有自己的名字、职位和专门的迷你生活区与办公室。观复博物馆以观复猫为主题或标志的博物宣传、观复课堂及文创产品极具特色,在青少年中非常受欢迎(图8-18)。

图8-17 漫画 马未都与观复猫

图8-18 观复博物馆观复猫文创系列

时间是一块试金石。面对中国近十年来涌现出如此多的美术馆与博物馆的非正常现象,业内专家经过研究分析,发现这些新兴的美术馆出资人大致可分为四类:第一类是大地产商;第二类是成功发达的艺术家;第三类是各种各样的收藏家;第四类是真正有抱负和文化情结的严肃的收藏家。对短时间内出现如此之多的美术馆,专家认为这种发展速度是不正常的,虽然"文化发展与经济发展不能一概而论,但文化的发展是一个循序渐进的过程,不可能以大跃进的形式来确立一个国家的文化。大部分可能只是种展览馆,并不是真正意义上能肩负社会责任的公共文化设施。如果按国际认可的美术馆功能标准来做一次筛选,也许合格者就所剩无几了"。[①]

---

① 郑胜天著:《艺术云盘》,上海:上海书画出版社,2016年,第115页。

二、艺术市场

在农业经济社会和文化传统背景下，中国古代艺术市场长期处于一种自然产生、自由发展的状态。近代的中国书画市场延续了传统模式，在书画经营活动、经营行业和职业、书画赞助、市场运作机制等方面，也逐步有了新的变化。随着时代的变革和社会经济快速发展，如今中国的艺术市场已进入新的全面建构期，与过去相比今日北京的艺术家的身份地位、审美趣味和价值观念已不可同日而语。与上海、广州等艺术市场发达的地区相比，北京文化积淀深厚、艺术资源丰富，拥有众多文化创意产业园区、画廊、拍卖行、博物馆、高等艺术院校。在加快建设全国乃至现代化国际文化中心过程中，在互联网等数字平台的推动下，北京艺术品交易开始在文化产业中占据重要席位。与此同时，社会大众从昔日物质品的消费，也逐步转入艺术品的收藏与投资的道路上。

1. 传统的书画售卖

艺术市场是随着商品经济和城市的发展逐渐形成的。中国古代艺术市场早期以书画为主，其发源于魏晋、成形于隋唐、兴盛于宋元、繁荣于明清。特别是清末民初，由于社会的动荡与变迁，宫廷旧藏与私家收藏大量外逸，辗转于市场流通，使得清

图 8-19　方砚　《市井流年》中老北京买卖字画

末以来专营字画、古董、古玩的画店生意兴隆。与此同时，由于市民经济的繁荣，也使更多的民众成为艺术品的消费群体，如方砚绘制的《市井流年》中的老北京买卖字画的场景（图8-19）。民国初年，新旧体制并存的北京艺术市场，为其提供资源的以画家、缙绅旧家为主，交易地点主要以琉璃厂为中心，交易的中介知名的如荣宝斋、南纸店和古董铺等，当然也不乏东安晓市、潘家园等或小或大的集散地与中心等，随着新思想的涌入，还出现了各大社团举办的不同形式的展览与销售等。

琉璃厂

北京最知名的字画书籍文物古玩市场，是被世人誉为"九市精华萃一衢"的琉璃厂。琉璃厂坐落在北京和平门外南新华街。"琉璃厂"顾名思义，曾为烧制琉璃瓦的窑厂，始建于元代。乾隆初年，琉璃厂已经成了"百货云集""图书充栋，宝玩填街"的汇聚之地，传统字画、文房四宝、古旧书籍展示和交易的一个特定场所。其附近居住了当时大批著名学者、文人等，经常光顾琉璃厂进行买与卖的交易。此外，因琉璃厂紧邻前三门大街，交通便利，很多外地进京的官员、商贾也都把同乡会馆修建于此。清代三年一期的全国会试和顺天府乡试，都在北京举行。琉璃厂便出现了专为文人服务的应考文具商店，陆续出现了荣宝斋、一得阁、古艺斋、崔文阁等知名文化老店。每年数以千计的举子，直接促进了琉璃厂书店和文具店的繁荣。如今琉璃厂逐渐演变成了热闹的文化街市，昔日繁华的景象，依然可以在张俊明的油画《今日之琉璃厂》（图8-20）中看到，画面中琉璃厂的历史风貌、市井的繁华和浓郁的书香交相辉映。

图8-20　张俊明　油画《今日之琉璃厂》

荣宝斋

琉璃厂中最著名的从事装潢制作、笔墨纸张销售、代售书画交易的中介机构，要数荣宝斋。荣宝斋的前身是松竹斋，始建于清康熙十一年（1672），创办者是一个姓张的浙江人，他最初是用其在京做官的俸银开办了一家小型南纸店。纸店的经营范围一是书画用纸，以及各种扇面、装裱好的喜寿屏联；二是各种笔、墨、砚台、墨盒、水盂、印泥、镇尺、笔架等文房用具；三是书画篆刻家作品的代售。但由于松竹斋的店主不擅经营，生意每况愈下，到了难以维持的境地。为此，特意聘请了当时广交京师名士的庄虎臣为经理。清光绪二十年（1894），松竹斋改名为荣宝斋，并请当时著名的大书法家陆润庠题写了荣宝斋的大字匾额（图8-21）。经过一番发展，很快荣宝斋的经营在20年代末到30年代日益红火，为扩展业务、占领内地和沿海市场，

图8-21 方砚 《追忆百业》中荣宝斋

还先后在南京、上海、汉口、天津设立分店。[1]当时的荣宝斋主人还与著名书画家如张大千、齐白石、梁启超、叶恭绰等交情甚好，往来频繁，名噪一时，带动了经营与销售。郑振铎、鲁迅先生合印的《北平诗笺谱》，也是荣宝斋代为经销的。新中国成立后，荣宝斋发展了木版水印技术，不但印诗笺，而且印行一些古今名家绘画，其中任伯年、吴昌硕、徐悲鸿、齐白石的木版复制品，可以乱真，于是这一独特的中国版画传统，不断得到改进和发展，以至印品风行世界各地。[2]

潘家园

与琉璃厂类似的书画等文化用品的交易场所，还有坐落于朝阳区东三环的潘家园，目前潘家园旧货市场是北京乃至全国最具代表性的古玩收藏市场。早期潘家园的兴盛，与北京作为中国文化中心和历史名城的地位是休戚相关的，"前十几年，在潘家园的市场上，最常看到的是硬木家具、名人字画、明清大瓶、木佛玉佛、文房四宝，柜中细软，以及种种精美的摆件与物件。人们拿老东西换钱时，总是先挑其中的精华，连从外地转手入京的老东西，也多是这种传统意义上的古董。那时具有地域性的各地独有的民间文化尚未流入市场。进入90年代，家传之宝卖得差不多了，便开始寻些昔时旧物来卖。官皮箱卖光了，就卖老祖奶奶的梳妆盒。镜框里的画卖了，再卖镜框本身。堂屋里的座钟和插屏卖了，便去卖厨房里的粮斗和月饼模子。过世的老爷爷的砚台笔洗卖了，则去卖老人身后遗留的烟袋、眼镜、帽头、扳指、烟壶和老衣服"。[3]如今潘家园依然主营古旧物品、珠宝玉石、工艺品、收藏品、装饰品等，拥有古玩商铺3000余家，从业人员近万人，已成为新北京的城市名片。现在民间甚至还有"登长城、吃烤鸭、游故宫、逛潘家园"的说法。[4]而潘家园厚重的文化气息，也

---

[1] 王琼辉编著：《武汉老字号故事》，武汉：长江出版社，2015年，第114页。
[2] 黄苗子：《人文琐屑》，北京：生活·读书·新知三联书店，2006年，第52页。
[3] 冯骥才：《冯骥才思想卷》，青岛：青岛出版社，2016年，第63页。
[4] 秦臻：《博物空间北京城》，北京：清华大学出版社，2016年，第149页。

成为画家人物画、风俗画创作的代表性题材，如胡永凯①的国画《潘家园》（图8-22）。

图8-22 胡永凯 国画《潘家园》

艺术大师黄永玉曾在《胡永凯画集》序言里有一段话："读者还可以在永凯的画中见到种类繁多的宋式家具；宋瓷品类网罗了所有窑场；花、树、猫、狗、雀鸟、山石，个个描写都有创见。我说个笑话，搞家具、瓷器、盆景、亭园设计的都该买此书看看。"②胡永凯从传统生活中看出了无穷的情味，而《潘家园》画面人物及背景的处理，则展现了画家对已经逝去或即将逝去的古老文明的矛盾复杂心绪。

东单小市

若说潘家园是一个大的古旧书画文玩等的集散中心，过去与之相

---

① 胡永凯，1945年生于北京。1964年中央美术学院附中毕业后被分配到上海美术电影制片厂，曾担任多部获奖动画片的美术设计。1980年多次朝拜敦煌等艺术圣地并广游大江南北，深入学习研究中国文化精华。1985年被聘至上海大学美术学院任教。1988年移居香港，曾在香港中文大学进修学院任教。任北京海华归画院副院长，香港新美术学会创始会长。

② 郭怡琮主编：《当代中国美术家档案 胡永凯卷》，北京：华文出版社，2006年，第23页。

对应的还有大大小小遍布北京的小市等。买卖旧物的所在名为"小市","小"字的意思就是卖零碎用物。小市以时间来分,有"早市"(亦名"晓市"),通常在后夜三四点钟起,日出即已将收市散市,冬日至迟不过上午九时。一般百姓常来这里"逛小市",目的是淘买便宜东西。①民国时期老北京饭店对面逛东单小市,卖唱片的、卖旧书的、卖字画的、卖文玩的,以及卖衣料、卖衣箱、卖估衣、卖小吃的,形成一条条小街。新中国成立后对很多市场进行了撤并,如北沟沿、顺城街、宣武门小市都因修建马路而撤销,大摊儿多半并入其他市场等。东单小市因盖大楼、公园以及整顿市容,于1951年被撤销,摊商全部搬入东四人民市场等。②齐振杞的油画《东单小市》(图8-23),通过树木、帐篷由近及远的透视构图,再现了民国时期东单小市繁忙的场景。画面中沿着道路两侧自然形成的市场,有卖瓷器、

图8-23 齐振杞 油画《东单小市》

① 赵华川、赵成伟绘,袁树森配文:《吃喝玩乐》,北京:文化艺术出版社,2015年,第165页。
② 北京市地方志编纂委员会编:《北京志 商业卷 日用工业品商业志》,北京:北京出版社,2006年,第248页。

书画、布料等的摊位，顾客男男女女、老老少少往来如织，一派繁忙的景象。齐振杞1916年出生在密云县一户农家，父亲是个木匠，精通绘画雕花，齐振杞受父亲的熏陶，山水、人物、花鸟无一不通，后来齐振杞考上了师范学校，边读书边习画。"九一八"事变以后，齐振杞投笔从戎，随军辗转于抗日前线。1945年日本投降后，随徐悲鸿在北平新创立的中央艺术专科学校任教。齐振杞用画笔全面、真实地描绘工人、农民的生活。在北平时期，他曾经画了数百幅反映下层社会劳动人民的作品。徐悲鸿曾感叹道："如此精勤之艺术家，虽全世界列举之亦不多见，在中国诚为仅见而稀罕之人物也。"[1]从齐振杞的这幅《东单小市》中，能感受到画家昔日对东单小市的熟悉，以及对创作的细致入微与不苟。

画展

民初北京的艺术市场，是新旧交易方式并行，除了琉璃厂等传统的销售模式外，比较新式的如一些个人或团体纷纷举办各种风格的画展。如1931年《上海画报》第692期登载的"北平欧美同学会内朱启钤主办之美术上艺术展览会"，1933年《湖社月刊》第67期刊登的"北平名画家杨济川日前在中山公园开个人展览会"，1932年《天津商报画刊》5卷第33期刊登的"在大华饭店举行之北平美术学院画展"，1932年《湖社月刊》第60期刊载的"湖社画会第六次成绩展览"，1942年《立言画刊》第192期刊登的"王友石画展：自二十九日起展览三日，地址中央公园春明馆"讯息等，在画展中进行售卖书画的屡见不鲜[2]。陈师曾于1917年创作的人物画《读画图》（图8-24），展现了民国时期画坛办展、参展、看展的盛况景象。《读画图》画面上方题款文字为"丁巳十二月一日，叶玉甫、金巩伯、陈仲恕诸君集京师收藏家之所有，于中央公园展览七日，每日更换，共六七百种，取来观者之费以赈京畿水灾。因图其当时之景，以记盛

---

[1] 北京市政协文史资料委员会编：《北京文史资料精选 密云卷》，北京：北京出版社，2006年，第224页。

[2] 北京印刷学院图书馆：《民国期刊数字资源》。

图8-24 陈师曾 国画《读画图》

事。陈衡恪",从中可知,1917年参加赈灾画展的都是当时京城的名家,观画的人有老有少、有男有女。或身穿长袍马褂、头戴瓜皮帽,或着西式毛皮大衣、戴呢帽,画面左下角的年轻女士,头戴贝雷帽、脚穿高跟皮鞋等。因当年京畿水灾,为赈灾当时北平的许多书画、篆刻名家,联合发起举办一系列义卖活动。据记载,为了卖更多钱赈灾,陈师曾还在书画义卖现场为人画像,施展他写像的绝技。好多行家也来看他画,事后评论说陈师曾的写像,简直是传神极了,即使魏晋时期的人物画大家戴逵、顾恺之等重生,也不过如此。这话一传开,人人想得到陈师曾的画像,到展览会来求陈师曾画像的人,就如潮水般涌了进来。①

民国中后期,通过举办各种画展进行卖画,几乎成了一种风气。30年代北平画风兴盛有两个特点,一是群众性的画会多,会员约有一万多人,最有影响的两个画会是中国画研究会和湖社画会。二是各

---

① 吴颐人、杨苍舒编著:《古今印人60家故事》,上海:上海书店出版社,2013年,第114页。

类画展多，当时在北平中山公园的"来今雨轩"和"水榭"等几处，几乎天天都有画展，甚至一天内同时几个画展开幕，使人眼花缭乱，目不暇接。画家通过画展售画，提高自己的声誉，观者观画买画，作为一种乐趣，成为当时社会的一种风尚。[1]这个时期开个人画展的有于非闇、黄均、李智超、秦仲文、孙菊生、王青芳、王笑石、郭传璋等众多画家，个人画展一般在中央公园举办，展出内容不外山水、花鸟、仕女等。后来逐渐画展频繁，多得数不胜数。为此当时的《实报》还召开了一个关于画展问题的座谈会，出席的有齐白石、周养庵、陈半丁、侯少君、邱石冥等，几位名家就画家是否应该展览问题展开了讨论。会上齐白石说："我以为开画展而不卖画的展览，倒还有些脱俗。我向来不开画展，但也有人买我的画，若是为卖钱而展览作品，我是极端反对的。"陈半丁说："不过开画展是画家个人的自由，我们不能阻止人家去开画展。不过借画展来卖钱，还不如用笔单卖钱来得痛快。"侯少君说："我知道有些画展完毕之后，光收账就得一年半载，也不一定收得清。实际说，画家不能不卖画，也不能说不指卖画来生活，不过大家最好还是自己理智些，不必勉强别人来买画的好。"[2]

2. 现代艺术市场

改革开放后随着对外文化交流和旅游业的蓬勃发展，北京的艺术市场迅速活跃起来，众多具有商业销售性质的画廊纷纷涌现，一时间画廊的数量占据了中国的半壁江山，吸引了全国各地甚至海外优秀艺术人才聚集北京，带动了北京艺术产业与经济的发展。由此，也陆续出现了画家聚集生活创作的草场地艺术东区、北皋艺术区、索家村北京国际艺术营、费家村香格里拉公社、望京花家地、酒厂艺术园、北京艺术车间、上苑画家村、宋庄画家村、观音堂文化大道和著名的

---

[1] 石谷风：《古风堂艺谈》，天津：天津古籍出版社，1994年，第102页。
[2] 欣平：《〈流民图〉的故事》，北京：中国文联出版社，2004年，第50页。

798艺术区等。这些艺术区的生成与艺术商业化、产业化的市场经济有着紧密的联系。如今，有的艺术区已声名鹊起，在国际上也享有了一定的知名度，成为中国当代艺术趋势和潮流的代表，不少地方已经成为外国游客领略中国艺术市场的一个景点，如宋庄和798等。从"圆明园画家村"到"宋庄画家村"，再到"798艺术区"，可以清晰地看到艺术家与艺术市场发展的新轨迹，从被视为另类到获得认可，从处于边缘到走向主流，从为生存而创作到艺术与市场并举的合理回归，在这一过程中，画家们不断成长起来，艺术产业与艺术经济都得到了正常的发展。[1]

圆明园画家村

"圆明园画家村"是国内较早涌现的产生较大影响的画家村。早在1984年，一些画家开始零星暂住圆明园废墟上的福缘门村和挂甲屯一带，此后随着新潮文化的兴起，不少新潮派的先锋人物纷纷来到这里，其中不仅有画家，也有诗人和歌手等。他们中许多人都毕业于北京的一些艺术院校，但却主动放弃了国家分配工作的待遇，成为北京最早的"京漂"艺术家。这一勇敢的举动，对当时的户籍制度是一种挑战，对沿袭已久的艺术体制也是一种挑战。1989年，一批颇具知名度的画家前来入驻，提升了"圆明园画家村"的知名度，"圆明园画家村"从此以中国当代艺术家聚居地而闻名于世。当"圆明园画家村"的发展达到鼎盛时期时，入驻的画家人数曾达到四五百人。画家们曾经举办过联展，并应邀到北京大学等处举办展览，有的画家还应邀出国参展。后来因为圆明园遗址区域的文化保护，以及"圆明园画家村"存在的鱼龙混杂的问题，时不时地暴露出来一些治安管理问题，最后导致1995年"圆明园画家村"被遣散。此后，画家们有的迁移到北京东部通州的宋庄或北京北部昌平的上苑，有的改行，有的出国，有的另谋发展。

---

[1] 斯舜威：《中国当代美术30年 1978—2008》，北京：东方出版中心，2009年，第177页。

宋庄画家村

圆明园画家村被遣散后，许多艺术家转移到通州区的宋庄。宋庄集聚了5000多名艺术工作者，人员构成也由原来单纯的架上画家、艺术评论家，开始扩展到雕塑家、摄影家、表演艺术家、观念艺术家、制片人、音乐人、诗人、职业作家等众多艺术门类。宋庄集聚区现有大中型美术馆30余家、画廊和艺术机构200余家、艺术工作区近30个，艺术家工作室4500多个，集中展览、经营面积达30多万平方米，餐饮休憩、时尚空间150余个。以人聚人是宋庄最大的发展优势，广大艺术人才的会聚，意味着宋庄的未来发展，将持续得到艺术思想的浇灌，将持续制造新的热点，将有源源不断的艺术新生力量加入，这是一个艺术区生命力的体现。[1]因此，宋庄不仅成为中国当代艺术家群体形象的一个符号，更是文化创意产业持续发展的原动力集聚区。

目前整个宋庄聚集区艺术家来自全国各地，甚至是海外，其作品风格多样，涵盖了传统的写实主义、新古典主义，现代的玩世写实主义，当代的文人艺术等多个领域，能够基本上反映中国当代艺术多元化的面貌，这些画家日常形象也是个性独立鲜明，如杭法基笔下的宋庄画家抽象水墨人物肖像系列中的《纠结的花鸟画家》（图8-25）、《喜欢〈易经〉的老画师》（图8-26）、《来自南亚的女画家》（图8-27）、《苦思冥想的光头仔》（图8-28）、《艺术理论家》（图8-29）与《资深艺术批评家》（图8-30）等。正如杭法基在作品集《宋庄人》中所言："我在'宋庄人'作品中，最想努力挖掘与表达的，就是存在于当下这一特殊社会群落中，一个个平凡而富有个性的深刻与真实的人性状态，水墨则成为一种表达媒介。一批批来宋庄的人，是他们成就了宋庄，宋庄也成就了他们。画家们候鸟般地往返栖息，惠

---

[1] 北京市国有文化资产监督管理办公室编著：《北京文化创意产业功能区发展报告2014》，北京：中国经济出版社，2015年，第122页。

图 8-25 《纠结的花鸟画家》　　图 8-26 《喜欢〈易经〉的老画师》　　图 8-27 《来自南亚的女画家》

图 8-28 《苦思冥想的光头仔》　　图 8-29 《艺术理论家》　　图 8-30 《资深艺术批评家》

及了一方水土,造就出世界上迄今为止最大的一个画家群聚区。"①

与圆明园画家村不同的是,宋庄画家村聚集的美术家有的是艺术院校的教授、理论家或资深艺术批评家,有的还毕业于国内著名的美术院校,他们大都已经取得一定的成就,希望在这"都市里的村庄"获得诗意的栖居与工作。当聚集区艺术家每年的艺术品销售额达

---

① 杭法基:《杭法基水墨肖像作品集　宋庄人》,桂林:广西师范大学出版社,2014年,第5页。

到数亿元的时候，当入驻聚集区的艺术家每年将给当地带来数千万元第三产业消费，以及上千人的就业岗位的时候，当地政府对聚集区的发展持非常积极的态度，在聚集区不但建立了全国首家村级美术馆，而且还兴建了全国首座当代艺术博物馆，以及宋庄镇原创艺术博览中心等。此外，在宋庄聚集区的影响和带动下，其附近还陆续出现了小堡、大兴庄、辛店、喇嘛庄、北寺村、小杨各庄、白庙、任庄及邢各庄一带大大小小的画家聚居区，有的搞传统国画，有的从事商业行画的绘制，也有的搞现代艺术，此外还有从事诗歌、影视等其他艺术样式创作的艺术家，阵容强大。[①]

798艺术区

在20世纪六七十年代，美国、欧洲的部分城市中开始出现把早期的工业厂房、仓库改造成为艺术家价廉物美的工作室兼居住室的现象，被称为loft的生活方式和艺术风潮从欧美东渐，往日陈旧高大的外壳里被置换入艺术文化色彩浓厚的内核，在空间成本相对低廉的优势下，北京大山子798厂艺术区便如此诞生了。随着一批批艺术家进驻这里，一个由实验色彩的艺术工作室集群进而衍生成的带有商业色彩的艺术商圈形成了。798代表的是一种西方色彩的艺术家自发群聚，以艺术家工作室、经营代理前卫先锋风格的诸多画廊为综合主体的文化艺术区。[②]

798艺术区原是国营798厂等电子工业的老厂区，早先是由民主德国援助建设的具有包豪斯风格的"北京华北无线电联合器材厂的厂区"，后来被整合重组为北京七星华电科技集团有限责任公司。新时期为了配合大山子地区的规划改造，七星集团将部分产业迁出，并出租空余的厂房。因为园区有序的规划、便利的交通、现代风格的包豪斯建筑等多方面的优势，吸引了众多艺术机构及艺术家前来租用，在保存原有历史文化遗存的前提下，对旧有工业厂房进行了重新定义、

---

① 斯舜威：《中国当代美术30年 1978—2008》，北京：东方出版中心，2009年，第170页。

② 龙瑞主编：《国家画廊》壹，成都：四川美术出版社，2006年，第143页。

设计和改造，从而形成一种先锋性与传统型共存、精英文化和大众文化并举、精神追求与经济利益双赢模式，798由此成为一个由当代艺术、建筑空间、文化产业、历史文脉及城市生活环境有机结合的艺术文化区。2006年北京市政府将"798艺术区"评选为文化创意产业集聚区代表。经过十年的发展，当前的"798艺术区"已汇聚了佩斯北京、尤伦斯当代艺术中心、程昕东国际当代艺术空间、长征空间、唐人画廊等国内外知名画廊。作为经营当代艺术的画廊聚集区，在产业化和市场化的双重引导下，"798艺术区"的多样性和艺术的前瞻性对北京市画廊行业的发展产生了重要示范推动作用，成为北京都市文化的新地标，同时也是中国与世界艺术交流的平台与窗口。[1]

2017年11月1日，韩国现代汽车设立的现代汽车文化中心在北京798艺术区开幕，绘造社[2]为其创作了巨幅全景壁画《798》（图8-31），画中的大部分建筑场所都可以在798艺术区找到其真实的原型，只是它们被拆解成无数碎片，在物质和时空中碰撞、排列、重组（图8-32、8-33）。以绘画和建造为主要平台的绘造社，

图8-31　绘造社　全景壁画《798》

---

[1] 斯舜威：《中国当代美术30年　1978—2008》，北京：东方出版中心，2009年，第177页。

[2] 绘造社，由建筑师李涵和设计师胡妍创立于北京，是一个融合建筑、艺术、设计、城市研究、流行文化的创作平台，致力于探索当代城市文化的新型创作模式。李涵，绘造社创始合伙人，毕业于中央美术学院和皇家墨尔本理工大学。曾在中国建筑设计研究院工作多年，作为主要建筑设计人员参与了多项国家和地方重要的城市规划和建筑设计工作。

"在绘画上通过深入挖掘建筑图纸的表现力制作建筑式图画，演绎城市和建筑的世俗情趣；在建造上向生活学习，收集整理当下城市中自然生成的民间建筑，将底层智慧转化为设计武器"。[1]绘造社类似的创作还有北京的三里屯、大栅栏和南锣鼓巷等作品，全景式的轴测图将复杂的城市空间一览无余地呈现出来。

图 8-32　绘造社　全景壁画《798》局部 1

图 8-33　绘造社　全景壁画《798》局部 2

仍需补充的是北京的艺术品拍卖市场。在来势凶猛的艺术市场大潮下，作为中国艺术品拍卖市场交易重镇和中心，北京艺术品交易成交额占中国市场的半壁江山，且拥有国内顶尖的拍卖公司，中国嘉德、北京保利、北京荣宝、北京瀚海、北京匡时等多家拍卖公司，它们共同形成了北京艺术品交易的大市场。但在经历2009年至2011年高速增长期后，受经济放缓、投资金额大量撤离、市场容量过度透支等因素的影响，中国艺术品交易市场在2012年出现回落，进入发展调整期。占有全国将近半数画廊的北京地区首当其冲，退场画廊的数量也最为显著。外国进驻北京的画廊如韩国、澳大利亚、美国、比利时、日本等画商，向中国及北京消费者推销本国艺术生产遭受冷遇，

---

[1] 李涵、胡妍：《一点儿北京　七九八》，上海：同济大学出版社，2013年，第123页。

也纷纷从北京"798"等重要的画廊聚集区撤退。[1]所有这些都揭示了当前北京艺术市场仍处于发展的初级阶段，其中介机构的专业化水平距离国际标准还存在较大差距，且艺术物流、保险和品鉴评估等综合保障体系严重滞后。但可喜的是，随着市场经济的繁荣、人们生活水平的提高和投资意识的提升，艺术品消费已开始平民化。如今艺术品市场的持续发展，尤其是互联网技术的发展，使得艺术品不断融入普通市民生活中。[2]

---

[1] 胡懿勋:《艺术市场与管理》，上海：上海科学技术文献出版社，2016年，第70页。
[2] 蓝色智慧研究院:《文创时代 北京市文化创意产业的发展与创新 2006—2015》，北京：中国经济出版社，2016年，第196页。

主要参考资料

一、辞典类

李宇铭：《中华人民共和国史词典》，北京：中国国际广播出版社，1989年

朱自强等主编：《中国文化大百科全书 综合卷》，长春：长春出版社，1994年

北京文物百科全书编辑部编著：《北京文物百科全书》，北京：京华出版社，2007年

中国文物学会专家委员会编：《中国文物大辞典》（上册），北京：中央编译出版社，2008年

文化部文物局主编：《中国名胜词典》第二版，上海：上海辞书出版社，1984年

孙大章主编：《中国古今建筑鉴赏辞典》，石家庄：河北教育出版社，1995年

王其钧主编：《中国园林图解词典》，北京：机械工业出版社，2007年

陈从周主编：《中国园林鉴赏辞典》，上海：华东师范大学出版社，2001年

邵洛羊主编：《中国美术大辞典》，上海：上海辞书出版社，2002年

郎绍君、蔡星仪等主编：《中国书画鉴赏辞典》，北京：中国青年出版社，1988年

夏征农，陈至立主编：《大辞海　美术卷》，上海：上海辞书出版社，2012年

金通达主编：《中国当代国画家辞典》，杭州：浙江人民出版社，1990年

王秉愚编著：《老北京风俗词典》，北京：中国青年出版社，2009年

傅立民，贺名仑主编：《中国商业文化大辞典》上，北京：中国发展出版社，1994年

二、艺术图册类

北京画院编：《古都新貌》，北京美术摄影出版社，2008年

北京画院编：《山水情韵》，北京美术摄影出版社，2007年

北京画院编：《城池漫游》，北京美术摄影出版社，2006年

北京画院编：《园林胜境》，北京美术摄影出版社，2003年

北京画院编：《故城寻梦》，北京美术摄影出版社，2004年

北京画院编：《名胜巡礼》，北京美术摄影出版社，2005年

北京美术家协会，北京市大兴区文学艺术界联合会编：《北京意象　创意大兴》，北京：文化艺术出版社，2013年

吴长江主编：《人文北京、写意昌平：全国山水画写生作品集》，北京：北京工艺美术出版社，2010年

龙瑞，舒建新主编：《2005中国画研究院年度提名展作品集　山水卷》，石家庄：河北教育出版社，2005年

韩丛耀主编；徐小蛮，王福康著：《中华图像文化史　插图卷》下，北京：中国摄影出版社，2016年

中国国家博物馆编：《中国国家博物馆馆藏文物研究丛书　绘画卷　风俗画》，上海：上海古籍出版社，2007年

故宫博物院编：《故宫博物院藏品大系·绘画编》，北京：故宫出版社，2013年

故宫博物院《明清扇面书画集》编辑组编选：《故宫博物院藏明

清扇面书画集》第五辑，北京：人民美术出版社，1995年

故宫博物院编：《故宫博物院50年入藏文物精品集》，北京：紫禁城出版社，1999年

邵大箴主编：《北京画坛：1949—2006油画卷》，北京：世界知识出版社，2006年

卫天霖：《卫天霖作品集》，北京：人民美术出版社，2018年

王明贤，严善錞著：《新中国美术图史：1966—1976》，上海：上海人民美术出版社，2014年

黄宗贤编著：《抗日战争美术图史》，长沙：湖南美术出版社，2005年

方砚绘著：《回望古城》，北京：东方出版社，2012年

方砚绘著：《古都遗韵》，北京：东方出版社，2013年

赵锡山绘著：《昨日重现：水彩笔下的老北京》，北京：北京日报出版社，2017年

况晗绘画/摄影，陆元撰文：《消失的胡同：铅笔画中的北京风貌》，北京：学苑出版社，2008年

况晗绘著：《留住胡同：况晗宽线条铅笔画作品选》，北京：中国石化出版社，2003年

郑希成绘著：《京城民居宅院 郑希成钢笔白描画集》，北京：学苑出版社，2009年

李宝善绘著：《抹不去的记忆：李宝善老北京胡同速写集》，北京：北京燕山出版社，2013年

李滨声绘著：《燕京画旧全编》，北京：中华书局，2017年

何大齐绘著：《老北京民俗风情画》，北京：中国水利水电出版社，2006年

马海方绘著：《京华市井风情百图集》，北京：中国大百科全书出版社，2000年

李湜主编：《清史图典 清朝通史图录》，北京：紫禁城出版社，2002年

王朝闻主编：《中国美术史：清代卷》（上册），济南：齐鲁书社，2000年

徐恩存主编：《中国美术丛书》第1辑下，北京：新华出版社，2005年

李抗，张李松主编：《2011年中国当代新锐艺术家作品集》，合肥：安徽美术出版社，2011年

胡志毅著：《世界艺术史·建筑卷》，北京：东方出版社，2003年

翟睿著：《新中国建筑艺术史 1949—1989》，北京：文化艺术出版社，2015年

北京市规划委员会编：《北京奥运公共艺术》，北京：文化艺术出版社，2010年

高旗著：《徽章印红历史：建国初期中国徽章文辑图鉴》，北京：中央文献出版社，2009年

朱伯雄，曹成章主编：《中国书画名家精品大典》3，杭州：浙江教育出版社，1998年

蔡国胜主编：《中国油画家》第2辑，武汉：湖北美术出版社，2010年

贾德江主编：《21世纪有影响力画家个案研究》第五辑，北京：北京工艺美术出版社，2007年

北京画院编：《20世纪北京绘画史》，北京：人民美术出版社，2007年

苗凤池主编：《中国油画市场》第1辑，北京：北京工艺美术出版社，2009年

索谦主编：《新中国北京文艺60年》，中国文联出版社，2010年

吴冠中著：《吴冠中自选速写集》，沈阳：东北出版社，2010年

李铸晋，万青力著：《中国现代绘画史·民国之部》，上海：文汇出版社，2003年

徐复观著：《论艺术》，北京：九州出版社，2014年

陈传席著：《画坛点将录 评现代名家与大家》，北京：中国青年

出版社，2015年

中国美术学院中国画系编：《师心独造》，杭州：中国美术学院出版社，2014年

范迪安主编：《脉脉之思　王悦之艺术研究》，合肥：安徽美术出版社，2014年

冯旭著：《斑斓朴厚　卫天霖研究》，郑州：河南美术出版社，2012年

郭味蕖著，张烨导读：《中国版画史略》，上海：上海书画出版社，2016年

孙欣湘编：《中国美术史》，福建：福建美术出版社，2006年

史树青著：《书画鉴真》，北京：北京燕山出版社，1996年

王晶编著：《当代中国美术纪事研究书系　高峰访谈》第二辑《辛卯纪事》，北京：中国国际美术出版社，2013年

任道斌校点：《赵孟頫集》，杭州：杭州古籍出版社，1986年

中国国家博物馆编：《中国国家博物馆馆藏文物研究丛书　绘画卷　风俗画》，上海：上海古籍出版社，2007年

席德进等著：《当代艺术家访问录》（一），台北：雄狮图书公司，1980年

陈昌繁编：《邱石冥文集》，重庆：重庆出版社，2014年

严明编著：《油画技法研究》，长沙：湖南美术出版社，2004年

贾德江主编：《中国画廊》第4辑，北京：北京工艺美术出版社，2006年

许宏泉主编：《当代画史　名家经典作品集　山水卷》，成都：四川美术出版社，2008年

李德仁主编：《苍茫高古卷》，石家庄：河北美术出版社，2007年

中国美术学院中国画系编：《师心独造》，杭州：中国美术学院出版社，2014年

王连海编著：《北京民间玩具》，北京：北京工艺美术出版社，2010年

王艳云，付阳华著：《北京绘画图史》，北京：首都师范大学出版社（出版中）

陈履生著：《陈履生美术史论集》，上海：上海文化出版社，2016年

斯舜威著：《中国当代美术30年 1978—2008》，北京：东方出版中心，2009年

杭法基著：《杭法基水墨肖像作品集 宋庄人》，桂林：广西师范大学出版社，2014年

李涵，胡妍著：《一点儿北京 七九八》，上海：同济大学出版社，2013年

王璜生主编：《美术馆：全球化语境中的博物馆经济》第十二期，上海：上海书店出版社，2008年

吴明娣主编：《艺术市场研究》，北京：首都师范大学出版社，2010年

胡懿勋著：《艺术市场与管理》，上海：上海科学技术文献出版社，2016年

三、历史文化著作类

《金史》，北京：中华书局，1976年

《辽史》，北京：中华书局，1976年

《元史》，北京：中华书局，1976年

蔡磊主编：《中国通史》，长春：时代文艺出版

曹子西主编：《北京史志文化备要》，北京：中国文史出版社，2008年

北京市地方志编纂委员会：《北京志 市政卷 园林绿化志》，北京：北京出版社，2000年

夏沁芳主编：《北京区域统计年鉴 2013》，北京：同心出版社，2013年

张宝秀主编：《北京学研究报告 2009》，北京：同心出版社，

2009年

东城区文化文物局编:《北京市东城区文化文物志》

西城区地方志办公室:《北京西城胡同》,北京:方志出版社,2006年

中共北京市委党史研究室,中共北京市崇文区委党史资料征集办公室编:《崇文改革开放30年》,北京:中央文献出版社,2008年

北京市社会科学院编:《今日北京·历史·名胜卷》,北京:北京燕山出版社,1991年

北京燕山出版社编:《古都艺海撷英》,北京:北京燕山出版社,1996年

北京百科全书编辑委员会编:《北京百科全书 宣武卷》,北京:奥林匹克出版社,2002年

北京市地方志编纂委员会编:《北京志·商业卷·日用工业品商业志》,北京:北京出版社,2006年

刘季人编撰:《北京西城文物史迹 第一辑》,北京:北京燕山出版社,2011年

石继昌:《春明旧事》,北京:北京出版社,1996年

门头沟文化丛书编委会编:《门头沟文物史料 民俗篇》,北京:中国文联出版社,2004年

刘铁梁主编:《中国民俗文化志·北京·宣武区卷》,北京:中央编译出版社,2006年

北京市政协文史资料委员会编:《北京文史资料精选 密云卷》,北京:北京出版社,2006年

孙健主编;刘娟,李建平,毕惠芳选编:《北京经济史资料 近代北京商业部分》,北京:北京燕山出版社,1990年

北京市地方志编纂委员会编:《北京志 文物卷 博物馆志》,北京:北京出版社,2006年

北京市地方志编纂委员会编:《北京志 世界文化遗产卷 故宫志》,北京:北京出版社,2005年

国家文物局编：《中国文物年鉴 2009》，北京：华夏出版社，2011年

黎先耀，罗哲文著：《中国博物馆》，北京：五洲传播出版社，2010年

（清）阙名：《燕京杂记》，北京：北京古籍出版社，1986年

齐心编著：《中国庙会》，沈阳：辽宁人民出版社，2014年

侯仁之：《侯仁之燕园问学集》，上海：上海教育出版社，1991年

清代宫史研究会编：《清代宫史探析》下，北京：紫禁城出版社，2007年

郭黛姮等主编：《圆明园研究》，上海：上海远东出版社，2015年

关锡汉编著：《中华优秀传统文化丛书 园林》，长春：吉林出版集团有限责任公司，2013年

王烨编著：《中国古代园艺》，北京：中国商业出版社，2015年

谢宇主编：《别有洞天的园林建筑》，天津：天津科学技术出版社，2012年

程里尧主编：《中国古建筑大系 皇家苑囿建筑》，北京：中国建筑工业出版社，2004年

王俊编著：《远去的背影 文化的神韵 中国古代桥梁》，北京：中国商业出版社，2015年

王南著：《古都北京》，杭州：杭州出版社，2011年

《北京文物建筑大系》编委会编：《园林》，北京：北京美术摄影出版社，2011年

北京市社会科学院编：《今日北京·历史·名胜卷》（下卷），北京：北京燕山出版社，1991年

喻学才，贾鸿雁，张维亚，龚伶俐著：《中国历代名建筑志》下册，武汉：湖北教育出版社，2015年

韩扬主编：《其他文物建筑》，北京：北京美术摄影出版社，2014年

亦思著：《建筑设计手稿》，北京：中国轻工业出版社，2011年

肖东发主编，冯化志编著：《玉宇琼楼　分布全国的古建筑群》，北京：现代出版社，2015年

杨秉德编：《中国近代城市与建筑（1840—1949）》，北京：中国建筑工业出版社，1993年

谢宇主编：《日新月异的现代建筑》，天津：天津科技翻译出版公司，2012年

邹德侬著：《中国现代建筑史》，天津：天津科学技术出版社，2001年

黄俊峰撰文：《圆明园五十问》，上海：上海远东出版社，2016年

于涌著：《移天缩地到君怀　圆明园文化透视》，深圳：海天出版社，2012年

李临淮编著：《北京古典园林史》，北京：中国林业出版社，2016年

周敏著：《中国城市社区媒体研究》，北京：中国传媒大学出版社，2016年

中共北京市委党史研究室编：《社会主义时期中共北京党史纪事》第一辑，北京：人民出版社，1994年

北京卷编辑部著：《北京》上，北京：当代中国出版社，2011年

童超主编：《中华上下五千年》第六册，北京：海豚出版社，2016年

鲁中石主编：《世界通史》，北京：北京联合出版公司，2016年

中共北京市丰台区委党史资料征集办公室编：《丰台地区革命斗争史料选编》，1994年

韩文琦，程卫华著：《抗日战争与中国社会变迁》，北京：国防大学出版社，2015年

（法）贝尔纳·布里赛著；高发明丽泉，李鸿飞译；郑德弟等校；李鸿飞译订：《1860圆明园大劫难》修订版，上海：远东出版社，2015年

张树军主编：《图文共和国年轮1949—1959》，石家庄：河北人

民出版社，2009年

傅颐主编；王永魁，乔君副主编：《中国记忆1949—2014纪事》，深圳：深圳报业集团出版社，2014年

北京建设史书编辑委员会编辑部：《建国以来的北京城市建设资料》第三卷

孟根宝力高编：《现代建筑外皮：走向"智慧皮肤"》，沈阳：辽宁科学技术出版社，2015年

［德］柯雷斯蒂安·戈尼茨著；许文敏译：《新机遇 中国时代》，北京：国际文化出版公司，2015年

老车夫著：《青绿山水大师陶一清的一生》，沈阳：万卷出版公司，2012年

晋化编著：《老北京 民风习俗》，北京：北京燕山出版社，2008年

赵华川，赵成伟绘；袁树森配文：《年节习俗》，北京：文化艺术出版社，2015年

常人春：《老北京的风俗》，北京：北京燕山出版社，1990年

老舍著，舒乙编：《想北平 老舍笔下的北京》，天津：百花文艺出版社，2012年

方继孝著：《撂地儿：40位天桥老艺人的沉浮命运》，北京：生活·读书·新知三联书店，2017年

张次溪编著：《天桥丛谈》，北京：中央编译出版社，2016年

都梁著：《狼烟北平》，武汉：长江文艺出版社，2006年

文安主编：《清末杂相》，北京：中国文史出版社，2004年

王永斌著：《老北京五十年》，北京：华艺出版社，2012年

于观亭，爱群著：《中国茶道简明读本》，北京：新华出版社，2013年

杨建峰主编：《细说趣说万事万物由来》，西安：西安电子科技大学出版社，2015年

曼姝编著：《千古食趣 说说吃的那些事儿》，北京：中国华侨出

版社，2014年

林红：《北京风物志》，北京：北京旅游教育出版社，1985年

李乡状主编：《北京天津行》，长春：吉林文史出版社，2005年

张勇著：《大前门：聊聊过往那些事儿》，哈尔滨：黑龙江教育出版社，2014年

王永斌著：《北京的商业街和老字号》，北京：北京燕山出版社，1999年

韩凝春主编：《商道循之　中华老字号辑录》，北京：中国经济出版社，2016年

陈光中著：《风景——京城名人故居与轶事》（8），北京：新世界出版社，2003年

陈溥，陈晴编著：《皇城遗韵：西城》，北京：中国社会出版社，2009年

彭俐著：《行走京城》，北京：北京日报出版社，2016年

贺海编：《燕京琐谈》，北京：人民日报出版社，1983年

杨庆茹主编：《帝都遗韵　走进北京文明》，哈尔滨：黑龙江人民出版社，2006年

北京燕山出版社编：《京华古迹寻踪》，北京：北京燕山出版社，1996年

郭京宁著：《穿越皇城》，上海：上海古籍出版社，2014年

王艳芝编著：《紫禁城里的老北京》，北京：星球地图出版社，2013年

彭峰主编：《具象研究上　重回经典》，南昌：江西美术出版社，2010年

司有和主编：《中华人民共和国科技传播史》，重庆：重庆出版社，2005年

北京日报社编：《首都新建筑：群众喜爱的具有民族风格的新建筑》，北京：北京出版社，1995年

杨永生主编：《中外名建筑鉴赏》，上海：同济大学出版社，

1997年

王振林编著：《黄金台》，保定：河北大学出版社，2014年

赵兴华编著：《北京园林史话》，北京：中国林业出版社，2000年

江小角，吴晓芬编著：《桐城明清名宦》，合肥：安徽美术出版社，2011年

赵涛编：《蓟门上下千年》，北京：中国青年出版社，2014年

李楠编著：《远去的背影 文化的神韵 中国古代关隘》，北京：中国商业出版社，2015年

乔志霞编著：《远去的背影 文化的神韵 中国古代宫殿》，北京：中国商业出版社，2015年

郭虎著，白羽平绘：《北·以北》，北京：中国青年出版社，2013年

王永斌：《话说前门》，北京：北京燕山出版社，1996年

谢宇主编：《结构奇巧的楼阁建筑》，天津：天津科学技术出版社，2012年

管继平著：《梅花知己 民国文人印章》，上海：上海辞书出版社，2014年

潘剑冰著：《最艺术，最民国》，南宁：广西人民出版社，2014年

杨建业著：《北京扎燕风筝》，北京：北京美术摄影出版社，2012年

陈鸿年著：《北平风物》，北京：九州出版社，2016年

周吉平著：《北京殡葬史话》，北京：北京燕山出版社，2002年

周简段著：《京华感旧录》，长春：吉林出版集团有限责任公司，2011年

刘啸编著：《老北京记忆》，北京：当代世界出版社，2017年

墨非编著：《流传在老北京胡同里的趣闻传说》，北京：中国华侨出版社，2015年

马兰主编：《老北京的传说 耀世典藏版》，天津：天津人民出版社，2015年

北京燕山出版社编：《旧京人物与风情》，北京：北京燕山出版社，1996年

爱新觉罗·瀛生，于润琦著：《京城旧俗》，北京：北京燕山出版社，1998年

王隐菊，田光远，金应元编：《旧都三百六十行》，北京：北京旅游教育出版社，1986年

李梅、高畅编著：《美丽北京之魅力乡村》，北京：中国农业出版社，2015年

单霁翔著：《甲午集》，北京：故宫出版社，2015年

黄苗子著：《人文琐屑》，北京：生活·读书·新知三联书店，2006年

后 记

  印象中是两年多前,开始的《绘画中的北京》一书的写作。
  《绘画中的北京》从早期的书名筛选、大纲的制定、目录的调整和样章的写作,几乎用去了半年左右的时间,真正的写作又用去了一年多。其间,丛书主编、北京师范大学的刘铁梁教授,和北京市社会科学界联合会负责"北京文化书系·京味文化丛书"编纂组织工作的同志,对每一环节的工作都进行了悉心指导,有时还不厌其烦,通过微信、短信或长途电话等反复沟通。正因为他们这样的尽职尽责的精神,书稿的写作虽几经波折,但最终得以善始善终,不负初心。
  之所以有这机会参与京味文化丛书的写作,我深知应得益于十多年前,即2004年我曾参与的,首都师范大学美术学院李福顺教授主持的,北京市社科规划办北京美术史项目的研究与写作,从中我学到了知识,得到了磨砺,增长了经验。后来当自己走上教学科研工作岗位后,也因此积累陆续获得了北京市教委及社科规划办的《北京绘画图史研究》和《北京近现代美术研究》两个重点项目的立项。但回想当初,接手《绘画中的北京》一书撰写任务时,我曾侥幸地以为凭借自己以往的研究基础,新任务应该不会有太大的难度与压力。当进入正式的写作后,才慢慢发觉丛书的写作主旨和指导思想,与自己曾经的学术研究写作大相径庭,其涉及的诸多画家作品不乏业余性,其阐述的方式需具通俗性,内容选择要有可读性,服务的对象必须具备大众性。
  为了保证写作思路不被打扰,顺利如期完成书稿,除了日常的生活与教学工作外，我将自己限定在学校图书馆中，朝夕与自习和考研的学生为伴，度过了一年多的春夏秋冬及其中的寒暑假。其间，除了利用学校图书馆相关的纸本与数字资源外，京东、当当、卓越亚马逊、中国图书网与孔夫子旧书网等，成了我搜集和购买相关图册资料的重要渠道，甚至是街头巷尾路遇的大大小小旧书摊。除此之外，写作期间有幸赶上庆祝中华人民共和国成立七十周年，北京各大博物馆纷纷举办各种相关艺术展览，也成为我查找各种资料图像的有效途径。正是在这种背景下，随着资料搜集的丰富拓展和写作的日益深入，我开始从前期的迷茫、困惑和担忧中，逐步找到了自信、自足与快乐，感受到了写作中痛并快乐的起伏与跌宕。

如今全部书稿完成，还要感谢当初把我带进北京美术研究的导师李福顺先生，一直敦促我努力向前的师姐、首都师范大学美术学院的吴明娣教授，前期为书稿做出努力的师妹、清华大学艺术博物馆的倪葭博士，提供丰富信息资料和优美写作环境的、北京印刷学院图书馆魏超馆长，及彭卫东、包云洁和肖勇等工作人员，及一如既往支持我的家人等。

坦诚地说，因个人的阅历、专业积累和时间精力等缘故，书稿中仍有许多问题和缺憾，很多重要的图像资料未能全部纳入进去，录入的图像中还有一些未找到原图而存在清晰度不够等问题。诸如此类，希望同行大家和读者朋友们多多批评指正。

同时，也寄希望于未来还能有机会继续修正、完善和补充。

王艳云